# 時尚
# 現代性

張小虹

# FASHIONING MODERNITY

推薦序

# 中西合璧，今古翻新——張小虹《時尚現代性》

王德威
美國哈佛大學東亞語言及文明系與比較文學系 Edward C. Henderson 講座教授

張小虹教授是當代華語文學批評界最重要的聲音之一。多年來她倡導性別研究，研究流行文化，拆解國族論述，早已引起廣大注意。但張小虹用力最深，最有洞見，而且身體力行的課題，應該是時尚研究。《時尚現代性》是張第十五部著作，耗時十年完成。她對此書所下的功夫不言可喻。而此書不論從理論架構到歷史辯證，也足以代表她學術成就的高峰。

一般以為時尚無非小道，但張卻從其中發展出獨特的「微物」和「唯物」論：時尚既是穿衣吃飯的微妙結晶，也隱含社會神話學般的深層結構。時尚來去所透露的訊息，從身體的形塑到倫理的尺度，無不意義深長。但張小虹的用心不止於此。她更希望從時尚研究過程裡，重新思考人文學者介入大敘事的方法。時尚是身體髮膚和世界接觸的界面，「穿梭」內裡與公共場域，「踐履」物質生活和消費想像。當「變髮」與「變法」、改頭換面與改朝換代相與為用時，時尚切入歷史、政治的力量更呼之欲出。

張小虹告訴我們，魯迅思索他的腳的尺寸大小，其實是他感時憂國症候群的一端；鴉片戰爭勝負底線除了船堅砲利，也在於軍裝剪裁；陰丹士林藍染織技術與全球資本流動、新生活運動、抗日愛國主義息息相關；台灣日據時期旗袍的綴摺設計不妨就是殖民地現代性政治的實踐；一九二〇年代兩截穿衣或直筒剪裁與現代性的速度、動能訴求一體成型。她的研究取徑獨特，她的發現也令人拍案驚奇。現當代中國文學文化史的研究琳琅滿目，像張小虹這般在宏觀和微觀層次上做出如此細密縫合者，卻並不多見。

而既為學院中人，張小虹的時尚研究還有更大的企圖：她希望重新梳理當代理論，做出思想上的推陳出新。在這一方面，部分讀者可能會感覺到此書的難度。張小虹的資源主要來自一九三〇年代的班雅明（Walter Benjamin）和八〇年代的德勒茲（Gilles Deleuze）；前者是西方左翼先鋒，後者是後現代主義大師。在不同歷史、理論背景下，兩人不約而同，從服裝的「縐摺」喻象裡，發掘歷史以及人文思考的新意。

對班雅明而言，歷史的意義結構不是線性的起承轉合，而是一髮千鈞的豹變

——或班氏所謂的「虎躍」。在這爆炸性的一刻，非同質性的時或事自原有時空抽離，相互撞擊，產生辯證關係。革命想像與契機因此而起。班雅明上承馬克思的服裝革命隱喻，發現「法國大革命召喚古羅馬的方式，正如時尚召喚過往的服飾」。從似是而非到似非而是，革命向過去汲取未來的靈感，其能量猶如服裝的縐摺與葉片的開摺，卷曲重疊糾結中，瞬間綻放始料／史料未及的樣式與意義。歷史唯物論者的責任即在於辨識這樣由量變「虎躍」為質變的關鍵時刻。

德勒茲對張小虹的影響更為明顯。德勒茲承繼巴洛克時期萊布尼茲（Gottfried Leibniz）「單子論」觀點，強調世界的組成法則不是不再可分割的「點」，而是無從分割的「縐摺」；不是剛性顆粒的「結構」（structure），而是柔軟如衣服的「織理」（texture）。以此類推，德勒茲展開他合摺，開摺，再合摺，褶褶相連的曲率法則。一反笛卡兒（René Descartes）派人本中心主義，萊布尼茲到德勒茲一脈的思想者解放了涇渭分明的理性、類型學典範，代之以縐摺的拓撲學。因為縐摺，表裡、內外、強弱這些畛域被「去畛域化」，促使我們從中認識身體、力量、真理，甚至生死互為表裡的摺學。德勒茲的名言：「去思考就是去縐摺，用共同延展的內在，來層疊翻摺域外。」

識者或有疑問：將班雅明和德勒茲的理論用在中國時尚研究上，儘管言之成理，豈不仍陷入西學中用的窠臼？而時尚研究與「正統」文學文化研究如何釐清？

張小虹對此有備而來。本書第二章裡，她將縐摺理論連鎖到翻譯實踐上，強調翻譯之道無他，就是在貌似不相聯屬的聲音、文字、文本、論述、文化符號間，摺合交織出層層傳衍關係。由此喻彼、密響旁通，翻譯一方面指向意義播散、眾聲喧譁的駁雜性，一方面也投射意義源起、言不盡意的豐饒性。翻譯不再是局限在信達雅的封閉循環系統，而是充滿製碼、解碼、再製碼——或合摺，開摺，再合摺——的創造性運動。

這是《時尚現代性》的重點所在。從理論到文本，從文化到國族，從時尚到歷史，張小虹穿梭在各個不同畛域的縫隙間，力行她的翻譯大計。她找出彼此擦邊碰觸的著力點，也指認甚至製造縐摺痕跡。翻譯也是翻「異」、翻「易」、翻「意」。看看她所用的專有名詞，歷史與「力史」，形式與「行勢」，現代性與「shame 代性」，我們可以發出會心的微笑。尤其她對「fashion」以「翻新」名之，與常用的「時尚」做出巧妙對比。凡此用意不僅在推陳出新，也促使語言、文化、歷史之間的「虎躍」：由剛硬的中西合「璧」到柔軟的中西合「襞」。

藉由翻譯所驅動的縐摺效應，張小虹重新思考時尚「現代」之於中國歷史國家的糾結。近一百五十年來，西方霸權入主中國，政經軍貿易的勢力如此摧枯拉朽，使得「現代性」與「現代化」成為中國人趨之不去的誘惑——以及恥辱和創傷。當進步、西化、啟蒙、科學、摩登這些觀念無限上綱，一種直線的、弱勢的、因果的宿命感席捲中國歷史、政治意識。張小虹承認現代西方強權及其「翻譯」資本，卻認為中與西、保守與創新、弱與強這些二元對立價值體系不必被物化為非此即彼的選項。恰恰相反，如果中國經驗真能對我們有所啟迪，那就是現代性的流動路線總已經是周折的——也是縐摺的。傳統與維新、封建與革命、東方與西方、菁英與庶民之間的你來我往，千絲萬縷的（翻譯）關係哪裡是一兩句革命或啟蒙的口號可以說得清楚？

張小虹以小觀大，對民國以來的時尚抽絲剝繭，為我們理出另類現代性的頭緒。從她的研究中，我們赫然了解纏足固為國恥象徵，卻自有內在的女性審美及創新驅力；而當然纏足解放後，現代性的「小腳」——不論是施虐／被虐般的戀棧國恥，或是對女性作為政治動力的恐懼——竟然在男性有識之士的心裡身上陰魂不散。民初「亂世亂穿衣」，投射在男性髮型上是薙了的頭上冒出瀏海，剪掉了的辮子又與時俱辮／變。是在這裡，政治即時尚如影隨形，深入日常生活肌理。而全書最有見地的部分是對旗袍的演化研究。張小虹描寫滿洲人的服飾如何成為現代女性國服，如何從寬袍大袖演變為直筒緊身，又如何從平面剪裁蛻變為立體剪裁。旗袍的發展一方面似乎與西洋女裝的現代化毫無關聯，一方面卻又隱隱相互呼應。曲線，縐摺，「微偏」擦邊，異曲同工，現代性的想像不必只是西學東漸，也不必只是獨沾一味。當陽剛的感時憂國論述不知伊於胡底時，千萬中國女子感時戀物，憑著巧手慧心發明她們自己的時尚，自己的現代性。

張小虹論陰丹士林藍與國家（時尚）主義一章是本書的高潮，精彩的故事應該引起讀者廣大興趣。這章討論一種化學合成還原染料如何在二十世紀初從德國實驗室裡躍出，經過資本跨國主義的競爭與推廣，飄洋過海，翻譯成為「陰丹士林藍」。其間牽涉了英國與德國兩大帝國強權全球經濟競爭，印度天然染料及勞力市場崩潰，「顏色」成為刺激大腦皮質、爆發革命情動力的元素，「愛國」成為新生活運動時尚。與此同時，「陰丹士林藍」同一分子結構的化學合成物大量運用於軍火工業，席捲全球。抗戰時期，陰丹士林藍服裝與戰爭砲火互為表裡，一方面是軍國主義經濟的滲透，一方面是平民愛國情操的表現；一方面是時尚的去階級化，一方面是時尚的再政治化。

《時尚現代性》以翻新的話題，細膩的論述，華麗的修辭，構成一本極具可讀性的著作。這是台灣學術界「微」「軟」實力的一次精采演義。因為張小虹的辨證能量，我們可以循線追問更多的議題。比如說，編織與時尚的政治隱喻非始自現代，中國古典裡早有大量指涉。《楚辭》「糾思心以為纕兮，編愁苦以為膺」，只是信手拈來的例子。班雅明和德勒茲的基進理論其實各有宗教（猶太教、天主教）神學淵源，兩位學者思想脈絡的辯難有待延續。當代時尚研究論述中，沈從文的《中國古代服飾研究》也可以作為繼續對話的範本。沈書寫於毛澤東時代。在一片政治喧囂中，他如何面對千百件歷代時尚織品文物，或是殘缺不全，或是熠熠又有餘輝，形成自己的史論，本身就是充滿深意──縐摺──的行動。以張小虹的實力，當然可以繼續叩問更複雜的議題。

當然，在當下此刻的台灣閱讀《時尚現代性》，我們不能不聯想到張小虹所摺入和摺出的政治性。可以注意的是本書重要資源之一，張愛玲的《更衣記》（1943）。此文原以英文發表，由張愛玲自己翻譯成中文，恰是中西合襞的呈現。有些章句竟然和時裝一樣，歷久而彌新：

> 那又是一個各趨極端的時代。政治與家庭制度的缺點突然被揭穿。年青的知識階級仇視著傳統的一切，甚至於中國的一切。保守性的方面也因為驚恐的緣故而增強了壓力。神經質的論爭無日不進行著，在家庭裡，在報紙上，在娛樂場所……在政治混亂期間，人們沒有能力改良他們的生活情形。他們只能夠創造他們貼身的環境──那就是衣服。我們各人住在各人的衣服裡。

掩卷之際，我們於是要問張小虹的時尚理論是否也能為台灣現況注入靈感。台海「行勢」如何開摺合摺？紅藍綠色「力史」如何翻譯翻新？

自序

# 理論的如翻錦繡

上一個世紀之交的「亂世亂穿衣」，頗有悲情嘉年華的況味，往往逼得人哭笑不得。土衣配洋帽，小辮配西裝，短襖配旗袍，長袍配西褲。這種「頭齊身不齊，身齊腳不齊」的驚悚突兀，確實讓許多人藉此慨嘆近現代中國在西方帝國殖民威脅與改朝換代下的「手足無措」，一種在字義、物質與日常生活服飾衣著打扮上最具體而微的混亂、尷尬與無助。但「亂世亂穿衣」有沒有可能被描繪成一種「混宇」（chaosmos）、一種具創造力與開放性的「感覺團塊」（bloc of sensation）、一種「翻新」（fashion）的可能呢？

「翻新」乃是 fashion 一詞最早進入中國的有趣翻譯之一，生動之處正在於將原本僅作為名詞使用的 fashion，轉譯為同時具有名詞與動詞想像的「翻新」，「新」來自於「翻」的動作，透過「翻轉」、「翻譯」、「翻面」而帶出了「新」。而構思《時尚現代性》這本書的初衷，不也就是想看看究竟有沒有可能小小「翻新」一下中國現代性的論述，不僅是從「時尚」研究的角度切入晚清到民國的歷史，也是以「時尚」作為理論概念與方法論的「翻新」，嘗試描繪出中國現代性不一樣的樣貌、姿態與動勢。

曾經在成長的歲月中，最害怕閱讀中國近現代的歷史，一路兵敗如山倒，割地賠款的戰敗景象有如原初場景，一再回返，讓人觸目驚心。而更令人害怕畏懼的，乃是在「國族創傷論」主導下登場的中國「身體—服飾表面」，彷彿讓所有的國仇家恨都「穿」（穿戴—穿越—穿刺）上了身，纏繞著「現代驚嚇」（速度、變換、無常）與「創傷恥辱」（老、弱、慢）而萬劫不復，更別提那男子的辮髮與女子的纏足，全都歷歷在目成了不去不快卻又無法徹底「根」除的「國恥」標誌。若再循著感時憂國（男性）菁英知識分子的目光放眼望去，中國時尚現代性可是一點也不現代、一點也不時尚，只剩滿目瘡痍、鬼影幢幢的「身體—服飾表面」，不新不舊、不中不西、不乾不淨，只有「亂世亂穿衣」烏雲蓋頂下中衣西穿、西衣中穿、男服女穿、女服男穿、內衣外穿、外衣內穿的數不盡亂象。就連被標舉為「國服」象徵的「旗袍」（由兩截穿衣到一截穿衣，既非滿族旗袍又非西方二〇年代的流線型連身裙）或「中山裝」（德國軍服、日本學生服與南洋企領裝的來路不明），也時不時成為某種程度的雜種四不像，不斷回返著中／西、傳統／現代、身體／服飾、字義／喻意、意識／潛意識、內／外的「層次場陷」。

那如何有可能逃離「國族創傷論」所一再強化陰沉傷痛、鬼魅盤據的「身體—

服飾表面」？《時尚現代性》一書便是嘗試以「縐摺理論」的不同思路，重新爬梳史料，看看時尚作為「翻新」的理論概念與思考動量，是否得以騷動、摺曲、裂變現有的歷史研究、時尚理論與現代性論述。全書便從班雅明（Walter Benjamin）與德勒茲（Gilles Deleuze）的「摺學」思考開始出發，想要細細展開以「微縐摺」去描繪、去貼近、去曲順歷史的物質流變。但什麼是「微縐摺」及其所可能啟動的流變生成呢？此處的「微」不全然只是瑣碎細節或尺度的迷你袖珍，而是一種游移不確定、無法預先掌控的創造變化之力，一如此處的「縐摺」也不全然只是服飾面料上的翻轉摺疊，而是更基進地以「摺學」的視角重新看待世界，讓世界有如一件由柔軟織品所翻轉摺疊而成的「袭尼卡衫」（tunic），讓物質的最小單位是不可分割的「縐摺」，而不是可以分割的「點」。

此「微縐摺」運動所形成「連續變化」的虛擬威力，正有助於「翻新」中國時尚現代性的創傷固置與重複強制。如果沒有任何認同可以固步自封，沒有任何形式可以原地踏步，那歷史是否總已是一種「微縐摺運動」，一種縐摺接著縐摺的摺摺連動？如果一切都是縐摺，那原本被視為「層次塌陷」而動彈不得的中國「身體—服飾表面」將如何重新被啟動？如果清末民初的男子「辮髮」可以被「微縐摺化」，那是否這個早已被釘死在中國近現代史上卻又無法徹底一刀兩斷的「恥辱象徵」可以起死回生，可以帶出上一個世紀之交男子髮式變遷中充滿前摺、後摺且摺摺連動的「翻新行勢」呢？如果萬劫不復的「纏足」也可以被「微縐摺化」，那該如何讀出民初小腳或半天足女子的身體能動性，或如何在晚清到民國的女鞋時尚中，找到作為特異點的力量布置呢？或如那被男性進步菁英知識分子斥為「美人怪物」的鴛鴦蝴蝶派小說雜誌封面，或如那不滿不漢、不中不西、不古不今的旗袍，也都有可能被讀成一種「微縐摺」嗎？

這些都是《時尚現代性》將接連展開的「歷史摺學」思考，表面上好似穿梭於個別的服飾歷史案例之間，樂此不疲，但最終希冀織錦而出的，乃是歷史作為「縐摺運動」、作為流變虛擬威力的「合摺、開摺、再合摺」。此「縐摺運動」將同時幫助我們解構性別的二元對立，翻轉出在男／女、陽性／陰性二元對立之外的「微陰性」（micro-femininity），一個能不斷將陽性—陰性在「合摺行勢」與「開摺形式」之間創造轉化的「微陰性」。此「縐摺運動」也將幫助我們從「新／舊對立」之中，翻轉出「新—舊摺疊」的不同時間感性，在中／西的二元對立之中，翻轉出「中西合襞」，一個能以柔軟取代堅硬、以「拓撲思考」取代「類型思考」的可能。

私心揣想這樣的「縐摺理論」不就是一種「軟理論」嗎？軟在能輕柔展開「文本—織理—織品」的概念連結（text, texture, textile 都來自拉丁字源 *textu*, *textum*，都與編織、構織與織品面料相關），軟在能將「陰性摩登」摺疊進「陽性現代」的跨語際翻譯，軟在能將幾何學的「硬」（穩固、標準、堅硬與明顯邊界），翻轉為拓撲學的「軟」（不確定性、可塑性、曲折性、連續變形），讓所有的「身體—服飾表面」既在內亦在外，一如「莫比斯環」（Möbius strip）持續的內翻外轉，亦如刺繡織品亦正亦反的「如翻錦繡，背面俱華，但左右不同耳」。而更重要的是「軟理論」希望帶出的姿態與身段，乃是「屈就曲順」（yielding to），而非「僵硬套用」，讓理論的柔軟度展現在如何貼近容順於史料，展現在如何讓史料來摺疊理論，增加理論的「層疊複雜化」（com-pli-cation），讓理論成為歷史的「量身訂製」。

曾經十分著迷於繡衣繡片的蒐集，尤其醉心於「劈線」的精緻手藝，將一條絲線劈成二開、四開、八開甚至十六開，纖如毫髮，而用這種劈絲繡線刺繡出的圖案，出落得總是特別勻薄細膩、光澤亮豔。做不成繡娘做學者的我，也常常如此這般癡心妄想，若得一日思考之細密也能如劈絲繡線一般，該有多好。此回出書，「縐摺理論」所帶出的柔軟織品想像，讓不知天高地厚的我也忍不住揣想，若能將 modern 劈線成現代／摩登／時髦／毛斷，將 modernity 劈線成現代性／shame 代性／羨代性／線代性，將千絲萬縷的史料，細細密密，編織縫綴，上下穿梭，盼一日錦繡若成、翻轉摺疊，該有多好。繡娘之志在於「以針為筆，以纖素為紙」，我的小小燕雀之志則是「以筆為針，以紙為纖素」，這本用「縐摺理論」翻新現代性論述的專書，美其名，乃是以時尚與性別文化研究出發，試圖帶出歷史與現代性思考的動態圖示，就其實，若能彷彿剎那間攀附成一篇篇質地尚佳的文本織繡，吾願足矣。

《時尚現代性》一書得以順利完成，主要來自國科會（現已更名為科技部）的研究資助，包括〈時尚、身體、現代性創傷〉的三年期研究計畫（二〇〇二—二〇〇五），〈時尚現代性〉的一年期專書寫作計畫（二〇〇八—二〇〇九），以及〈時尚摺學〉三年期研究計畫（二〇一二—二〇一五）的部分研究成果。在此要特別感謝國科會人文處對研究計畫的支持鼓勵，外文學門先進、魏念怡研究員以及尚玉、兆蘭、怡君、Kelly、榆晴、志謙等貼心助理的大力襄助。本書的部分內容已先後發表或收錄於期刊與學術專書，雖在成書的過程中，進行了大幅度的改寫與編整，但仍十分感念最初得以宣讀與發表的學術場域。第一章的部分內容，改寫自期刊論文〈時尚的縐摺〉，《中外文學》第四十二卷第四期（二〇一三年十二月）：一五—五〇。第三章的部分內容，改寫自〈抓現代性的小辮子：歪讀《阿Q正傳》〉，《聯合文學》第二二〇期（二〇〇三年二月）：一二一—一三一；〈魯迅的頭髮〉，《聯合文學》第二一〇期（二〇〇二年四月）：九〇—九五。第四章的內容，一部分改寫自〈現代性的小腳：文化易界與日常生活踐履〉，最早宣讀於「文化場域與教育視界：晚清—四〇年代」國際學術研討會，台灣大學中文系、音樂研究所、美國哥倫比亞大學東亞系主辦，二〇〇二年十一月七—八日於台灣大學，後收錄於《通識人文十一講》，馮品佳主編，台北：麥田，一九九九—二二九；一部分則改寫自〈時尚現代性〉，《國科會外文學門八十六—九十年度研究成果論文集》，國立中興大學外國語文學系主編，台中：國科會人文處，四四七—四六八。第五章的部分內容，改寫自〈時裝美人現代性〉會議論文，宣讀於二〇〇九年由政治大學主辦的〈女性、消費、歷史記憶〉國際研討會。第六章的部分內容，改寫自〈現代性的曲線〉，《中外文學》第三十六卷第三期（二〇〇七年九月）：一七一—二〇〇，該論文日文初稿〈モダニティの曲線〉，神谷まり子譯，最早發表於《中國21》二十四（二〇〇六年二月）：六一—八六。第七章的部分內容，改寫自期刊論文〈時尚的縐摺〉，《中外文學》第四十二卷第四期（二〇一三年十二月）：一〇—五〇，該論文最早宣讀於「第二屆古典與現代文化表現學術研討會：時尚文化的新關照」，逢甲大學主辦，二〇一一年四月二十三日，亦為該會議的大會主題演講。第八章的部分內容，改寫自期刊論文〈陰丹士林藍：質量體戰爭與微分子運動〉，《中外文學》第四十四卷第二期（二〇一五年六月）：一四三—一七八。

十年歲月匆匆過，最後書是要獻給我的父母，感謝他們永遠都用最肯定的眼神，支持我去做所有想做的事，從小到大。而母親曾經親手為我做過的那些美麗衣裳，一直伴著我在學術的路上，載欣載奔。

# 目次

前言

# 鯊魚皮與漢服運動

兩種衣服，一個尖端先進，一個極其古老，彼此風馬牛不相及，但卻因為一場全球矚目的運動盛會，而產生了貼擠與連結。

第一種是名為「快皮」（Fast Skin）、俗稱「鯊魚皮」（Shark Skin）的高科技泳衣，由跨國企業「速必濤」（Speedo）公司專利研發而成，自二〇〇〇年問世以來，便以迅雷不及掩耳的「神衣護體」方式，幫助各國泳將不斷刷新世界紀錄。對各國參賽選手而言，在當前以〇．〇一秒決勝負的國際泳壇，「鯊魚皮」高科技泳衣之即時出現，便成了奪標與否的致勝關鍵。但為何是「鯊魚皮」？此泳衣之所以暱稱「鯊魚皮」，正在於成功具體展現當代「衣體成形」的塑化技術，亦即「人皮」與「鯊魚皮」的完美「模控學合成」（cybernetics）。此技術透過最新科技的「仿生學」，「模擬」海中鯊魚身上層層交疊的盾鱗，再運用奈米科技在織品表面，創造出無數肉眼無法辨識的綿密V形「縐摺」溝槽，造成織品平滑「表面」的「深度」粗糙化（表面作為一種「縐摺」的深度，讓表面與深度、光滑與粗糙不再二元對立），用來改變紊流邊界層的結構與速度分布。

與此同時，此神奇泳衣也捨棄傳統織品的接縫方式，以超音波黏合技術一體成形，其緊縮彈力較一般泳衣強七十倍，乃是直接壓迫包塑人體肌肉線條，讓泳衣與身體肌肉間完全沒有任何得以消耗能量的震動空隙。更有甚者，鯊魚皮泳衣據稱還將當前航太科技研發出的聚氨酯材料（原本用來降低太空船穿過地球大氣層表面的摩擦阻力），塗抹於泳衣表面，以降阻增速。故鯊魚皮乃號稱當今世界最輕最快最密合的泳衣，能有效降低水中阻力百分之十，降低氧氣耗損百分之五，乃二十一世紀全球泳壇趨之若鶩的最新「高科技時尚」運動商品。

第二種則是強調「衣裳相連，披體深邃」的「深衣」，此乃中國古代的一種袍服，基本形制為交領（兼有盤領與直領）、右衽、寬袖、繫帶。深衣與其他中國古代上衣下裳不相連屬的冕服與元端服不同，深衣作為袍服的最大特色，乃在上衣下裳分裁但在中間加以縫綴連屬（周錫保 54）。根據記載，深衣形制「出現於春秋戰國之際，盛行於戰國、西漢時期。不論尊卑，男女均可著之。其地位僅次於朝服。東漢以後多用於婦女。魏晉以降，則為袍衫等服代替。深衣制度亦隨之淹沒」（《中國衣冠服飾大辭典》 140）。但這原本屬於中國古代的深衣形制，卻在當前由中國網路年輕世代發起、強調「華夏復興，衣冠先行」的「漢服運動」中「重新出土」，並被標舉為中國自上古到明代「衣」脈相承、最能代表華夏文化認同的二十一世紀漢族服飾。根據中國傳媒的報導，此號稱透過網路集結而在中國各地冒現的「漢服運動」，聲勢或大或小，並與不同的傳統儀式或節慶相結合，「湖北、北京上千名學生身穿漢服在編鐘聲中完成『成人禮』、十幾位合肥青年身穿漢服推廣傳統文化、二十餘名成都市民穿漢服過冬至節、西安市十餘位網友身著漢服『祭天』等」（〈回顧之三：中國人的大國情結〉）。而這些報導中參與者所穿著的「漢服」，主要皆奉行此寬袖大袍的「深衣」形制。

但這兩種完全風馬牛不相及的衣服，究竟可以產生怎樣的貼擠與連結？「快皮」與「深衣」、「鯊魚皮」與「漢服運動」究竟可以啟動何種「現代性」的「綯摺」思考？就在二〇〇八年夏天北京奧運會游泳競賽場地「水立方」的現場，號稱「第四代」的連身式鯊魚皮泳衣再度大放異彩，奪金選手中穿著此款泳衣者超過九成，而勇奪八項金牌的美國泳將「飛魚」菲爾普斯（Michael Fred Phelps），更成為此運動時尚品牌的最佳代言人。但就在此「神奇泳衣」引起全世界驚訝目光、成為北京最耀眼「奧運戰袍」的同時，漢服運動的「深衣」卻以一種「缺席」不在場的方式與北京奧運失之交臂。二〇〇七年四月由中國一百多位大學與民間機構的教授、博士與學者簽名、二十家中國網站聯合發布了一份漢服倡議書，內容乃針對一年後即將在北京舉行的奧運會，要求將漢服指定為北京奧運會的禮儀服飾，並希望中國漢族運動員在開幕式中能穿著漢服進場。倡議書中指陳一九六四年東京奧運的禮儀小姐穿和服，一九八八年漢城奧運的禮儀小姐穿韓服，皆有其歷史文化的延續性與代表性，故應以「深衣」而非少數民族的「旗袍」、「唐裝」（「馬褂」）或歐美人士的「西裝」作為代表華夏文明的服飾。當然此少數人的網路倡議，立即被指摘為乃狹隘大漢民族主義的復辟，嚴重忽略中國乃多民族的國家組成，此網路連署漢服倡議書遂曇花一現、無疾而終。

而二〇〇八年奧運會的現場，禮儀小姐身上穿的是「旗袍」，中國國家代表隊的領航運動員姚明身上，穿的是黃襯衫紅西裝（以顏色呼應中國國旗的配色，但也被不買帳的鄉民譏為「番茄炒蛋」）。而二〇〇八年奧運結束後，有關「鯊魚皮」泳衣作為壟斷市場的「高科技外用興奮劑」或「穿在身上的禁藥」之爭議更甚囂塵上，國際泳聯終於決定痛下殺手，宣布自此禁用此類高科技連身長泳衣。但作為北京奧運現場最光芒耀眼、也是最後一瞥的「鯊魚皮」，與作為北京奧運現場根本不曾出現也不可能出現的「深衣」，兩者之間究竟能產生什麼樣的（非）關係？「鯊魚皮—深衣」的配置，給人的第一個反應當然是古／今、中／西與快／慢的最強烈對比，一邊是最新最快最科技的時尚運動商品，一邊是最古老最儒雅最緩慢的中國傳統服飾，而在「鯊魚皮」的時代談「深衣」復興，確實難免給人不知今夕何夕的時空錯亂之感。但我們也不要以為二十一世紀初的這波「漢服運動」特立獨行，回頭看看上一個世紀之初，「漢服運動」也是一樣狀況百出。剛坐上民國大總統之位的袁世凱，就穿著十二章衮服到天壇主持祭天大典。同年學者錢玄同就職浙江教育司長，據稱身上穿的乃是孔子時代的深衣玄冠，身體力行並藉此推廣其所發表的〈深衣冠服說〉。康有為之女康同璧在一九一〇年亦組「復古女服會」，倡導恢復漢朝女子服飾；「今萬國所共競者，豈非文野之別哉？……中外古今女服無不長裙翩翩者，圖畫器物皆可具考，從未有短衣無裙者。建議採取中國古制：高髻長裙束帶尖履……酌加今制，豈非合今古、通中西之制乎？」然而此處並非要將本世紀之交零星出現的「漢服運動」與上一個世紀之交零星出現的「漢服運動」視為如出一轍，畢竟清末民初冒現的「漢服運動」，乃是改朝換代之際的「亂世亂穿衣」，無有章法之際，乃訴求古制。而二十一世紀初的「漢服運動」則是透過網路動員、透過影像複製，以八〇後年輕世代為主體所帶出某種在視覺與裝扮形式上的「角色扮演」（cosplay）。故「漢服運動」的問題，不能僅停留在思索其是否能召喚民族意識的回歸，激發文化主體的自覺，或批判其是否僅為抱殘守缺、泥古不化，自陷狹隘偏激的民族主義情緒。「漢服運動」必須被「問題意識化」：中國近現代歷史為何始終未能好好處理「身體—服飾」的表面？為何三不五時就要發作一陣有關「國服」認同的病狀徵候？

就以這波倡議「深衣」的「漢服運動」為例，表面上看來中國作為「大國崛起」的文化自信，似乎藉由北京奧運的舉辦，而達到前所未有的高峰。但就在此高峰之上，也讓我們再次看到中國「時尚現代性」百年來的歷史糾結，「衣」舊難解。我們不禁質疑：為何「線性進步史觀」所帶來的速度焦慮感，不論是超英趕美還是超克現代，至今仍揮之不去？為何昔日的「寬衣博帶，長裙雅步」，依舊如此擺盪在不堪回首的恥辱象徵與復古鄉愁的認同投射之間？為何在辛亥革命將屆百年之際舉辦的北京奧運，旗袍與唐裝（馬褂）依舊被部分人士視為可疑可議，雖然其用語已從「異族」改為「少數民族」？而更為可疑可議的則是「西裝」，彷彿中國人斷斷續續穿了一個多世紀的「西裝」，依舊不是「中國現代」服飾，而是原屬於且專屬於「西方」的帝國主義殖民服飾，彷彿一下子讓人又掉回中國／西方、傳統／現代（要中國就無法現代，要西方便得捨棄傳統）的泥淖裡動彈不得？這波倡議「深衣」的「漢服運動」讓我們不得不承認也不得不面對，中國「時尚現代性」百年來糾結在西風東漸，中體西用，全盤西化，文化傳承上的諸多問題依舊未解，即便在「大國崛起」的當下，還是以不可預期的「身體─服飾」徵候，無預警召喚著近現代中國歷史創傷與文化記憶的斷裂論述。

而本書正是要以此「身體─服飾」的徵候為出發，但主旨不在於如何閱讀這些「身體─服飾」徵候，而在於如何讓這些「身體─服飾」徵候「去病徵化」？如何讓「旗袍」不再鬼影幢幢，讓「西裝」不再只是帝國殖民壓迫下揮之不去的「服」號？如何走出「創傷現代性」的悲情？如何跳脫「線性進步史觀」的套式？而《時尚現代性》一書正是想要以「舉重若輕」、「具體而微」的方式，重新面對且重新處理這些議題。全書共分為八個主要章節。前兩章為全書的理論開展，後六章則分別進入不同的服飾裝扮細節項目，以開展理論文本與身體—服飾文本的交織。第一章以班雅明與德勒茲的「縐摺理論」為出發，鋪陳「歷史哲學」作為「力史摺學」的關鍵，正在於將「時尚」的創造變化視為「合摺、開摺、再合摺」的時間運動。第二章透過重新閱讀班雅明的〈譯者的職責〉，提出「翻譯縐摺」的概念，並以「同字異譯」的方式，展開「翻新／時尚」、「現代／摩登／毛斷」等字組在概念上的「分裂雙重」與性別差異，也以「同音譯字」的方式，展開「Shame 代性—羨代性—線代性」、「行勢—形式」等字組在概念上的差異微分。第三章與第四章分別就「男人在頭，女人在腳」的中國 Shame 代性恥辱著手，第三章談男子辮髮，第四章談女子纏足，企圖將「創傷現代性」的時間災異斷裂，轉化為「踐履現代性」的時間連續變化。第五章從民國初年的鴛鴦蝴蝶派小說雜誌《眉語》封面切入，談「時裝美人」的圖像流行，並由此分疏出「陽性現代」與「陰性時髦」之間的時間感性差異。第六章從《婦女雜誌》的女子服裝改革徵文切入，談「曲直寬窄」如何可以從「身體曲線」的服飾描繪，抽象到「縐摺曲線」的「微偏」，並以「摺摺連動」的動勢，打破線性進步史觀所建構中／西、傳統／現代、寬衣／窄衣、直線／曲線、平面／立體的二元對立系統。第七章以殖民地台灣「旗袍縐摺成洋裝」的歷史案例為出發，回頭探討一九二〇年代上海平直旗袍與巴黎直筒洋裝，作為「拓撲連結」的可能，並嘗試以「中西合襞」的柔軟摺疊，鬆動「中西合璧」所預設文化作為剛性粒子的集合想像。第八章則聚焦於化學合成染料陰丹士林藍，一方面從「質量體戰爭」的宏觀層次，看其如何進入中國壟斷市場，如何連結兵戰與商戰，如何建構現代視覺政體與國民身體，更如何集結出各種時尚現代性的資本與國族編碼，而另一方面則從「分子化運動」的微觀層次，看陰丹士林藍如何滲透浸染棉紗棉布，如何給出鮮豔明亮的情動力強度，如何創造身體膚表—染色面料—視網膜—大腦皮質界面觸受的變化異動。

北京奧運讓尖端科技的鯊魚皮與古代深衣擦肩而過，卻讓我們開啟了「時尚」作為中國現代性另類「方法論」的探索契機。

第一章

# 時尚的歷史摺學

## 楔子：林則徐的褲子

在中國近現代的歷史中，鴉片戰爭慘敗的相關史料，總是讓人如此不忍卒睹，而後《南京條約》的簽訂，更是牽動一連串不平等條約喪權辱國的悲憤。但就在這一片淒風苦雨、哀戚沉重的歷史創痛中，卻有一則令人匪夷所思、不禁莞爾的記載，串連起「褲子」與「戰爭」非比尋常的關係。

一八三九年清朝欽差大臣林則徐上奏主戰，其所表列的眾多理由中包括了下面這一項：「且夷兵除槍炮之外，擊刺步伐，俱非所嫻。而其腿足纏束緊密，屈伸皆所不便，若至岸上，更無能為，是其強非不可制也」（《林則徐集：奏稿》36）。林則徐在此大膽自信地向道光皇帝表示，「英夷」的擊刺能力差，惟靠槍砲而已，若能順利引誘其上岸，就有把握將其一舉擊潰，而其中的關鍵正在於「英夷」雖人高腿長，但腿足皆「纏束緊密」、屈伸不便，為其弊也。而一年後林則徐又再度上奏，就同樣觀點加強深入說明：「彼之所至，只在炮利船堅，一至岸上，該夷則無他技能，且其渾身裹纏，腰腿僵硬，一仆不能復起，不獨一兵可刃數敵，即鄉勇平民足以致其死命。況夷人異言異服，眼鼻毛髮皆與華人迥殊，吾民齊心協力，殲除非種，斷不至於誤殺」（《林則徐集：奏稿》36）。此處林則徐所精心謀劃的致勝戰略，依舊放在「英夷」的軍服弱點之上，謂其一但被誘離上岸，則將被我方兵勇輕易殲滅，而其中的關鍵依舊是在「渾身裹纏，腰腿僵硬」的弱點，英軍一擊便倒，而倒地便無法復起，只能任人宰割。

但會有任何一個國家的軍服設計如此笨拙不便，膝蓋不能隨意彎曲，一仆便不能復起嗎？彼時被視為船堅砲利、所向無敵的英軍，會在軍事武力與軍服設計上出現如此重大的落差嗎？若中國女人纏足被西洋人譏為野蠻，那被清朝大臣視為夷狄仇讎的英軍，怎麼更是野蠻落伍到將男人的腿足全部「纏束緊密」呢？欽差大臣林則徐的觀察，並非純屬道聽塗說，雖然彼時許多的文獻資料皆顯示同樣的「文化誤識」（cultural misrecognition）。欽差大臣林則徐的觀察，乃是依據其親身與英國商人接觸的第一印象與第一手經驗，正如其在一八三九年七月二十六日的日記中就早已記載，「惜夷服太覺不類，其男渾身包裹緊密，短褐長腿，如演劇扮作狐、兔等獸之形」（《林則徐集：日記》351）。在林則徐眼中，不倫不類的英國男性服飾，全身上下包裹緊密，若服飾之「文明」在於「蔽形」，那如此暴露全身線條的緊窄夷服，就只能以獸形相類比。

而林則徐作為號稱中國近代「睜眼看世界的第一人」，其日記中的觀察記載確有其「穿文化」（trans-cultural）的洞見與不見。他精準地指出包裹緊密的英國男性服飾，其外型特徵乃「短褐長腿」。「短褐」一詞同時包含了「面料誤識」與階級歧視。「短」指短上衣，「褐」指粗布，而「短褐」在中國傳統服飾文化語境中，乃是以粗布短衣「提喻」勞動或貧賤階級的穿著打扮與生活方式。十九世紀英國男性外衣作為「短褐」之「短」，相對於晚清中國男性「長袍」之「長」，自是粗野不文、等而下賤之。而「短褐」之「褐」，則是以「褐」作為粗布、作為葛、麻、獸毛粗加工品，去理解並且想像英國商人身上所穿著的服飾面料。林則徐用「褐」來作面料與階級指稱，有可能是故意曲解或順用成語，硬將毛呢說成粗葛，也有可能是對西洋面料基本知識的缺乏，而誤判毛呢為粗葛，但就算是誤判，亦不無展現其對服飾面料「視觸感」（haptic）上的敏銳性。但「短褐長腿」的觀察中，真正弔詭的乃是「長腿」二字。林則徐對英國人第一印象的「長腿」，可以有三種相互層疊的可能解釋。第一種當然是生理結構的考量，人高腿就長。第二種是視覺的對比效果，上衣「短」自能顯得腿更「長」。而第三種則是最為關鍵的問題所在，會不會正是因為英國男人「渾身裹纏」，尤其腿足「纏束緊密」，因而拉長了身體線條，尤其是腿部線條。而此緊窄「修長」的身體—服飾線條，對比於中國鬆垂「寬廣」的身體—服飾線條，當然就更強化英人「長腿」的異常顯著。

那我們是否有可能循此「長腿」的視覺線索，重新回到林則徐奏摺中匪夷所思的「文化誤識」，看一看林則徐眼中讓英軍「腿足纏束緊密，屈伸皆所不便」的褲子，究竟是哪一種褲子？就鴉片戰爭的圖繪資料與世界軍服服飾史資料觀之，彼時英軍所穿的軍褲，乃剪裁合身的高腰直管長褲，英挺威武，運動自如，尤其特顯腿部線條之修長。反觀滿清王朝八旗和綠營部隊的軍服，則是笨重的盔甲、鬆垮的號衣、布袋式的中長寬口褲，一如服飾學者所言，「還停留在冷兵器時代，根本不能順應十九世紀飛速發展的軍事科技與戰術」（華梅，《中國近現代服裝史》2）。但我們此處並非意欲以戰爭的成敗論英雄，而判定英軍修長的「窄褲」，就一定比清朝鬆垮的「寬褲」要好，雖然此衣飾寬窄的優勝劣敗，難逃後續定論，尤其是在清末依「線性進步史觀」所推動的服飾改革聲浪中，「寬衣博帶，長裙雅步」早已被製碼為跟不上時代的落伍失敗。此處所要嘗試的，乃是針對「文化誤識」所可能展開的一種「推理」行動：為什麼英挺威武、運動自如的英軍軍褲，會被林則徐等有「智」之士，看成「腿足纏束緊密，屈伸皆所不便」呢？是否肇因林則徐反求諸己，用自己身上所穿與八旗綠營將官兵卒身上所穿的「中式褲」，去想像英軍將官士兵身上所穿的「西式褲」呢？而以「中式褲」去想像「西式褲」，究竟會鬧出什麼樣的大笑話或捅出什麼樣的大婁子呢？

就讓我們先來看看「中式褲」與「西式褲」的結構差異。傳統的「中式褲」乃寬邊大褲腰、大褲襠、無側縫分割，穿著時多為前後無分，而十九世紀穿在英國商人或英國士兵身上的「西式褲」，則是採分片、分體的服裝縫製法，褲腰、褲襠、褲腿（褲管）的合身設計，讓腿部線條清楚可辨。而中式褲的寬鬆肥大，對比於西式褲的合身適體，不僅只是視覺效果與面料多寡的問題，更是剪裁縫紉技術上的大不同。傳統「中式褲」乃平面剪裁（直線剪裁），褲身與腿部之間所留空間寬大，而需在褲頭繫帶、褲腳縛帶，而「西式褲」則是立體剪裁（曲線剪裁）、褲身貼合腿部，壓擠出褲身與腿部間可能的多餘空間，褲頭用釦、褲腳垂立。所以問題便出在若以「中式褲」的「平面剪裁」，來想像「西式褲」作為修長合身的直管長褲，那不僅只是視覺形式上的「纏束緊密」，更絕對是身體動作上的「屈伸皆所不便」。「平面剪裁」的「中式褲」必須寬大，讓褲身與腰腿之間留有足夠空間，才得以運動自如，而英軍身上不預留內部空間而緊貼著腰腿的直管長褲，一定雙膝緊繃難以行動。故若就「平面剪裁」的身體—服飾邏輯而言，林則徐的「合理推斷」乃是一點都沒有錯。

那林則徐錯在哪裡？一切就錯在「西式褲」不是「平面剪裁」，「西式褲」之所以修長合身而又能運動自如的祕密武器，就在於裁切縫合的衣片之上，藏有看不見的「縐摺」。寬鬆肥大的「中式褲」，收束褲頭或褲腳時，都會出現布料表面顯而易見的縐摺，而讓衣服與身體之間產生更多的活動空間，但這些「立體」縐摺皆為「活褶」，鬆開束帶後又會回復原來的「平面」。而英軍軍褲上的是「死褶」，不僅是被縫線縫死的縐摺，也更是外觀上看不見卻讓軍褲產生「立體」空間的縐摺。以服裝縫紉的術語來說，即是「省道縫摺」（darts）之所在，亦稱「縫合摺」或「死褶」：「dart 原為投槍、投箭之意；現指衣服裁片上為配合人體曲線而車合的長三角形區域，褶尖指向人體凸起處，長短則依所在位置及設計變化，且各有特定名稱」（《圖解服飾辭典》199）。「省道縫摺」之為「省」，正在於將面料與身體表面之間的餘量加以摺疊，並用縫線縫死，既可以消除衣片的餘量，又可創造出衣片曲面的立體感。而「省道縫摺」之不可見，不僅有別於衣服表面因收束而暫時出現的立體活摺，也有別於在衣服表面以摺曲面料縫合固定而成的立體活摺（在中國古代此種收摺方式叫「辟積」），「省道縫摺」是摺在面料的裡面，縫死之後再熨平，從面料表面不易直接辨識，而能辨識的僅為其所創造身體與衣服之「間」相互貼合的微立體空間。

故鴉片戰爭英軍身上「西式褲」的修長合身、運動自如，不僅是剪出來的，更是摺出來的。服飾史學者多認為「立體剪裁」的出現，乃西方服飾發展史上的大事，原本古希臘羅馬時期，服裝的形制主要採圍裹披掛樣式（drapery），未發展出衣片裁剪縫合的概念，而十三世紀日耳曼游牧民族的入侵，帶來了立體剪裁與行動速度的連結，遂逐漸發展出上下分離、封閉合身的服裝形制與複雜的剪裁技術，包括多片剪裁與省道縫摺等技藝。故林則徐的錯，不僅錯在以「平面剪裁」去誤識「立體剪裁」，更在於只有「活摺」而沒有「死摺」的概念。在林則徐的眼中，明明外表上看不出任何「活摺」痕跡的英軍軍褲，如此緊窄合身，如何有可能讓膝蓋屈伸自如。看來林則徐的「文化誤識／誤事」，不是出自迷信傳說（鴉片戰爭時不乏以扶乩術或屎尿陣擋洋槍洋砲，或以虎皮帽、虎皮衣、虎神營去「虎滅羊／洋」等怪力亂神），也不是純屬對西方人作為「洋鬼子」、「西夷」的怪異身體想像投射，而是一種合乎常情、合乎常理的「理性推斷」，唯一的錯誤乃在於林則徐常情常理的「衣」據，乃是以自己身上的「中式褲」做出發，洞視「夷服」的「短褐長腿」，卻不察「腿足纏束緊密」卻能運動自如的關鍵，正在褲子之上那些看不見的「縐摺」。

而本書以此為楔子，不是要以後見之明去嘲弄滿清大臣的怪誕想法，也不是要責難「穿文化」服飾知識之匱缺足以誤事誤國，而是希望在沉重的歷史創傷中，能有「舉重若輕」、「具體而微」的另類切入觀點，以爬梳中國近現代在身體—服飾表面所冒現的各種奇形怪狀、疑難雜症。而此楔子推理所圍繞的「縐摺」，也將成為本書在理論架構上的關鍵，不僅只是對衣飾「活褶」或「死褶」的好奇與興趣，而是企圖將服飾時尚（sartorial fashion）的「衣飾縐摺」與當代的「理論縐摺」相互連結，以「縐摺」的運動重讀歷史，以「縐摺」的觀點重談國族與性別，以「縐摺」的感性重回時間與主體。而以下本書第一章的縐摺理論發想，便將圍繞在兩位主要理論家班雅明（Walter Benjamin）與德勒茲（Gilles Deleuze）的相關「縐摺」論述中進行，觀看其二者如何得以摺摺相連。

但在正式進入理論的鋪展之前，須先說明兩個有關翻譯的問題。第一個是「縐摺」的用法。法文*pli*或英文fold的中文翻譯版本甚多，包括摺子、褶子、摺曲、皺褶、縐褶等。本書之所以嘗試採用「縐摺」的翻譯方式，乃是企圖以從糸字邊的「縐」，來開展織品面料的聯想，呼應本書對服飾時尚研究的關注；並嘗試以提手旁的「摺」來取代「褶」，一方面乃是希望能與純粹作為名詞的法文*plissemen*（褶子）有所區隔，一方面也同時希望能呼應英文fold兼具動詞與名詞的特性。雖說「褶」的衣字邊亦與服飾時尚的焦點疊合，但為強調「縐摺」之為運動之勢，故選擇「摺」而非「褶」，而在「縐摺」詞語的表達之中，也已有「縐」作為織品面料與服飾時尚的連結。而本書「縐摺」的用法，也會隨著概念發展的上下文，靈活轉換為名詞的「褶子」或動詞的「摺曲」。而第二個翻譯問題，則是圍繞在本書對「歷史摺學」的概念建構，以同音字「摺」與「哲」作為理論發想的起點，企圖以「歷史摺學」的新命名，帶出原本「歷史哲學」中所蘊含的力量與流變，並以「時尚」作為此概念化「歷史摺學」操作的核心。以下我們便將分別進入班雅明與德勒茲的「縐摺理論」，再嘗試以巴洛克「摺學」串連兩者，結尾部分則是以兩位理論家所列舉之「時尚」案例，來再次說明「歷史摺學」的可能操作方式。

## 一・班雅明：時尚的「虎躍過往」

首先，讓我們從班雅明談論「歷史哲學」的著名段落著手，揭露其所謂的「歷史哲學」為何總已是「歷史摺學」，以及為何其「歷史哲學」的概念發展總已和「時尚」密不可分：

> 歷史是結構的主體，此結構的場址並非同質、空洞的時間，而是充滿當下（*Jetztzeit*）顯現的時間。因而對霍北斯皮耶（Robespierre）而言，古羅馬是一個充滿當下時間的過往，他讓此當下時間從歷史的連續體中爆破出來。法國大革命視其自身為羅馬的再生轉世。法國大革命召喚古羅馬的方式，正如時尚召喚過往的服飾。時尚擁有對時事的敏銳天分，不論其是在何處擾動久遠的叢林，時尚乃老虎朝向過往的跳躍。然而此跳躍乃發生在統治階級發號施令的場域。而在歷史開放空間的同樣跳躍，則是辯證的跳躍，此即馬克思對革命的理解。（"Theses" 261）

此段表達乃間接呼應馬克思在《路易・波拿巴的霧月十八日》（*The Eighteenth Brumaire of Louis Bonaparte*）中對法國革命的看法：革命危機時刻勢將引述過往的語

言、傳統或服飾，來呈顯世界歷史的新場景，一如路德戴上聖徒保羅的面具，一如一七八九至一八一四年法國革命輪番披掛羅馬共和與羅馬帝國的服飾上陣，亦如一八四八年法國二月革命淪為法國大革命的拙劣模仿。只是班雅明此處的論證，刪除了馬克思著作中原本的嘲諷口吻，而帶入馬克思對「跳躍」（leap）作為歷史辯證與革命動量的正面想像，並積極放大「時尚」作為此歷史「跳躍」思考的關鍵核心。

故引言一開始，班雅明便展開對所謂傳統「歷史主義」（historicism）的批判，指出其乃架構於「同質、空洞的時間」之上，有別於歷史唯物論所著重的「當下時間」。班雅明接著便以法國大革命的「時尚」來說明此「當下時間」的特異性，如何從「同質、空洞的時間」所建構虛假同一的歷史連續體中爆破抽離，讓法國大革命以非線性的方式跳躍承接千年以前的古羅馬共和。對班雅明而言，法國大革命召喚古羅馬的方式，正是時尚召喚過往服飾的方式。因而就哲學概念的操作觀之，此「跳躍」乃是將兩個原本不相連屬、無立即因果關係的歷史時間點相互貼擠，產生「辯證影像」（dialectical image），亦即班雅明所謂充滿張力與革命動量的「當下時間」或「時間節點」（a time nexus, *Zeitkern*）。然此「跳躍」非朝向未來，而是朝向過往，非特意揀選，而是事件發生，再由歷史唯物論者以「建構原則」（constructive principle）加以辨識（"Theses" 262），故稍縱即逝的「當下時間」，亦即歷史唯物論者的「當下辨識」（“the now of recognizability”）。故對班雅明而言，其作為歷史唯物論者最主要的「建構原則」與「當下辨識」，無疑乃是無階級社會作為原初歷史（primal history）、烏托邦集體大夢或集體無意識的理想。

## 法國大革命的白色長襯衫

故若輔以法國大革命的時尚史料，當可更加理解班雅明此處「虎躍過往」的革命動量。彼時的革命服飾體現了階級平等與性別平等的烏托邦集體大夢：原本代表低下勞動階級粗野不文的「長褲」，取代了代表貴族階級優雅尊貴的「短褲」，故革命者被統稱為「無短褲黨」（*sans-culottes*），而認同革命的男男女女更開始穿起用白色棉布做成的長襯衫，形制簡單，不分男女，以平民百姓慣用的便宜棉布，對抗皇室貴族慣用的昂貴絲綢。而此不分階級、不分性別的白棉布長襯衫，不僅在「視覺形式」上類同於古羅馬共和時期不分階級（雖有不同的外搭方式）、不分性別的白色「袞尼卡衫」（*tunica*, tunic），更是在「歷史意識」上的相互呼應：無階級劃分亦無性別差異的理想社會。此革命時尚所構成的「辯證影像」，既是法國大革命「朝向過去」的「跳躍」，亦是古羅馬共和「朝向未來」而在革命當下的「實現」（actualization）。

故時尚乃是歷史作為「跳躍」運動的最佳表徵，但班雅明此處亦嚴格區分出時尚的雙重性。一是統治階級發號施令場域的時尚，亦即班雅明論述中一再透過馬克思「商品拜物」（commodity fetishism）與佛洛依德「性戀物」（sexual fetishism）理論加以嚴厲批判的資本主義時尚體系，一個表面上不斷引述、重複使用過往服飾風格以創造新異感、實際上卻是以「地獄時間」「虛假意識」重複單調同一的階級與性別壓迫之體系。而另一面則是時尚作為政治先導前瞻性的可能，其不僅僅指向藝術的未來流變，更基進地指向「新的法規、戰爭與革命」（*Arcades 64*），此乃革命時尚作為歷史哲學概念的真正魅力所在，但卻又極易被資本主義反革命時尚體系加以混淆模糊，必須透過歷史唯物論者的「當下辨識」，找出稍縱即逝的「辯證影像」，才能畢其功於一役。換言之，時尚貼擠著最新與最舊，但一面是具革命創造性的當下時間，另一面則是資本主義表面推陳出新、內裡一成不變的地獄時間，而班雅明此處正是透過此高難度的「當下辨識」，讓法國大革命成為古羅馬的再生轉世，在男女革命分子的白色長襯衫上，看到無階級無性別集體烏托邦的未來實踐，此乃時尚作為「虎躍過往」的真正革命動量所在。

## 革命的跳躍即縐摺

而此充滿革命動量的「跳躍」（*Sprung*, leap），在班雅明承續的馬克思主義脈絡中，正是「縐摺」（*Umschlag*, folding）的另一種表達。在馬克思與恩格斯的相關著作中，最早乃是採用「縐摺」來表達「革命」的質變，以有別於「演進」（evolution）所指向的量變，尤其是在馬克思給恩格斯的信中，曾以「縐摺」來置換黑格爾的「辯證跳躍」，以呼應信中所談論的織品工業（Lehmann 265）。但不論是馬克思理論原先使用的「縐摺」或後來使用的「跳躍」，皆強調由量變到質變的劇烈轉換，一如馬克思名言「所有穩固的都煙消雲散」（"All that is solid melts into air."）（*The Communist Manifesto* 77）所傳達由固態到液態的相變，「跳躍」或「縐摺」所貼擠的（法國大革命作為古羅馬的再生轉世），正是此由量變到質變的「當下時間」。因而「跳躍」不僅是蘊含豐沛動能的「意象」或「譬喻」，更涉及「摺」學概念的操作，亦即經由「建構原則」去創造或辨識出「時間節點」（兩個或兩個以上的歷史時間點貼擠在一起，產生特異點布置，由量變轉成質變）。而由「縐摺」或「跳躍」所建構的唯物史觀，便不再是那種由過去現在到未來、有如念珠般依序排列的線性時間，而是瞬間爆破虛假同一歷史連續體的「當下時間」，一如革命爆破演進，質變爆破量變。

而班雅明的「歷史摺學」不僅有來自馬克思理論「跳躍」即「縐摺」的影響，更有來自其研究巴洛克時期「單子論」的影響。在《拱廊街計畫》（*The Arcades Project*）中，班雅明企圖展現巴黎拱廊街由盛而衰的「經濟論據」，但卻強調這些「經濟論據」之所以能成為「起源」，不在於因果律，而在於其能給出拱廊街具體歷史形式的完整系列，一如葉片由植栽「開摺」（unfold）而出（*Arcades* 462）。他更進一步說明其所謂「十九世紀的原初歷史」，不是要在十九世紀裡找到原初歷史的蛛絲馬跡，而是將十九世紀視為「原初歷史的一個源起形式」（an originary form of primal history）（*Arcades* 463）。換言之，十九世紀乃是整體原初歷史所集結出的一個時代新形象，或所「開摺」出的一個新（葉片）形式。對班雅明而言，此「開摺」運動更涉及歷史作為「力場」（a force field），一個由「前—歷史」（fore-history）與「後—歷史」（after-history）所形成力力相衝突、摺摺相貫穿的辯證當下：

> 如果歷史的客體會從歷史承繼連續體中爆破出來，乃是因為其單子結構（monadological structure）使然。此單子結構首先浮現在此抽離出的客體本身，以歷史衝突的形式，構成歷史客體的內在（如是其深處），所有歷史的力量與利益以縮小的尺度進入其中。由於此單子結構，歷史客體在其內在發現其前—歷史與後—歷史的再現（例如，一如當前學術研究所喚，波特萊爾的前—歷史

在寓言體，其後—歷史在新藝術）。（*Arcades* 475）

如果馬克思的「跳躍」或「縐摺」貼擠出非線性「時間節點」、現在與過去的「辯證影像」（法國大革命與古羅馬），那此處巴洛克單子結構所凸顯的，則是歷史客體之「內」的「辯證影像」（前—歷史與後—歷史的衝突張力）或歷史客體之「內」的「時間節點」（既是寓言體、波特萊爾、新藝術作為原初歷史所開摺出的不同短暫形式，也是波特萊爾作為單子結構，貼擠了過去的寓言體與未來的新藝術，亦即歷史的摺摺連動）。容或此兩種理論（馬克思主義與巴洛克單子論）的表達方式與著重焦點有所不同，但班雅明穿梭其間的歷史「摺」學思考方式，卻十分一致。莫怪乎班雅明曾言「相較於理念，永恆更是衣裙邊緣的縐摺」（"The eternal is more than a ruffle on a dress than some idea."）（*Arcades* 463）。此裙緣的縐摺之所以比抽象理念永恆，不僅在於其所體現歷史物質性的細密真切（相較於理念的抽象形式），更在於此歷史客體之「內」由前—歷史與後—歷史衝突張力所摺曲而成的「時間節點」或「辯證影像」（白棉布長襯衫作為古羅馬與法國大革命的貼擠，一如波特萊爾抒情詩作為十八世紀寓言體與二十世紀新藝術的貼擠），充滿馬克思主義「跳躍」的革命動量與辯證史觀。此看似微不足道又充滿陰性聯想的服飾邊緣細節，遂成為班雅明歷史哲學的「力場」所在，亦即「時尚」作為「歷史摺學」思考的核心關鍵所在，正因此處的縐摺已不再只是具備歷史物質性的服飾細節項目，而能成為歷史作為縐摺運動所體現的「單子結構」，一個歷史力量與利益集結、前—歷史與後—歷史摺摺相連的「單子結構」。衣裙邊緣的「縐摺」，遂能如此這般跳脫文學譬喻，跳脫特定歷史時空的服飾文化，堂而皇之成為歷史「縐摺」運動中最具革命爆破力的時尚「辯證劇場」（*Arcades 64*）。

## 二．德勒茲：世界的「摺摺連動」

那另一位「縐摺」理論家德勒茲，又將如何與班雅明論述中所形構的歷史「縐摺運動」與時尚「辯證劇場」展開對話呢？顯然德勒茲的「縐摺」較不涉及黑格爾的辯證跳躍，亦不預設馬克思主義的無階級理想，甚至也不像班雅明如此強調歷史物質性與時尚流變，但德勒茲的縐摺理論，亦是透過巴洛克「單子論」來展開「縐摺」作為力量與流變的思考，帶出「縐摺」作為抽象機器（而非歷史物質客體）與虛擬連續體的可能。德勒茲曾在《意義的邏輯》（*The Logic of Sense*）中提及縐摺作為一種特異點的多樣性布置，在《法蘭西斯．培根：感覺的邏輯》（*Francis Bacon: The Logic of Sensation*）中論及油彩縐摺，在《電影II》（*Cinema 2*）中帶出思想—影像作為大腦皮質的縐摺。但德勒茲談論「縐摺理論」最重要的論述，則是集中在《傅柯》（*Foucault* 1988；法文原文 *Foucault* 1986）與《褶子》（*The Fold: Leibniz and the Baroque* 1993；法文原文 *Le pli: Leibniz et le baroque* 1988）兩本書中。

## 《傅柯》：特異點系列的力量布置

在《傅柯》一書中，德勒茲嘗試處理晚期傅柯在希臘性學研究中所欲凸顯的「自我」，一探其如何跳脫傅柯原本對知識與權力的論述模式，而其中的關鍵就在於以「縐摺」來處理「域外」、「內在」與自我「主體化」的問題：自我的「內在」乃是「域外」（流變線、流變之力）的縐摺，亦即「內在」由「域外」摺曲而成，「一個僅僅只是域外縐摺的內在，有如船隻乃是大海的縐摺」（97）。而此處作為哲學概念操作的「縐摺」，也更進一步被德勒茲連結到服飾時尚的「縐摺」，例如縫紉技術中的「翻摺」（領邊、袖邊、衣邊的由內翻外或由外翻內）（98），或服飾、書封等具雙重性、層疊性的「襯裡」（*doublure*）（99）。而後德勒茲更進一步從傅柯的《快感的享用》（*The Use of Pleasure*）中整理歸納出希臘主體化界域形構的四大自我縐摺，亦即四個最主要特異點系列的力量布置：身體（快感）縐摺、權力（力量）縐摺、知識（真理）縐摺與域外（生死）縐摺（104）。換言之，此處的縐摺，既指向域外之力的摺曲運動，亦同時指向此摺曲運動所產出的「流變團塊」、特異點布置。而這種以摺曲「域外」為「內在」，打破內／外二元對立，形構內—外相連變化翻轉的雙重與襯裡（double, *doublure*）之思考路徑，更被德勒茲視為傅柯「思想拓撲學」（the topology of thought）的基本操作原則：「去思考就是去縐摺，用共同延展的內在，來層疊翻摺域外」（118）。

而該書的附錄〈論人之死與超人〉（"On the Death of Man and Superman"），更嘗試區分傅柯論述中三種歷史形構的不同「縐摺」形式，亦即三種歷史特異點系列的力量布置。第一個是古典歷史形構的「上帝—形式」（God-form），乃朝向無限的持續開展與持續揭露，故其核心概念為「開摺」（unfold）（德勒茲並特此說明為何在傅柯的著作中，大量出現作為名詞使用的「開摺」）（126）。第二個是十九世紀歷史形構的「人—形式」（Man-form），以死亡的有限性與向內捲闔的方式，創造有機體空洞的厚度，故其核心概念為「縐摺」（域外摺曲為內在）。第三個則是當代的「超人」（superman），以有限元素創造無限組合，像是以矽元素取代碳，以基因取代有機體，以無文法取代意符（如現代文學中不斷回返自身、無盡開展反身性的句子結構），故其核心概念為「超縐摺」（Superfold）（131）。故德勒茲對傅柯精彩的重新闡釋，重點不在於列舉或歸納希臘自我主體化包含了幾種類型的縐摺，或是歷史形構過程中包含了幾種形式的縐摺，而是德勒茲透過「縐摺」

概念的操作，將傅柯文本中的「歷史」變成了「力史」，亦即歷史作為「力量關係」的湧現與傳動，一種尼采式的「永恆回歸」（"eternal return"）（129, 131），所有的「形式」（form）（上帝—形式，人—形式，超人—形式），都是「行勢」（force）作為「力量關係」、作為特異點系列的力量布置所「開摺」出的不同歷史形式。

## 《摺子》：巴洛克的摺曲運動

而此以「合摺，開摺，再合摺」（*plier, déplier, replier*; folding, unfolding, refolding）作為歷史創造轉化連續性運動的「歷史摺學」觀點，更在德勒茲的《摺子》一書中，得到了最為淋漓盡致的發揮。該書一開始便從笛卡兒（René Descartes）與萊布尼茲（Gottfried Leibniz）的根本差異處著手，前者強調身／心、靈魂／物質的「區別且分離」（distinct and separate），而後者則強調身—心、靈魂—物質的「區別且連續」（distinct and continuous），其關鍵正在於後者所帶入的「縐摺」概念。對笛卡兒而言，必須先有彼此分離不相連屬的獨立個體，才能相互區別；但對萊布尼茲而言，物質的最小單位並非可以分割的「點」，而是不可分割的「縐摺」，因世界乃是遵循「曲率法則」（the law of the curvature）、由「縐摺」作為摺曲之力所造成的「連續變化」（a continuous variation），故非一粒一粒的沙粒堆積（點的區別且分離），而是有如「裘尼卡衫」的連續縐摺，不是剛性顆粒所形成的「結構」（structure），而是有如柔軟織品所翻轉層疊出的「織理」（texture）（25）。德勒茲亦舉「丑角服」（the Harlequin costume）為例，其外層與裡層的連續區別，正因為不是從點到點，而是由摺到摺，一如蝴蝶被摺入了毛蟲之中，而毛蟲正將開摺為蝴蝶一般（9）。

因而「縐摺」正是德勒茲在《摺子》一書中，處理萊布尼茲巴洛克思想的核心概念：「巴洛克不指向本質，而指向一種操作功能，一種特點。它永無止境地產出縐摺，它不發明事物：有東方縐摺、希臘縐摺、羅馬縐摺、羅馬式縐摺、歌德式縐摺、古典式縐摺等等。巴洛克特點在翻轉扭曲它的縐摺，將這些縐摺推向無限，縐摺覆蓋縐摺，縐摺堆疊縐摺」（3）。而「縐摺」作為巴洛克的核心操作概念，更與萊布尼茲的「單子論」連成一體。「單子」原本乃是萊布尼茲《單子論》中區別且連續的簡單實體，有向內包封（envelopment）與向外開展（development）力量的「一」（23），亦即「包摺」（implication）與「展摺」（explication）的連續傳動。而此「一」乃屬「宇宙同一」（a universal Unity），故單子作為「一」的包封與開展、闔摺與開摺，乃由「宇宙同一」的「共摺」（complication）所驅動（曲動）。因而「單子」可被視為「微縐摺」，既包含了「包摺」、「展摺」與「共摺」的三位一體，也呈現了「一與多摺」（One-Multiple）的關係：在「一」的個別單元裡，包含了整個系列或世界（26）。故單子作為微縐摺，其所導向的巴洛克世界觀，正是世界作為「縐摺接著縐摺」或「摺摺連動」（fold after fold）（33）、無窮無盡的縐摺運動：「我們仍都是萊布尼茲主義者，即使諧和不再是我們的世界或文本。我們正發現新的縐摺方式，近似新的包封方式，但我們仍全是萊布尼茲主義者，因為攸關緊要的總是合摺、開摺、再合摺」（137）。

故德勒茲《摺子》一書中的「縐摺」，不只指向巴洛克時期繪畫、雕塑、音樂、文學、服飾、數學、城市、建築、物理學的表現，更在於「縐摺」作為一種哲學概念的基進性：將世界涵納於內的單子，將外翻轉為內，將表面翻轉為深度，從表相摺疊出本質，從物質摺疊出靈魂。故單子或主體乃是「各種不同縐摺的拓撲學」（a topology of different kinds of folds），文藝復興單子不同於巴洛克單子，乃在於其縐摺形式的不同，而巴洛克單子的特色，便是「朝向無限性的縐摺」（the fold to infinity），讓所有的縐摺都在縐摺之間（between two folds; *pli selon pli*）（13），亦即世界的「摺摺連動」。因而在此「摺摺連動」、不斷區別且連續的世界裡，所有的「形式」（form）都是「行勢」（force）的摺曲，一如所有單子都是「宇宙同一」的微縐摺。誠如德勒茲所言：「揭露其織理的物質，乃成原料，如同揭露其縐摺的形式，乃成行勢」（"Matter that reveals its texture becomes raw material, just as form that reveals its folds becomes force."）（*Fold* 35）。於是在巴洛克朝向無限的縐摺運動中，「形式」不再抽象永恆，不再獨立區隔，「形式」乃由複數力量或「行勢」摺曲而成，

「形式」的轉變與摺曲所指向的，正是世界之為縐摺運動，亦即域外之力的「合摺、開摺、再合摺」。

## 三・時尚—力史—摺學

接下來便讓我們分別以班雅明談論的「女性腳踏車裝」與德勒茲談論的「巴洛克服飾」為例，來進一步說明兩人在縐摺理論上的相互會通，與兩人在時尚作為「歷史摺學」核心概念上的差異所在。班雅明在《拱廊街計畫》中，曾以十九世紀末的女性腳踏車裝，來展開其「歷史摺學」的思考操作。他指出十九世紀末法國畫家薛黑（Jules Chéret）所製作的海報，呈現時髦解放的巴黎女性，騎乘著腳踏車奔馳，身上的服飾輕盈飄逸，讓身體的速度感成功轉化成衣飾的流動性。而此海報所呈現的女性腳踏車裝，立即被眼尖的班雅明指認為「運動裝早期無意識的預兆」（*Arcades* 62）。接著班雅明更基進地辨識出女性腳踏車裝、工廠、汽車之間的連結關係。他指出女性腳踏車裝的「運動表達」，乃與傳統女裝的優雅模式相互纏鬥，正如最早的廠房以住家為依歸，亦如最初的汽車車身以馬車車廂為模仿。

班雅明此處簡短卻精準的時尚案例分析，顯然包含了多個層次的「歷史摺學」

操作。第一是歷史時間的縐摺，指向十九世紀末女性腳踏車裝，作為二十世紀二〇年代女性運動裝「單子結構」中所貼擠的「前─歷史」（前摺），一如十八世紀寓言體，作為十九世紀波特萊爾抒情詩「單子結構」中所貼擠的「前─歷史」（前摺）一般。第二是現代性的「運動行勢」在不同形式中的表達：「海報」與「腳踏車裝」皆為現代「運動表達」所開摺出的不同形式，海報不僅只是以複製圖像的方式，去再現腳踏車與穿著腳踏車裝的巴黎女性，海報本身作為現代圖像新興形式的快速製作、複製與流通，正與腳踏車裝所標榜的移動速度若合符節，此亦即為何班雅明視「海報」的出現，乃現代生活「新速度」的表達（*Arcades 64*）。第三則是現代性縐摺之力對「腳踏車裝」（服飾時尚）、「工廠」（生產空間）、「汽車」（移動裝配）的「解畛域化」（deterritorialization），令原本似乎毫不相干的三者產生「拓撲連結」，形構出現代性作為「縐摺運動」的「毗鄰不可區辨區」。分而觀之，「腳踏車裝」、「工廠」與「汽車」都是既有「形式」的再縐摺，由既有的傳統女裝翻轉出腳踏車裝，由既有的住家翻轉出廠房，由既有的馬車翻轉出汽車。合而觀之，「腳踏車裝」、「工廠」與「汽車」皆為現代生活「新速度」作為「行勢」所開摺出的不同新形式，亦可被視為班雅明所信奉烏托邦集體無意識所開摺出的不同新形式。

正如班雅明所一再強調的，集體無意識（原初歷史）「在千種生活的配置中留下痕跡，從堅固持久的大樓到稍縱即逝的時尚」（*Araceds 5*）。此集體無意識可以開摺在不同的歷史時間點，或貼擠兩個以上時間點而形成「當下時間」或「時間節點」或「單子結構」（古羅馬與法國大革命，十九世紀末的腳踏車裝與二〇年代的運動裝），亦可在歷史的特異表達中（例如此腳踏車裝時尚案例中的運動表達，或現代生活的速度表達）開摺出不同的形式（海報與腳踏車裝，或是腳踏車裝、工廠與汽車）。但不論是原初歷史或歷史的特異表達，班雅明對腳踏車裝的「歷史摺學」思考，乃是讓我們成功在腳踏車裝的「形式」之中，看到「現代性行勢」（運動表達或速度表達）的「合摺、開摺、再合摺」，將固定的形式，轉化為流變的行勢。因而對班雅明而言，十九世紀末女性腳踏車裝展現了一種雙重的揭露。第一重的揭露是「連續中的斷裂」，腳踏車與女性身體服飾的「拓撲連結」，爆破了十九世紀父權社會對女性傳統服飾優雅端莊的箝制與壓抑，爆破了線性歷史發展的連續體（直接跳接二〇年代運動裝），爆破了服裝史研究所倚重的形制傳承（運動與速度的質變，取代了優雅女裝形制的發展或改良的量變），而另一重揭露則是「斷裂中的連續」，在看似不相連屬的個別形式中（海報與女裝，女裝、工廠與汽車），找出其弧線曲度的趨勢、摺摺連動的「行勢」，以及單子結構中各種外翻內轉的力量匯集、衝突與流變（集體生產製造速度與都會化性別身體移動速度的匯集、優雅模式與運動表達的衝突、身體機器與移動機器的流變）。一言以蔽之，女性腳踏車裝的「解畛域化」所凸顯的，正是時尚「歷史摺學」的「合摺、開摺、再合摺」。

而德勒茲在《摺子》一書中對巴洛克時尚的分析，其所啟動的縐摺思考動量亦不讓班雅明專美於前。對德勒茲而言，巴洛克作為朝向無限的縐摺，其最簡單的形式即為服飾織品上的縐摺，其重點不在身體的遮蔽或揭露，亦不在裝飾效果的強化或減弱，而在於讓織品縐摺如何凌駕於服飾、織品縐摺如何流溢出身體，彷彿不是先有身體再穿上滿綴縐摺的衣服，反倒是縐摺不斷穿越衣服與身體（衣服與身體的本身已是由外在摺曲為內在、由表面摺曲為深度），流向摺摺連動的大千世界，無始無終。他以十七世紀巴洛克的「及膝摺褲」（*rhingrave-canons*）為例，其形制寬大蓬鬆，綴滿緞帶，讓穿上「及膝摺褲」的身體隱然消失，彷彿只剩下不斷倍增的縐摺，有如浪潮般翻越騰攪，橫向開展。而巴洛克時尚的其他款式，不論是緊身短上衣、斗篷或襯衫，都與「及膝摺褲」有異曲同工之妙，滿溢著千百個縐摺，讓穿者有如在大海波浪裡上下浮沉的泳者，只能將頭部微微露出波濤洶湧的海面。故對德勒茲而言，巴洛克時尚無所不在的縐摺，已不再僅是特定歷史服飾的裝飾細節而已，而是一種翻轉的力量與強度：「衣飾縐摺傳達出一種施加於身體的精神行勢，或是將其上下倒轉，或是再三令其站立或舉起，卻都在每個事件中將其內翻外轉，並鑄造其內裡的表面」（*Fold* 122）。

德勒茲接著便將論述的焦點，轉到巴洛克藝術中所再現的服飾縐摺。他以義大利藝術家貝里尼（Gian Lorenzo Bernini）的畫作與雕塑為例，說明其藝術創作中的服飾縐摺如何滿溢畫面甚且溢出畫框、如何滿溢石雕表面甚且溢出石雕本身。首先他將貝里尼繪畫藝術所再現的縐摺，從服飾縐摺擴大為靜物畫上所呈顯的窗簾、桌布（織品縐摺）與蔬果（大地縐摺），再擴大為河流、雲朵、花崗石、洞穴、光線、火焰的無盡縐摺。故對德勒茲而言，貝里尼的藝術不是結構，而是織理（*Fold* 122），一種讓身體摺曲如火焰燃燒、向上捲繞的織理。於是縐摺穿越所有的物質載體（身體、織品、服飾、花崗石與雲朵），縐摺也脫離了所有的物質載體，以不同的尺度、速度與向量，穿越並連動於山、水、紙、布、組織體與大腦之間，成為不斷差異化微分的虛擬性本身。故德勒茲得以聲稱，巴洛克藝術之所以為「抽象藝術」（*Fold* 35），不在於對形式的否定，而在於視形式為力量的摺曲（「揭露其縐摺的形式，乃成行勢」），亦即以縐摺所啟動的抽象機器。

於是巴洛克所建立的，乃是一個「宇宙同一」的藝術表達，無盡摺曲，無限延展，每個藝術形式都向下一個藝術形式延伸擴展，繪畫溢出畫框而成為石雕，石雕亦溢出了自身而成為建築，而建築的門面與內在脫離而成為城市規劃，而此藝術連續體所指向的，正是巴洛克藝術相互連結轉換的「介於其間」，介於繪畫與雕塑之間，介於雕塑與建築之間，介於建築與城市設計之間（*Fold* 123），任由流動的物質—行勢所無盡貫穿。德勒茲在巴洛克時尚無限開展的服飾縐摺與巴洛克藝術區別（曲別）且連續的摺摺連動中，再次驗證「巴洛克不指向本質，而指向一種操作功能，一種特點。它永無止境地產出縐摺」，縐摺作為流變之力或域外之力的摺曲運動，無盡穿梭摺曲於各種織品、非織品與各種藝術形式之間。故德勒茲要我們搜尋的，不是各種不同藝術形式的差異（繪畫、雕塑、建築、城市之間區隔且分離的靜態差異），而是「宇宙同一」巴洛克「縐摺行勢」的動態差異化微分運動，穿越溢出各種不同的藝術形式之間。「但我們全部仍是萊布尼茲者，因為攸關緊要的總是合摺、開摺、再合摺」，一如班雅明鎖定歷史客體的「單子結構」，在十九世紀末的女性腳踏車裝中，看到速度表達與運動表達，看到時尚模式—生產模式—移動模式的拓撲連結，看到時尚作為歷史哲學的「辯證劇場」，德勒茲則是從服飾時尚的縐摺出發，看到巴洛克藝術「宇宙同一」的整體開展性，無盡摺曲出涵蘊大氣與大地、火與水的「宇宙劇場」（*Fold* 123）。時尚是班雅明思考「歷史摺學」的主力，一或將其視為最具歷史辯證性與革命動量的「時間節點」（法國大革命貼擠古羅馬），一或將其視為最能展現歷史之為「力」史的「單子結構」（前—歷史與後—歷史的力力衝突與摺摺相連）。而時尚僅是德勒茲借力使力的切入點，以帶出巴洛克「合摺行勢」與「開摺形式」的連續變化，但卻也同時成為德勒茲在談論巴洛克縐摺概念中最鮮明生動的案例。

整體而言，班雅明的縐摺理論充滿革命動量的強度修辭，視辯證跳躍為歷史的縐摺運動，意圖爆破同質空洞的線性時間連續體；而德勒茲的縐摺理論則強調世界流變乃不斷推擠的縐摺運動，單子即微縐摺，亦即特異點系列的力量布置。兩人的論述模式與強調重點或有不同，但皆以「合摺、開摺、再合摺」的方式，強調「摺摺連動」乃歷史的推演或世界的流變。而班雅明的「當下時間」或「時間節點」（可摺曲的時間性），與德勒茲的「毗鄰不可區辨區」（zones of proximity and indiscernibility）或「拓撲連結」（可摺曲的物質性），亦都傾向凸顯「多摺」（the multiple）（時間貼擠或物種貼擠）作為特異點力量布置的可能。又如班雅明的「單子結構」（前—歷史與後—歷史力力衝突、摺摺相連的歷史客體）與德勒茲的「單子微縐摺」（以織理取代結構），皆指向一種巴洛克式朝向無限的縐摺運動，凸顯了「一與多摺」的疊層關係。時或班雅明較為側重歷史作為「力史」，如何成為「力量關係」的摺曲，而德勒茲較為凸顯非關係、非人稱的主體，如何成為域外之力的摺曲，但兩者皆成功以「縐摺」打破西方形上學所預設的內在／外在、本質／表象、深度／表面的二元對立，讓所有的「差異區別」都成為「差異曲別」，亦即以摺曲為力量或行勢的差異化微分運動。時或德勒茲理論的政治面向，較為側重特異點系列的尋覓，以解畛域化的縐摺線，從既有的系統連結中逃逸，以形構新的抽象機器，而班雅明理論的政治面向，則清楚標示馬克思歷史唯物論對無階級社會革命動量的烏托邦理想，但兩者皆不約而同地透過「縐摺」思考，徹底將西方哲學傳統中「物質」與「形式」的分離斷裂，成功轉化為「物質—行勢」的連結：不再有固定不變的抽象「形式」，所有的「形式」都是力量或「行勢」的暫時摺曲，都將隨「行勢」之「合摺、開摺、再合摺」而產生變易。班雅明與德勒茲的縐摺理論，遂同時凸顯「行勢」（力量的關係、力量的摺曲或特異點的力量布置）大於「形式」之重要，而得以將歷史「翻新」為強度與張力不斷湧現流竄的「力場」，將世界「翻新」為縐摺與縐摺之間永恆不斷的「摺摺連動」，而開啟了我們得以重新進入中國時尚現代性的感知模式與思考可能。

第二章

# 現代性的翻譯縐摺

本書第一章嘗試透過班雅明與德勒茲的縐摺理論，以「力史摺學」的概念，讓歷史成為創造轉化「合摺，開摺，再合摺」的連續性運動，並以時尚作為其概念操作的「翻新行勢」，而本書第二章則將循此「縐摺」概念繼續提問：若歷史可被視為一種縐摺運動，那翻譯是否也可以被概念化為「合摺行勢」（folding forces）與「開摺形式」（unfolded forms）的連續變化呢？而「翻譯摺學」的概念又將如何幫助我們重新處理「時尚現代性」的跨語際、跨文化實踐，而不落入單純譯入與譯出語言的文化路徑回溯呢？因而本章將先以「縐摺」的概念，重新切入班雅明〈譯者的職責〉（"The Task of the Translator"）一文，希冀從中翻轉出「翻譯」作為「縐摺運動」的可能，接著再從「翻譯縐摺」的角度，推展出「同字異譯」與「同音譯字」的概念微分，以此「差異化」當前對「時尚現代性」關鍵名詞的翻譯方式，讓其產生分裂與雙重（split and double），並由此分裂與雙重中，開放出創造轉化「現代性」論述的新契機。而這些摺疊中文、英文、法文的「同字異譯」與「同音譯字」，也將成為本書承續當代縐摺理論在中文文化語境的在地轉進，以持續發展由理論文本去翻轉摺疊時尚文化與文學文化文本的嘗試與努力。

## 一・翻譯的「皇袍縐摺」

首先，讓我們回到當代翻譯研究的經典〈譯者的職責〉，此號稱二十世紀「最具影響力且最難理解的理論論述之一」的文章（Bhabha, "DissemiNation" 320）。但此次我們的切入角度不是最廣為人知的「切線與圓周」或「陶罐碎片」等譬喻，而是文中在探討原文與譯文「鬆緊」差異時所採用的「縐摺」明喻。

> 原文的內容與語言渾然一體，有如果肉與果皮，而譯文包裹覆蓋內容的方式，則有如綴滿縐摺的皇袍。（75）

此處所展現的對比，並非我們習以為常的由緊變鬆（以緊為佳、以鬆為劣，以緊為始，以鬆為終），反倒是譯文「皇袍縐摺」的華麗蓬鬆，優於原文果實的緊密貼實，譯文乃表徵一種更為高尚的語言，讓內容與語言彼此之間的緊密接合產生鬆動，產生陌異感，讓再次翻譯成為不可能。此「皇袍縐摺」作為一種明喻，自是召喚班雅明另一個前章已討論過的「裙緣縐摺」，其之所以比理念更永恆，正在於其既是歷史物質性的體現，更是歷史作為縐摺運動的「時間節點」與「辯證影像」，一個縐摺的縐摺，一個能展現「永恆回歸」作為縐摺運動（給出歷史物質形式的行勢力量）

的縐摺（歷史物質形式）。「裙緣縐摺」作為歷史的「微縐摺」，其「微」不在於服飾細節或瑣碎物質，也不在於尺度的迷你袖珍，其「微」乃在於能給出「游移與非—局部定位的連結」（"mobile and non-localizable connection"）之可能。[1]

那「皇袍縐摺」是否也可以像「裙緣縐摺」一般，跳出文學譬喻的範疇，而回到班雅明以「縐摺」作為巴洛克操作首要功能的思想體系呢？在此我們第一個必須面對的問題，便是〈譯者的職責〉中對「純粹語言」與「語言模式」的區分。對班雅明而言，法文、德文作為不同的「語言模式」或「語種形式」，其重點乃在內容（意指 signified）與語言（意符 signifier）的緊密貼合（有如果肉與果皮），而譯文則是鬆動意指與意符的緊密貼合（有如蓬鬆的華麗摺子），以便能被置放到一個更大更高的「表意鏈」（不再限於單一語種之內的語音與字義，而是開放到不同語種之間的創造轉化），此時譯文的目標已不再是表意，而是朝向「純粹語言」逼近並揭露其「無限可譯性」。[2] 此「純粹語言」的表達，或被視為班雅明奧祕難解的「神學」，或被解構理論家抨擊為存有形上學的「本源」（origin），而本章在此所將嘗試的，則是將「純粹語言」與「合摺行勢」（folding force）作概念上的連結，而法文、德文作為特定的語種，則是「純粹語言」所給出的不同「開摺形式」（unfolded forms），故「純粹語言」不是一種更高更久遠更形而上的語言「模式」，而是讓所有語言「模式」成為可能、讓所有語言「模式」之間的「可譯性」成為可能的

「虛擬多摺性」（virtual multiplicity），創造出整體語言和諧「摺摺相連」的虛擬連續體。若需要回到神學的表達方式，本書前章第二節論及德勒茲《傅柯》一書的說法或可引為參考。古典時期乃是以「開摺」（持續開展、持續揭露）作為核心概念的「上帝—形式」：上帝作為最大的單子，給出了世界無盡的單子；上帝作為最大的摺子，開摺出世界無盡的摺子。[3]

## 純粹語言的合摺行勢

故若回到班雅明的摺學體系，「純粹語言」就像其在《拱廊街計畫》所一再強調的「原初歷史」，乃是給出不同語言形式、給出不同歷史時期的「虛擬多摺性」。以十九世紀為例，其乃一種「原初歷史的源起形式」（the originary form of the primal history），「原初歷史」不是「源起」，十九世紀才是「源起」，才是「原初歷史」所給出（開摺出）的一種「源起」。於是「源起」不再是從無到有、從形而上到形而下或從抽象到具象，「源起」變成了「緣起」，一種特異點力量布置的匯集與湧現所給出的「形式」，但也唯有在不同的「源起形式」之間，才能感受「原初歷史」作為「合摺行勢」的力量與流變。同樣「純粹語言」不是形上學或存有論的「源起」，在班雅明語言摺學與翻譯摺學的思考中，法文、德文才是「源起形式」、才是「純粹語言」作為「創形」（morphgenesis）所給出的不同「開摺形式」。

故「純粹語言」不是一種語言形式，也不是所有語言形式的總和，「純粹語言」乃是一種虛擬的「合摺行勢」，以「表達意圖」給出所有語言之間的親和性（或「親屬性」）：「每個語言潛在意圖之整體——然而意圖無法由單一語言所擁有，只有經由總體意圖彼此之間的相互補遺才得以實現：純粹語言」（74）。換言之，不同語種的語言，表面上好像彼此互異，但就其表達意圖而言，則是彼此相互增補。例如〈譯者的職責〉文中舉出法文的 *pain* 與德文的 *Brot*，雖指向同樣的意圖對象（the intended object），但卻有不一樣的意圖模式（modes of intention），一為法文，一為德文。而隱藏在個別語言模式或語種形式之中的「純粹語言」（表達意圖），唯有在譯文之中才得以展現其整體性，「真正的譯文是透明的，不遮掩原文，不擋住原文的光亮，而是讓純粹語言更形光耀原文，有如經由其媒介而得以強化」（79）。故對班雅明而言，譯文的重要性，不在傳達訊息，不在溝通交換，也不在實際操作層次的信達雅或忠實／背叛原文，而在如何讓隱藏在語言模式或語種形式中的「純粹語言」，得以照射穿透。

故唯有透過翻譯，才能展現語言模式或語種形式之間在超驗層面的「親和性」，亦即表達意圖上不分本國外國的一家親。然此超驗層面的「親和性」，絕對不是傳統翻譯研究所強調的原文與譯文的表面相似性，真正具有「摺學」力量的翻譯，乃是創造原文的「來生」，讓原文不再只是原文，原文也在翻譯的過程中重獲新生。故翻譯不是「兩種已死語言的不育對等式」，而是創造不同語言之間的「生機連結」（vital connection）（71），指向超驗層面「純粹語言」的表達動勢。故「親和性」不在於「幾何形式」的像不像（不同開摺幾何形式之間的轉換比較），而在於「拓撲連結」的親不親（「純粹語言」作為合摺行勢的混沌一體，作為開放全體的表達動勢，貫穿流竄於所有的語言模式或語種形式）。

與此同時，也唯有透過翻譯，才能展現語言模式或語種形式之間在經驗層面的「陌異性」，而非僅是超驗層面的「親和性」。然此經驗層面的「陌異性」，並非原文與譯文作為語言模式或語種形式上的不同，如法文與德文的不同，而是法文的德文翻譯，既造成法文作為原文的流變，亦造成德文譯文本身語言模式的流變，此即「陌異性」之真正所在。而班雅明更引用 Rudolf Pannwitz 的話，來說明翻譯者最容易犯下的大錯，正在於努力護衛其所屬的語種形式，而非讓本國語（譯文）強烈受到外國語（原文）的施受與深化（81）。故翻譯不僅僅是把外國語翻譯成本國語，翻譯更是得以凸顯本國語中的外國語。而班雅明對翻譯的描繪，更與德勒茲對「域外」（the outside）作為非形式、非空間度量之描繪如出一轍：翻譯指向在所有溝通之外的某種無法溝通，「相當靠近，然又無限遙遠，隱藏或可辨識，碎裂或充滿力量」（79），因而翻譯能同時彰顯兩種象徵化的運動，一種乃單數語言模式或語種形式在表意上的有限性，一種乃「複數」語言模式或語種形式之間開展與變化的無限性，亦即班雅明所言「語言的演化開展」（the evolving of the languages）（79）。[4]

而「純粹語言」的表達意圖，正是在「語言的演化開展」過程中不斷尋覓如何再現，如何創造自身，乃生命中的一種「行動威力」（an active force），不斷實現化為語言創造過程中的各種「象徵形式」（symbolized form）（79）。故隱藏與碎裂化在各種語言「象徵形式」中的「純粹語言」，惟有透過翻譯（鬆動語言「象徵形式」中意指與意符的緊密貼合，由果肉果皮變成皇袍縐摺）而得以解放。〈譯者的職責〉中所言的「自由翻譯」，不是在翻譯的實際操作層面上，不顧原文而任意扭曲、自行創造，而是在「翻譯摺學」層面上去鬆動意指與意符，去跳脫意義的傳達，去翻轉譯文中的外國語，去解放「純粹語言」以彰顯生命永恆回歸的「行動威力」。

## 切線輕觸圓周

有了這樣的概念連結與開展，我們便可以重新回到〈譯者的職責〉中最廣為討論的「圓周與切線」譬喻，看看為何切線輕觸圓周的「點」，其實也可以是一個「微縐摺」。

> 就如一條切線輕觸圓周，僅在一點，透過碰觸而非碰觸點定下法則，並循此繼續其朝向無限的筆直路徑，譯文輕觸原文，僅透過此無限小的意義之點，隨即便在語言流變的自由之中，依循忠實法則進行自身的進程。（80）

班雅明以此譬喻來說明譯文與原文的關係，僅輕觸而掠過，並特別強調譯文切線的動態走勢（切線的無限延伸與觸點的無限小），而非跌入原文圓周之中去尋找「厚重」的「意義」以傳達、以溝通、以忠於原文。故此處「忠實法則」較非翻譯實際操作層面的忠於原文，而較是「翻譯摺學」層面最終的忠於「純粹語言」，不在原文的語音字義中鑽研，而在翻譯所啟動「語言的演化開展」中，去解放被囚禁在原文中的「純粹語言」，使其重獲自由。而此「自由」的想像與「輕」的物質觸感，也與語言的位階息息相關。越是低階的語言越重，而其意指與意符越是緊密貼合；越是高階的語言越輕（如譯文），其意指與意符越見鬆動，可譯性增強，但卻不可一譯再譯；更高階的語言（如聖經）則逼近「純粹語言」的無限可譯性，終能跳脫意指與意符所形構的「象徵形式」（the symbolized form），而成為「象徵之物」（the symbolized thing）本身（只有「萬物」而無意指，只有「命名」而無意符），亦即不以意義為中介、不以譬喻為運作的語言本身，亦即語言之為「字面性」（literalness）。[5]

故切線與圓周輕觸的「點」，可以不再被視為幾何學基礎上的「固定點」，而是一種具流變力量的「縐摺點」。[6] 一如德勒茲與瓜達希（Félix Guattari）在《千高原》（*A Thousand Plateaus*）所論及的「生物學縐摺」，造成蘭花與胡蜂的貼擠，讓蘭花「流變—胡蜂」，讓胡蜂「流變—蘭花」，而產生蘭花—胡蜂的「毗鄰不可區辨區」，既是蘭花作為植物的解畛域化，也是胡蜂作為動物的解畛域化。那我們是否也可以用同樣的「縐摺」概念操作，去重新理解切線的輕觸圓周：「翻譯縐摺」讓兩種不同的語言模式或語種形式產生貼擠，讓原文「流變—譯文」，讓譯文「流變—原文」（打開語言之間具創造性的「陌異感」，在本國語中翻轉出外國語），而產生原文—譯文的「毗鄰不可區辨區」（總體表達意圖相互之間彼此補遺的「親和性」），既是原文作為圓周的解畛域化，也是譯文作為切線的解畛域化。

故切線與圓周、譯文與原文輕觸的「點」，既是圓周的「特異點」（singular point），也是切線的「特異點」。以數學來說，圓周上的每一個尋常點都是 m=2（往上或往下移動，此處的 m 即 multiplicity 之縮寫），切線上的每一個尋常點也都是 m=2（往上或往下移動），只有切線與圓周相交的唯一一點 m=4，亦即「特異點」之所在。故圓周與切線上的所有點，都必須按照其既定的行徑軌道運行，除了圓周與切線相交的「特異點」，才出現圓周—切線不分，可從圓周跑到切線，可從切線跑到圓周，有如可由內翻轉到外、由外翻轉到內的莫比斯環。故此「特異點」已不再是幾何學所界定的「點」，而是如德勒茲與瓜達希在《千高原》中所一再強調的，「特異點」的「潛在形式乃是拓撲，而非幾何」（48）。故「翻譯縐摺」既指向翻譯行動所造成原文與譯文的貼擠，亦指向「譯文」作為一種「微縐摺」（微的變動不居，微的無法定位），所展現特異點的力量匯集與布置，此即班雅明所言譯文乃「胚胎生成或強度的形式」（"embryonic or intensive form"）（72）。若所有的「形式」（form）都是「行勢」（force）的摺曲，「揭露其縐摺的形式，乃成行勢」（*Fold* 35），那譯文之為「強度形式」正在於能揭露其作為「微縐摺」的形式，乃是來自「純粹語言」的「合摺、開摺、再合摺」。

## 二・翻新行勢與時尚形式

那如此摺疊翻轉出的班雅明「翻譯理論」，將如何有助於本書在「時尚縐摺」與「理論縐摺」之間的連結企圖呢？一個方向乃是跳出語言的相關限制，將「翻譯縐摺」的操作，直接放到歷史客體的「解畛域化」，並將此物質形式或時尚形式的「解畛域化」視為「以譯破義」，以「譯」作為行勢威力，來解放「義」作為帝國主義、國族主義或資本主義的「象徵形式」，讓緊密連結的果肉與果皮，產生鬆動的縐摺效應，像探討「旗袍」作為「翻譯縐摺」的可能，像發展化學合成染料陰丹士林藍作為「翻譯縐摺」的可能，或像思考「身體—服飾」曲直寬窄作為「翻譯縐摺」的可能。而另一個方向則是回到語言，回到「純粹語言」作為「行勢」的可能，回到翻譯作為語言倍增與概念微分的可能。若「純粹語言」之所以「純粹」，乃因其不是一種語言「形式」或所有語言「形式」的總和，而是讓一種語言「形式」或所有語言「形式」成為可能的「行勢」，那我們接下來在此所要進行的理論嘗試，就是要「雜種化」「純粹語言」，亦即讓當代後殖民理論的「雜種」（hybridity）概念與「純粹語言」相連結，讓同樣作為虛擬威力在重複中變易、在合摺中開摺的兩個相似概念，能產生字面上「純粹」與「雜種」的張力。當然此處的「雜種化」和「純粹語言」一樣，皆不是在經驗層次的物質形式或時尚形式中，去做加減乘除的動作（像 mix & match 的混而不雜），而是在超驗層次去掌握「永恆回歸」的力量與變化。

而本書在「雜種化」「純粹語言」的操作上，主要以兩種方式進行：「同字異譯」與「同音譯字」，前者是在相同字詞的不同翻譯中（音譯、意譯、形譯），進行理論概念的差異微分，後者是在同音字系列中，開展穿文化、穿語言的連結與譯—易—異字轉換。一如班雅明在〈譯者的職責〉中所一再強調的，翻譯乃是找出不同語言之間的「生機連結」，而終能指向超驗層面「純粹語言」的意圖表達動勢，那本書在「同字異譯」與「同音譯字」上的不斷翻轉嘗試，便不只是著迷於表面上的文字遊戲而已，而是要去命名，要去呼叫世界，要去提出重新概念化歷史的新語詞。而新語詞之新，就在於摺疊翻轉既有語詞所造成的「耳目一新」，就在於摺疊翻轉既有語詞所給出的「推陳出新」，不在別處，就在語詞的字面，出現熟悉又陌生的「同字異譯」與「同音譯字」之摺疊，讓翻譯不僅僅能把外國語翻譯成本國語（語詞與概念），更得以凸顯本國語中的外國語，給出語詞增生與概念微分的創造力流變。

那接下來就讓我們具體展開以「同字異譯」與「同音譯字」作為具有「摺」學力量的翻譯操作模式，來摺疊翻轉當前「時尚現代性」研究中的關鍵字詞。第一組字詞乃是英文 fashion 摺疊翻轉為「翻新」與「時尚」在概念操作上所可能形成的差異微分。在當代華文世界對 fashion 一詞的中文翻譯，最廣為接受的乃「時尚」的「意譯」，而「翻新」則指向 fashion 一詞最早進入華文世界時的一種「音譯」，正如刊登於一九二九年十一月七日上海《民國日報》的〈翻新小識〉一文，便公開表示此音譯對譯意的妥切傳達，「在譯音上固然不錯，而在譯意方面也很恰當」（引自吳昊 144），由此肯定「翻新」作為 fashion 的「音譯」，正在於可生動帶出時裝的推陳出新，時時刻刻的求新求變。或如丘逢甲在〈臺灣竹枝詞〉中的描繪：

相約明朝好進香，翻新花樣到衣裳。
低梳兩鬢花雙插，要鬥時新上海妝。[7]

此詩一方面表呈衣裳與髮型（低梳兩鬢）、髮飾（花雙插）的不斷「翻新」，更以時為新（同時兼有「翻新」的「音譯」與「時新」的「意譯」），一方面亦點出上海與台灣作為「翻新」的路徑連結。而更早期對 fashion 一詞的「音譯」，尚有充滿佛教聯想的「法身」，如刊載於一八七三年《申報》楊勛的〈別琴竹枝詞〉中有「好法身」（how fashion）、「沙法身」（so fashion）等洋涇濱語（顧炳權 28）。但顯然「翻新」作為 fashion 的早期「音譯」，更能凸顯其作為帶有動詞能量的名詞翻譯，更有助於翻譯作為「摺學」理論概念化之操作。

故從 fashion 的諸多翻譯中，讓我們得以窺見翻譯動勢的「虛擬多摺性」，如何在歷史的變動之中，不斷開摺出法身、翻新、時新、時興、時樣、趨新、風尚等名詞翻譯形式。然而我們在此處並不是要進行 fashion 中文名詞翻譯的歷史考掘，而是企圖透過 fashion 的不同翻譯形式，來概念化隱藏在 fashion 字詞中的「行勢」與「形式」。故若「翻新—時尚」作為 fashion 在「同字異譯」（音譯—意譯）上的操作，那 force 之為「行勢」與 form 之為「形式」，則是經由不同的英文對應到「同音譯字」的中文，以凸顯「勢」與「式」之間的持續轉化，由虛擬（the virtual）到實現（the actual），由實現到虛擬。而更進一步的詞語—概念配置，則是「翻新行勢」與「時尚形式」作為本書最重要的一組核心概念，乃是同時結合「同字異譯」與「同音譯字」的操作，翻來亦覆去。正如同前章第一節所述，班雅明不斷嘗試概念化「時尚」的雙重性，一反動一革命，一量變一質變，一是「統治階級發號施令的場域」（"Theses" 261），充滿資本主義的「商品拜物」，不斷以推陳出新製造虛假意識的新異感，另一則是具政治先導前瞻性與藝術未來流變的契機，指向「新的法規、戰爭與革命」（*Arcades* 64）。而這種班雅明式的時尚雙重性，已在前章被重新概念化為時尚作為「形式」（迅速被資本主義製碼為「商品形式」）與時尚作為「行勢」（虎躍過往的跳躍動量或縐摺運動），如何在「白色長襯衫—裘尼卡衫」的革命服裝形制中，看到法國大革命與古羅馬的貼擠，看到歷史作為「翻新行勢」的「合摺、開摺、再合摺」。

故我們在此不僅是要翻譯 fashion，還要翻譯 fashion 之中的「勢」與「式」。而 fashion 作為「翻新」與 fashion 作為「時尚」，就不再只是「音譯」與「意譯」或先後版本之差別，而是將 fashion 一分為二（split and double 既是分裂，亦是雙重，更是襯裡 *doublure*）；以「翻新」（翻作為翻轉折疊的動作，新作為持續不斷的意圖表達，由名詞躍為動詞想像）帶出「行勢」（虛擬多摺性），以「時尚」指稱「形式」。故 fashion 在此開展出翻譯作為語言倍增與概念微分的可能：一邊是作為可見「形式」的「時尚」，一邊是作為不可見「行勢」的「翻新」，而兩者的連結正在於唯有透過「時尚形式」，才得見「翻新行勢」的合摺開摺。而 fashion 作為「翻新行勢」與「時尚形式」在概念操作上的分裂與雙重，不僅能呼應班雅明對 fashion 雙重性的政治美學觀，不僅能展現「同字異譯」與「同音譯字」的雙重操作，更可以揭示本書在時尚研究與現代性研究領域的政治美學「力」場，以「力」場替代「立」場，讓「立」場不再是固定不動的位置或觀點，而是游移無法定位的縐摺，既要透過「時尚形式」去進行「意識形態」的批判，亦要透過「翻新行勢」去揭露「譯勢形態」的創造，並視創造為更具威力的最終批判之所在。

## 三・「現代性」的合摺與開摺

處理完 fashion 作為「翻新」與「時尚」的概念微分，接下來就讓我們進入「現代性」一詞的相關翻譯，以說明原法文 *la modernité* 為何本身就總已是一種「微縐摺」，承受著時尚感性作為「字源」的摺入，為何當我們聽見看見「現代性」的同時，就總已聽見看見「現代性」中的「時尚」。在《虎躍》（*Tigersprung*）一書中，學者雷曼（Ulrich Lehmann）提出了一個思索時尚與現代性關連的重要前提：時尚乃現代性的關鍵字源基礎。該書援引班雅明在〈歷史哲學的命題〉（"Theses on the Philosophy of History"）以「虎躍過往」（"the tiger's leap into the past"）串連時尚、革命與歷史之隱喻為書名，詳盡爬梳波特萊爾（Charles Baudelaire）、馬拉美（Stéphane Mallarmé）、齊美爾（Georg Simmel）、班雅明與超現實主義作家在文字與影像文本中所形構之西歐時尚現代性論述。但在進入個別作家的論述分析之前，精擅德、法、英多國語言的雷曼，開宗明義便先點出法文的「現代性」（*la modernité*）一詞，乃有兩個重要的字源連結，一個是 *la mode*，另一個是 *le moderne*，而此兩個字源連結的歷史演變與「性屬」差異（一個用陰性冠詞 *la*，一個用陽性冠詞 *le*），將是我們了解「現代性」作為時間「摺」學概念的關鍵所在。

先就 *la mode* 的文化歷史發展脈絡來說。*mode* 來自拉丁字源 *modus*，意指「禮儀」或「風格」，其用法最早出現於一三八〇年，但直到十九世紀中期 *mode* 才在因應當時時尚美學與時尚工業的興起，而展開了至為關鍵的「陰性化」過程。當陽性的 *le mode* 泛指所有的行為模式、變動規則與循環預期，陰性的 *la mode* 已然專注指稱服飾時尚，並更進一步「基進」挑戰陽性 *le mode* 所預設規則與模式的固定性，以凸顯不可預期的越界流動與踰越想像（Lehmann 18）。故當波特萊爾在其著名文章〈現代生活的畫家〉（"The Painter of Modern Life"）中，提出美學「現代性」的特質乃為「朝生暮死，稍縱即逝，變動不居」（"the ephemeral, the fugitive, the contingent”)（13），其中作為指稱服飾時尚的陰性 *la mode*，正是波特萊爾在捕捉現代都會生活瞬息萬變的新時間感性之最主要依據。也莫怪乎《虎躍》一書要一再強調時尚 *la mode* 與現代性 *la modernité* 作為一組平行概念的歷史與哲學發展，兩者不僅在字源系譜上指向共同的拉丁字根 *modus*，更在內在理念、美學表達與歷史詮釋上緊密相連，有如一對「精神與表象的姊妹」（Lehmann xvi）。

與此同時雷曼也細緻檢視了法文「現代性」的另一個字源連結 *le moderne*。*le moderne* 乃來自拉丁字源 *modernus* 或更早的 *modo*，除了時間意涵外，亦指向風格特質。而在日後的發展演變中，*modo* 一詞由五世紀的「唯一」、「最初」、「亦」、「僅」轉變為十二世紀的「現在」，而 *modernus* 一詞在指向「嶄新」的同時，也指向「實在」。換言之，*le moderne* 字源的發展演變乃具體呈現一種關乎「時間性」的「新」歷史建構：過去與現在、古代與現代乃形成清晰的時間對比（Lehmann 21）。而此強調「現在」與「嶄新」的陽性 *le moderne*，更在後續的發展演變中成功融入凸顯現在此刻稍縱即逝的「現代性」時間概念。

因而對雷曼而言，看見 *la modernité* 時必須同時看見 *la mode* 與 *le moderne*，然而在當代的現代性論述中，卻將主要的焦點放在後者以及後者所發展出古代／現代、舊／新的「斷裂時間感」，而忽略了前者服飾時尚與現代性的緊密關連以及前者所導引出的「流變時間感」。故雷曼《虎躍》一書的主要學術貢獻，乃在凸顯「時尚」

作為時間概念與歷史哲學隱喻的重要性，以及「時尚」在西歐「現代性」論述形構過程中所扮演舉足輕重、至為關鍵的角色。然而有趣的是，當雷曼用法文中的陰性冠詞與陽性冠詞，區辨 *la mode* 與 *le mode* 的內在差異，以及 *la mode* 與 *le moderne* 的外在差異時，其主要的動機與洞見乃是以此雙重區別強力凸顯「時尚」與「現代性」的連結，故並未對「陰性」與「陽性」做更進一步從文法詞性到理論概念的開展。

但若是回到中文的語境之中，當法文的 *la modernité* 對應到中文的「現代性」時，確實已看不到冠詞界定下的陰性與陽性之別，也看不到原本的拉丁字源。但是在中文的「現代性」一詞中，我們有沒有可能循雷曼抽絲剝繭的區辨方式，建構出一種「文化翻譯」上的「性別政治」，不僅能帶出時尚—現代性的基進連結，更能讓「現代性」一詞本身在概念操作而非文法詞性上出現「陰性」與「陽性」之別呢？因而此處重要的切入點，便是如何重新思索、重新爬梳「現代」與「摩登」兩個辭彙之間的「性別化」差異。顯然此兩者皆為歐語法文 *le moderne* 或英文 the modern 之中文翻譯，那翻譯成「現代」或是翻譯成「摩登」，除了前者作為「意譯」與後者作為「音譯」上的差異外，究竟還可以有什麼不同？根據學者劉禾在《跨語際實踐》（*Translingual Practice*）的考據，中文「現代」之翻譯，乃是繞徑日文「現代」*gendai* 對歐語的翻譯，而「摩登」則是直接來自英文 modern 的音譯（Liu 292, 366）。故「現代」所涉及的跨語際實踐，顯然要比後來才出現的音譯「摩登」更形複雜，更能帶出中國現代性在「文化翻譯」上所展現歐—日—中的迂迴路徑。

而「現代」與「摩登」除了在文化翻譯路徑上的歷史差異外，兩者更在建構現代性的時間感性上，呈現了不同的文化與性別意涵。很顯然中文意譯的「現代」一詞，順利融合前所述 *le moderne* 字源 *modo* 的「現在」與 *modernus* 的「嶄新」，也成功蘊含了 *le moderne* 所建立古／今、舊／新的時間對立與古代／現代在線性想像上的斷裂。然而在三〇年代才廣為流行的中文音譯「摩登」一詞，卻較無如此清晰的時間對立與線性預設，反倒逐漸發展出充滿（女性）時尚、大眾消費與都會生活的文化想像與歷史連結。「摩登」雖是 *le moderne* 的「音譯」，但卻更像是 *la mode* 的「意譯」。換言之，原本法文 *la modernité* 所共同蘊含的「現在」與「時尚」，在中文的文化翻譯過程中，似乎一分為二，分別隸屬於「現代」與「摩登」二詞，前者凸顯「現在」與「嶄新」，後者強調「時尚」與「都會」，前者代表文明與進步，後者標示新潮與流行，前者易與國族主義連結而「陽性化」，後者易與女性、通俗與消費文化連結而「陰性化」。

## 四・摩登的「微陰性」

就讓我們先來看看「摩登」一詞如何變成三〇年代的「新語詞」。根據一九三四年《申報月刊》第三卷第三號的「新辭源」欄，「摩登」一詞乃表達新式而不落伍的事物，雖有梵典的最早出處，但今之用法乃與「現代」同義：

> 摩登一辭，今有三種的詮釋，即：（一）作梵典中的摩登伽解，係一身毒魔婦之名；（二）作今西歐詩人 James J. McDonough 的譯名解；（三）即為田漢氏所譯的英文 Modern 一辭之音譯解。而今之詮釋摩登者，亦大都側重於此最後的一解，其法文名為 Moderne，拉丁又名為 Modernvo。言其意義，都作為「現代」或「最新」之義，按美國韋勃斯特新字典，亦作「包含現代的性質」，「是新式的不是落伍的」的詮釋。（如言現代精神者即稱為 Modern spirit 是。）故今簡單言之：所謂摩登者，即為最新式而不落伍之謂，否則即不成其謂「摩登」了。8

然而作為與「現代」同義的「摩登」，卻也同時漸趨「陰性化」，淪為形體打扮上的爭妍鬥奇而遭貶抑。誠如張勇在《摩登主義》中所言，「摩登」作為英文 modern 的音譯詞大概出現於二〇年代末期，其之能取「時髦」而代之的主要原因，不僅是因為相較於「時髦」等既有漢語辭彙，「摩登」之發音乃能傳達「很強的外來意味，本身就顯得很『摩登』」（28），而其作為modern的音譯，更能「同時保持著與現代、時代、現代化等的意義勾連，含有現代的、站在時代前沿的意味」（28）。然「摩登」的辭義卻在後續的演變中漸趨狹窄，變成專指時髦流行事物的追風，而無能迴避地染上貶抑的色彩。「現代」與「摩登」在中文語境的詞義分疏，可用林語堂在〈《有不為齋叢書》序〉中的妙語生動帶過：現代中文用法中的「摩登」，「僅用於女子之燙頭髮及高跟鞋而已」。

然而本章此處並非要為「摩登」而辯，將其重新抬舉成能與「現代」平起平坐，而是企圖在此音譯意譯的有別與詞義的分疏中，去概念化「陽性現代」與「陰性摩登」作為「同字異譯」的性別張力，以前者去構連「線性進步史觀」的大敘事與男性知識菁英的國族投射，以後者去構連都會生活、大眾消費與流行文化，不僅要凸顯前者對後者之鄙視打壓，更要凸顯後者作為變動的「時尚形式」，如何有可能積極且基進地帶出「翻新行勢」而得以重新界定歷史、時間與主體。誠如汪暉在《死火重溫》中所言：

現代性也可以分為菁英的和通俗的，這種二分法也可以說是現代性的標誌之一。……菁英們的現代性主要表現為不斷創造現代性的廣大敘事，扮演歷史中的英雄的角色，而通俗的現代性則和各種「摩登的」時尚聯繫在一起，從各

個方面滲入日常生活和物質文明。……這兩個方面時而相互矛盾，時而相互配合，在一些重要的方面有著共同的前提。（11）

而本書「陽性現代」與「陰性摩登」的概念微分，正是要進一步去凸顯「現代性」中的「菁英」與「通俗」，為何必須被進一步「性別製碼」，以及如何把貌似二元對立的兩者翻轉摺疊，讓表面上的二元（陽性／陰性，菁英／通俗，大敘事／小趨勢）成為內翻外轉的連續變化。換言之，本書想要做的不只是重複菁英／通俗、陽性／陰性的二元對立系統，也不僅僅只是以通俗反菁英或對抗菁英，而是思考如何在建構與解構二元對立系統的同時，能概念化那給出對立也不斷鬆動對立、變易對立、創造出新組構方式的「翻新行勢」。因而「陰性摩登」中的「陰性」，不僅只是與陽性作為二元對立的陰性，更是陽性／陰性二元對立之外的「微陰性」（micro-femininity），能給出陽性／陰性之別（形式之別），亦能不斷將陽性—陰性合摺（行勢之貼擠與創造）的「微陰性」。

而在本節結束之前，我們還必須處理另一個 modern 的音譯「毛斷」。在當前方興未艾的台灣現代性研究中，不論是陳芳明的《殖民地摩登》或黃美娥的《重層現代性鏡像》，都強調「毛斷」作為類同於「現代」與「摩登」的漢語翻譯：從 modern 日文音譯「モダーン」而發展出的台語「毛斷」。例如，一九三三年由古倫美亞發行、陳君玉作詞、歌手愛卿及省三合唱之流行歌〈毛斷相褒〉就曾大為風行。「毛斷」更成為陳君玉後來的〈新台北行進曲〉中琅琅上口的台語流行語：「毛斷台北現代女，十字路頭來相遇，行路親像在跳舞！跳舞！跳舞！活潑吾人有，萬種流行攏會副咖啡館五燈，窗前女給在歡迎，吃酒服務談愛情！愛情！愛情！」歌詞中「毛斷台北現代女」的雙重指稱（毛斷與現代皆為 modern），當是在流行生活、公開社交的同時，更指向彼時女子短髮的造型。而「毛斷」之翻譯與「現代」、「摩登」之翻譯皆流行於二〇、三〇年代之台灣，雖然「毛斷」比「摩登」更具「跨語際實踐」的（日本）文化繞徑，更能凸顯台灣曾為日本殖民地之歷史經驗，且更能豐富有趣地連結到彼時的短髮流行，然此生動的表達方式卻未能像「現代」或「摩登」二翻譯辭彙沿用至今。而二〇、三〇年代的「毛斷」與清末民初的「時髦」，都在字面上產生毛髮的聯想，但「毛斷」的流行髮式重點在短髮齊耳（雖亦多瀏海覆額），而「時髦」的流行髮式重點則在前瀏海（後面盤髻或垂辮），再次展現不同的翻譯語詞，乃隨機連結不同的時尚形式，而翻譯語詞與時尚形式的變動，正是歷史作為「翻新行勢」的生動表達。

而與此同時我們也必須理解「毛斷」作為 modern 在「字面表達」與短髮「視覺形式」的連結，並不僅限於彼時的日本殖民地台灣。以上海「毛斷」為例，其與台北「毛斷」雖有翻譯字面上的類同，但發音不同，其在地化的文本脈絡亦有出入。

一九二九年四月七日《時事新報》的漫畫〈毛斷歌兒（Modern Girl）對話〉中，郭建英就已循日例將 Modern 譯為「毛斷」，以貼切其手繪漫畫中剪短頭髮的時髦摩登女子。[9] 而一九三四年的「婦女國貨年」運動，「毛斷女子」亦被點名，如發表在同年九月一日的《春秋》副刊、作者署名為「寧一」的文章中，便嘗試區分「毛斷」／「摩登」的差異，來對應「洋貨」／「國貨」的消費實踐。[10] 該作者指出，毛斷女子乃全盤西化，而摩登女子則是半中半洋，尚不肯完全捨棄旗袍的穿著打扮，但弔詭的是毛斷女子的西化服飾，乃是採用國貨衣料，而摩登女子的中國旗袍，卻是採用進口的洋貨衣料。若以「國貨運動」的政治修辭而言（最終在乎的不是服裝款式的中與西，而是服裝面料的「國貨」認證），文中穿旗袍的摩登女子，反倒是比穿洋裝的毛斷女子，來得更為政治不正確。

## 五・Shame 代性—羨代性—線代性

本章最後要處理的一組字詞，乃是再次以「同音譯字」的方式，將「現代性」開摺為「Shame 代性」、「羨代性」與「線代性」，以分別探討「現代性」一詞中所涉及的「特異情感結構」與「時間感性差異」。首先，以「shame 代性」重新命名「現代性」，乃是希望凸顯「進步」、「菁英」、「陽性」的「現代性」論述之線性時間感性，如何在不斷產生「新／舊」差異區隔的同時，也形塑了「新為羨／舊為 shame」的情感結構。換言之，現代性的「三現一體」（羨—shame—線），即是在「線」性進步歷史觀下以「shame」代性作為「羨」代性的暗面。故 shame 不僅只是現代性經驗所產生的一種外加情感模式，而是內在於現代性的表述本身，現代性就是 shame 代性，而殖民現代性乃是雙重的 shame 代性。故此「同音譯字」系列，不專指現有殖民現代性論述中固定僵化的二元情感對立模式「西為羨／中為 shame」（依權力位階與文化差異進行對號入座），而是強調現代性論述的本身，即是同時生產以新為羨、以舊為 shame 的情感結構，而此情感結構會因殖民現代性的操作模式，而加倍形成「複雜層疊」（com-pli-cation）的情感糾結。

而與此殖民現代性「特異情感結構」同時出現的，乃是「時間感性」作為「複雜層疊」的可能表達。此處的「感性」，乃指向當代法國哲學家洪席耶（Jacques Ranciére）的「感性分享」（the distribution of the sensible）概念，不在單獨個體的身體感官感覺打轉，而是回到集體共有感覺模式如何被決定，如何劃分出可見與不可見、可說與不可說、可思與不可思的界域，如何形構「感性秩序」。而「時間感性」便是循此理論概念去凸顯「陽性現代」與「陰性摩登」對時間的不同感覺模式：「陽性現代」或「線性進步史觀」展示古／今、舊／新的二元對立與「一刀兩斷」、「一箭難返」，「陰性摩登」或「歷史縐摺運動」牽連出古今相生、新舊交疊的連續變化；前者的時間災異斷裂感與後者「合摺、開摺、再合摺」的時間生成，乃是給出截然不同的時間感性模式。

而過去有關恥辱的探討，多集中在社會、文化、心理層面的形塑過程，強調人格、認同與社會控制等面向，而本書則是希望從恥辱作為特異情感結構與時間感性的「複雜層疊」出發，以凸顯殖民（時尚）現代性中恥辱作為身體與世界觸受關係的強度，並透過創造新詞 shamesation 的概念化（貼擠摺疊 shame 與 sensation，以強調恥辱作為直接作用於身體的感官強度），嘗試連結當前「情動理論」（affect theory）對恥辱的探討方式。此處我們可以先用兩個例子來作初步說明。一是當代性別與酷兒研究對「踐履」（performativity）概念的援引，尤其以賽菊寇（E. K. Sedgwick）的「酷兒踐履」（queer performativity）、「恥辱踐履」（shame performativity）為著，她透過對語言行動理論家奧斯汀（J. L. Austin）著名（婚禮）踐履句 "I do."（第一人稱、單數、現在式、直述句、主動態）的改寫，以 "Shame on you" 的殘缺不確定（第二人稱，動詞缺席，主體隱沒，文法結構上的縮節），來談論恥辱主體的建構（不是先有獨立的主體或已完成的認同，再去承受或感覺到恥辱，而是恥辱作為主體認同的召喚與結構化力量，亦即恥辱對主體認同的生產創造），並積極探索如何將此強大的羞辱動力，轉換成實踐、創造與踐履的能量。她並透過對美國心理學家湯金斯（Silvan S. Tomkins）的重新閱讀，凸顯恥辱與關注、恥辱與理想自我的凝視、恥辱對身體表面的彰顯（服飾作為身體表面的可能連結）等重要面向。

另一個相關脈絡則是德勒茲的情動理論，他欲凸顯「情動」（affect）與「情感」（emotion, feeling or affection）之不同，前者強調「身體」的觸受強度（具傳導性與作用力，乃是前—個體與非—主體），而後者則偏重以主體意識為中心的「心理」狀態。換言之，德勒茲的「情動」乃是作用於身體的情感強度，在主體認知之前（before recognition，來不及認知，尚未認知）或主體認知之外（beyond recognition，強度過強而無法被認知、無法被再現）。正如同他在〈恥辱與榮耀〉（"The Shame and the Glory"）一文中重新援引美國心理學家詹姆士（William James）在《心理原理》（*Principles of Psychology* 1890）一書中對情動與身體反應的學說，他犀利指出詹姆士的問題不在於情感發動的「孰先孰後」，而在於詹姆士徹底顛倒了傳統的情感反應次序與因果關係，成為先有情境感知，再有身體變化，再有主觀意識的情感認知，而藉此重新肯定對「第一時間」直接強烈作用於身體的觀察，以貫徹他對身體先行、「情動」先於「情感」的主張。德勒茲在同篇文章中更進一步將恥辱作為一種觸受強度（恥辱尚未形成主觀的情感反應），當成心智思考的最先啟動：先有身體的癱軟退縮，接著心智觀察到身體的行動而受影響，而感到恥辱作為一種情感模式的確立，並以此身體的反射與心智的反思，共同形成主體的行動。此處二例僅為初步說明，表達本書對 Shame 代性的概念化企圖，乃是希冀跳脫現有精神分析、創傷理論的既有模式。而本書有關「中國 Shame 代性」更詳盡的歷史爬梳與理論開展，會在處理男子辮髮的第三章與處理女子纏足的第四章，作更進一步的推展。

而「線代性」作為「現代性」的另一個「同音譯字」，乃是希望從「現代性」的概念之中拉出兩種線——直線與曲線——以及由此兩種線所建立的「線性」與「非線性」。就「直線」而言，以直線想像建立的「線性進步史觀」，並非如字面上的直線如此簡單，而是充滿了複雜的矛盾、衝突與焦慮。一方面「線性進步史觀」把時間想像成往前飛逝的箭矢，從過去、現在到未來，而此一去不返的時間流逝，讓「現在」成為不可能停駐的時間點，讓「現代」無法一勞永逸，無法劃地自限，甚至永遠無法企及，一如法國哲學家拉圖（Bruno Latour）的著名書名《我們從未現代》（*We Have Never Been Modern*）。但另一方面「線性進步史觀」又不斷製造古／今、傳統／現代的切割斷裂，並在此斷裂敘事中建構優勝劣敗的高低位階與由古到今、由傳統到現代的單線單向進程。故「線性進步史觀」的內在焦慮矛盾以及由此而生的貶抑與割裂暴力，正在於一邊是「一箭不返」，一邊是「一刀兩斷」，前者讓所有的時間點都在移動，而後者則是僵固化、戀物化、落伍化「傳統」作為不會移動的時間點，以便凸顯「現代」之新，卻因此也可能同時把「現代」可能的變動不居，框死在與「傳統」之為「舊」的對立之中，成為另一種不會移動的時間點。而「線代性」中的「曲線」想像，則是本書意欲發展的另類時間感性重點。正如第一章德勒茲《摺子》對巴洛克世界作為曲線與曲面的描繪，一切乃遵循「曲率原則」（"the law of curvature"），而此處的「曲線」已不再是幾何學中相對於曲率為零的直線，而是拓撲空間中的運動與力量、速度與強度，以不可預期的生成變化，錯亂所有的「一箭不返」與「一刀兩斷」。本書第六章將進一步對「線代性」概念中的「線性」與「非線性」做更為細緻的區分，並以當代理論中的「微偏」概念加以擴展。

而在當代有關中國現代性的研究中，時間總是學者極為關注的焦點，其中將「已經現代但又不夠現代」的時間焦慮鋪陳最為精彩的，當屬王德威的《被壓抑的現代性》。他在書中指出中國現代文學研究中出現的兩種矛盾時間觀：一邊是將現代視為叛離與取代傳統的「征服」（overcoming），將時間向前快速推進，充滿線性發展的時間規劃與對知識啟蒙的渴求（以五四時期全面反傳統、以西方知識系統為取決對象的寫實文學觀為代表），一邊卻又是對「延擱」（belatedness）的焦慮與不耐，總覺得中國遲到晚來的現代性不夠現代。然而不論是「迎頭趕上」或「在後追趕」，此兩種時間觀都是以斷代的觀念，將「現代」視為一種瞬息即逝、不斷改變的歷史情境，轉化成一個超越性、神祕性的存在，以鐵板一塊的現代性定義，強加在各種眾聲喧譁的聲音與實踐之上（37-42）。而本書在「線代性」概念的開展，正是希望循此幽微繁複的時間觀，以「曲線」扭轉「直線」、以「踐履」摺疊「創傷」，以「軟理論」取代「硬道理」，以期基進掉轉觀看中國「線」代性的可能方式。

若真正具有「摺學」力量的翻譯，乃是創造原文的「來生」，讓原文不再只是原文，原文也在翻譯的過程中重獲新生。故若 *la modernité* 被視為原文，那「現代—摩登—時髦—毛斷」作為「翻譯縐摺」，便是要將原文中的文法詞性翻轉摺疊為性別的美學政治、翻轉摺疊為服飾裝扮的時尚形式、翻轉摺疊為身體髮膚的解畛域化。若「現代性」被視為原文，那「Shame 代性—羨代性—線代性」作為「翻譯縐摺」，便是要揭示現代性中的殖民帝國歷史、現代性中的身體觸受與情感結構、現代性中的時間矛盾與焦慮。本書在「同字異譯」與「同音譯字」上的大量操作（不局限於本章所聚焦概念化的「現代性」相關字詞），不僅來自於中文方塊字的殊異性（漢語的單音節表意與多變結構），或電腦軟體輸入法「自動選字」的奇妙提示，更來自於本書強烈的理論化企圖，以「譯」來揭露潛藏在語言模式之中的合摺行勢，以「字」來展現特異點貼擠的強度與歷史縐摺。若追溯「翻譯」在中文語境中最早的出現，乃指梵文佛典的漢譯，而《宋僧傳》中那句「如翻錦繡，背面俱華，但左右不同耳」，或許正就是本書在展開「現代性」作為「翻譯縐摺」時最華麗的提示。[13]

## 注釋

1 此乃德勒茲在《傅柯》一書中，對傅柯所謂權力之「微」的精準描繪，可見該書頁 74。

2〈譯者的職責〉一文本就是班雅明為自己的波特萊爾詩集《巴黎即景》（*Tableaux parisiens*）德文譯本所寫的序言，所以以下有關不同語言模式或語種形式的舉例，將暫時皆以法文與德文為主，既可呼應《巴黎即景》作為法文的德文翻譯，亦可呼應班雅明在序言中的相關舉例。

3 當代哲學概念 multiplicity 多被譯為「多樣性」、「多重性」、「多層性」，而本書為呼應縐摺理論的關注，特別凸顯「摺入」該哲學概念中的法文縐摺 *pli*，而將其譯為「多摺性」。

4 此處的「複數」，不是單數的加成（1+1=2，2+2=4），而是跳脫單一獨立個體語言思考的模式，回到各種語言之間無法切割、無法分離的「摺摺連動」（表達意圖的合摺行勢），故此處的「複數」乃指向關係連結、指向「多摺性」。

5 班雅明的「字面性」之說引起相當多的批評爭議，主要的焦點乃是將「字面性」當成翻譯實際操作層面的「直譯」或「硬譯」，而進行爭辯班雅明的翻譯理論是否過於重譯文、輕原文、重直譯、輕意譯，甚至以此標準，回頭檢視班雅明《巴黎即景》的德文譯本，是否符合「直譯」的要求，相關討論可參見廖朝陽文。而本章在此則是企圖將「字面性」放回語言哲學的層面，亦是某種宗教神學的層面，尤其是嘗試呼應班雅明一再引用《創世紀》中亞當為動物命名的典故。

6 邱漢平在〈單子、褶曲與全球化〉一文中，以褶曲的角度來解讀班雅明的「切線輕觸圓周」，並精彩演繹此輕觸之點作為「點褶曲」（point-fold）的可能。而翻譯作為一種縐摺的過程，亦可見吳哲良的論文〈翻譯的皺褶〉。

7 引自徐博東，黃志平《丘逢甲傳》21。

8 張勇曾就引文中「摩登」一詞與田漢之淵源做出進一步的追溯，包括一九二八年田漢主編上海《中央日報》的「摩登」專欄、一九二九年與同仁共創的「摩登社」文藝團體、一九二九年創辦的《摩登雜誌》、一九三二年擔任編劇的電影《三個摩登女性》等，可見《摩登主義》26。

9 徐明瀚亦精準指出郭建英漫畫中的短髮女子，乃是「力求對美國爵士時代造型產物的模仿，即，好萊塢女星路易絲・布魯克斯（Louise Brooks, 1904-1984）的齊耳貼頭毛斷髮型的現代女子」（69）。

10 此處的 modern girl 翻譯，已一分為二，成為「毛斷女子」與「摩登女性」的分合，以利於該文作者在議論上的區別分判。而彼時有關 modern girl 的其他翻譯，亦包括「魔鴿」、「摩登狗兒」等等，充滿各種動物比喻的想像空間，也被郭建英等漫畫家加以成功視覺化。

11 原文出自北宋論佛典翻譯名書《翻譯名義集》卷一，引自黃忠廉7。

第三章

# 辮髮現代性

「時尚現代性」的研究向來多強調城市空間、都會文化與商品展示的「視覺景觀」（visual spectacle），光鮮亮麗、新穎妙趣，而本書第三章對「時尚現代性」研究的切入，卻是要從「同音譯字」的「Shame 代性」這看似最不光彩體面的角度開始談起，看看「恥辱」如何有可能與「時尚現代性」產生歷史構連，不僅要看到西歐語系中「時尚」的字源，為何早已摺進了「現代性」，讓「現代性」總已是「時尚現代性」，也要同時看到西方帝國殖民歷史與民族國家國民身體治理所形構的「恥辱」，為何也早已摺進了「現代性」，讓「現代性」總已是「Shame 代性」，讓我們無時不刻在看到「現代性」三個字時，無法不同時看到與聽到「Shame 代性」。而本書的企圖乃是如何在我們看到與聽到「Shame 代性」的同時，不立即落入喪權辱國、感時傷懷的套式，而能以時尚作為「翻新行勢」的逃逸路線，重新打開「Shame 代性」所封閉鎖碼的歷史創傷與民族身體恥感記憶（或許終有一日可以不再在「鯊魚皮」的時代談「深衣」，可以理解就連「鯊魚皮」也有走進歷史的一天，而逐漸降低身體—服飾病狀徵候的不定時發作）。

就中國近現代身體—服飾的歷史變遷而言，其「時尚 Shame 代性」中最被「駭笑取辱」的焦點有二，男人在頭，女人在腳。中國男人的辮髮與中國女人的纏足，成為中國「現代性」作為「shame 代性」的主宰視覺符號，而剪辮與放足則是新國民身體治理性的重點所在。換言之，若中國「現代性」的背面（雙重與襯裡，

double and *doublure*）是「Shame 代性」，那中國現代性主體的背面，便是辮髮與纏足的「奇恥大辱」。雖說辮髮與纏足如今都早已走入歷史，但辮髮、纏足與民族情感、歷史潛意識所糾結纏繞的各種鬼魅幻象與身體徵候，仍不時冒現，即便在中國已以「大國崛起」之姿進場的二十一世紀亦然。故如何重新面對「Shame 代性」，如何重新處理「恥辱」，讓其有從「創傷固置」轉化為「行動踐履」的可能，便是本書在接下來的兩章所欲處理的重點，第三章談辮髮，第四章談纏足，但希望用完全不一樣的理論概念，談出不一樣的辮髮，不一樣的纏足，讓辮髮不再是民族創傷記憶中那不堪回首的痛處，讓纏足不再是西方凝視下落後封建中國的「性戀物」與「殖民戀物」，以便讓歷史能夠成為具有「翻新行勢」的「力史」，而其所能給出的不再是辮髮與纏足的「前世」，而是辮髮與纏足的「來生」（after-life）。

## 一・雌雄莫「辮」的清末男子髮式

一切就從「頭」開始說起。且讓我們看看兩個晚清末年有關「辮子頭」的恥辱場景，這兩個場景都發生在光天化日的街頭，一個在英國，一個在中國。這兩個場景皆具十足的劇場感，男主人翁被路人觀看、指點甚至叫囂，一是被一群外國孩童尾隨譏笑，一是被一對本國婦人說長論短。而更重要的是，這兩個場景將「辮子頭」一分為二，不是左右兩半，而是前後有別，一個聚焦於男人垂在身體後方的辮子，一個著重在男人垂在頭顱前額的瀏海，一後一前，一保守一時尚，一身心受創一沾沾自喜，皆是清末男人不被當成男人的典型「陰性化」場景。

## 倫敦街頭的洋場才子

第一個恥辱場景，發生在英國倫敦的街頭。話說晚清文人王韜一八六八年初應友人之邀赴歐洲遊歷，某日路經英國倫敦市區的阿伯丁街，遭到一群英國孩童尾隨，並在其後高聲大喊：「中國婦人！中國婦人！」彼時穿著「博帶寬袍」、留著長辮子的王韜，顯然是被這群無知的孩童，當成了穿長袍的中國女人。而遭辱的「長毛狀元」王韜，遂在其《漫遊隨錄圖記》中以人嘲自嘲的口吻記錄下此段經過：

西國儒者率短襦窄袖，余獨以博帶寬袍行於市，北境童稚未睹華人者輒指目之曰：「此載尼禮地也。」或曰：「否，詹五威乎耳。」英方言呼中國曰載尼；其曰禮地者，華言婦人也；其曰威乎者，華言妻也。時詹五未去，故有是說。噫嘻，余本一雄奇男子，今遇不識者，竟欲雌之矣；忝此鬚眉，蒙以巾幗，誰

實辨之？迷離撲朔，擲身滄波，托足異國，不為雄飛，甘為雌伏，聽此童言，詎非終身之讖語哉。（131）

王韜的第一層慨嘆，當然是身為「雄奇」的中國男子，卻在異國異地被當成了中國女人而遭孩童取笑的不堪。王韜的第二層慨嘆，乃是身為「雄奇」的中國男子，卻科舉仕途受挫，不為清廷所用，更因太平天國之亂的牽連（「長毛狀元」外號之由來），而避難香港一隅。孩童的「陰性化」召喚，或倒一語成讖出其自身的處境，只能如婦人般蟄伏於地、避居邊緣，無法意興「雄飛」、鴻圖大展。

但此恥辱場景中最有趣的「委婉說法」，乃是用典「鬚眉」與「巾幗」，一筆帶過除了長袍之外最有可能被嘲弄取笑的外貌因由。「鬚眉」指的是男人的鬍鬚眉毛，以生理特徵提喻男性認同，而「巾幗」指的是女人的頭巾髮飾，以裝扮細節提喻女性認同。但好玩的是，王韜似乎是在說自己忝為「鬚眉」男子，但若是蒙上「巾幗」，也一樣可以雌雄莫辨、撲朔迷離。但問題是王韜並不是因為戴上了女人的頭巾髮飾，而被英國街頭的孩童喚做中國婦人，王韜被取笑的「巾幗」，其實主要是他的「鬚眉」（身體毛髮），只是此「鬚眉」已從鬍鬚眉毛跑到了辮髮，王韜遂成了英國孩童眼中留著長頭髮、還編成辮子垂在身後的中國婦人。

但看在革命黨人鄒容的眼中，就沒有這麼多「委婉說法」了。鄒容在〈革命軍〉

中寫道，「拖辮髮，著胡服，躑躅而行於倫敦之市，行人莫不曰Pig Tail（譯言豬尾）、Savage（譯言野蠻）者，何為哉？又躑躅而行於東京之市，行人莫不曰：チセソチセソボツ（譯曰拖尾奴才）者，何為哉？嗟夫！漢官威儀，掃地殆盡，唐制衣冠，蕩然無存」（14）。原本王韜文中自嘲的幽默感，此時已經徹底化為鄒容心中排滿革命的滿腔悲憤，倫敦街頭的孩童已置換成東京街頭的行人，「中國婦人」的稱呼已淪落到「豚尾」的直接羞辱，而此羞辱場景更溢出倫敦東京，在世界各大都市的街頭不時發生，一切皆因在滿清異族的統治之下，漢唐衣冠蕩然無存，淪為胡服豬尾，走到哪裡皆被世人辱之侮之，在此創傷場景自慚形穢之餘，遂更加深了其排滿革命的決心。

顯然鄒容這種「加強版」的恥辱場景，成為中國近現代有關辮髮shame代性的基本表述方式。像台北大稻埕茶商李春生在台灣割日後第二年赴東京遊訪，寫成《東遊六十四日隨筆》，其中記載日本村童見他清國裝束，咒罵「唱唱保」（譯言「豬尾奴」），「沿途頻遭無賴輩、擲石詈罵之苦」，更痛覺其乃棄國遺民而毅然決定「斷髮改裝」（引自陳柔縉290）。或像同盟會會員景梅九一九〇三年初至日本，同校日本同學好心告知，「辮子不好看，我們稱豚尾」，而令其極為難堪，遂在羞恥心的驅使下，奔赴理髮館剪去辮子（34）。而類似因清國辮子而被譏為「豚尾」、「拖尾奴才」、「半邊和尚」的公然侮辱場景，層出不窮，無法也無須一一表列。

## 天津街頭的時髦男子

另一個有關清國辮髮的恥辱場景則相當與眾不同，其出現在一九一〇年天津出版的《人鏡畫報》之上，標題為「誰知烏之雌雄」。此石版畫中共有四人，最右方是身著短打的人力車夫一名，車上則坐有著長衫的年輕男子一名，畫面左方則立有著衫褲的中年婦女兩名。而如同大多數晚清畫報「畫中有話」的基本格式，畫面最上方有文字寫道，「近日風俗又有一種極文明的新現象，男子裝束直與女子無別，留得齊眉穗甚長，分批兩旁居然鬢髮」（標點後加）。文字眉批的反諷口吻（「極文明」），清楚點明此乘車男子「招搖過市，靦不知恥」之重點有二，一是學女人一樣留起「齊眉穗」（前瀏海），還長到從臉頰兩邊垂下如鬢髮，二是腳上穿著新式尖履，其形制類同女人所穿的坤履。兩項加總在一起，就是不男不女、雌雄莫辨。而文字的後半則是描寫在街頭且行且走的中年婦女甲乙兩人，如何譏嘲乘車男子的尖履瘦削有如纏足，質疑世風日下、乾坤顛倒，居然讓女人放足而讓男人纏足。

畫作中男子的「時髦」乃從頭到腳，頭上有前瀏海，腳上有新式尖頭鞋，雖然此男子還是留著辮髮（不像婦人盤髻），還是穿著長衫（不像婦人或車夫兩截穿衣），但看在保守道德人士眼中（石版畫作者自身或託寓的女路人甲乙），已然徹底混淆乾坤綱紀，罪無可逭。但若重新聚焦於毛髮，則此清末男子真「時髦」的第一義，乃是將「時髦」二字放回了「字面性」，亦即髦中之毛作為毛髮的象形與指涉。古之「時髦」指時代俊才，如《後漢書．順帝紀贊》所言「孝順初立，時髦允集」，或《舊唐書》所言「朕初臨萬邦，思弘大化，務擢非次，招納時髦」。但清末「時髦」則指「長三書寓」的「時髦倌人」（交際花），後更擴大範圍，用於各種流行器物、服飾與行為思想，而無男女分別。但顯然這裡出現兩種「髦」的可能。第一種「髦」是馬毛，而且是馬頸上獨特的長毛，用以「譬喻」時代俊才，如髦俊、髦士、髦秀、髦英，此乃古代「時髦」之所典。第二種「髦」是人髮，而且特指小孩剪完胎毛後任由頭髮生長而分垂兩邊至眉的髮型，此髮式本身亦可用於「譬喻」，如「黃髮」指老人，「垂髫」指小孩。[1]

但顯然清末的「時髦倌人」與石版畫中的「時髦男子」，既非古之俊彥才士，亦非今日童髦垂髫，而是都留著當時最「時髦」的前劉海。然在保守道德人士眼中，「時髦倌人」的「齊眉穗」尚情有可原，「時髦男子」的前劉海，則罪無可逭。清末最後十年確實流行過男子前額留髮的「時髦妝」，如柴小梵在《梵天盧叢錄》中所載的「前劉海歌」：

毛髮排雲軟覆額，如今竟作時髦妝，
少年般勤苦求效，不畏千人萬人笑，
對鏡朝朝自梳掠，妝成真與花爭貌。
可憐學子嬌青春，覆髮亦仿尋常人。（860-61）

歌中額前垂髮、自戀自嬌的少年學子，為求時髦不畏人笑，更不畏彼時各種媒體公論的「無恥」抨擊，甚至送官嚴懲的威嚴恫嚇。《大公報》一九〇八年五月三十日記載天津「紳衿官幕之紈褲子弟，皆於髮辮外留齊眉穗，刷得亮光，男女無別，靦不知恥」。同年《大公報》七月十五日記載北京浮薄少年「額前垂髮，俗名瀏海，形同婦女，類近娼優，不知羞恥，實屬有害風化」。可見一九一〇年《人鏡畫報》上的石版畫確非空穴來風，而是據實反映當時社會的「怪」現象，表呈時髦男人「前瀏海」的髮式如何混亂了男女外型服飾裝扮上既定之範疇分界。

## 「微陰性」的合摺行勢

如果說第一個恥辱場景，讓我們看到王韜的「雙重陰性」，因垂在腦後的辮子而被當成女人，也因避難香江而雌伏在地，那第二個恥辱場景，則是讓我們看到清末另一位男子的「雙重陰性」，因額前瀏海而被當成女人（還可再加上新式尖履的罪狀一條），也因追趕流行而類同婦女娼優，為人所不齒。若此二人（一實有其人，一畫作虛構，一自感羞辱，一渾然無知）的「雙重陰性」，都指向「女人化」以及「女人」在既有父權體系中的弱勢無能（此乃男人對「女人化」作為身分地位等而下之的恐懼之所在），那我們必須要說石版畫上的時髦男子，較倫敦街頭的王韜才子，尚多出另外一種「陰性」，不是「女人化」的「陰性」，而是男／女作為二元對立之外的「微陰性」（micro-femininity），亦即德勒茲所言的「流變—女人」，逃逸於男人與女人分別作為社會性別「開摺形式」的規範，而回到「微陰性」作為給出男人與女人「開摺形式」的「合摺行勢」，亦即歷史流變的虛擬威力，會不斷給出男人與女人不同的「開摺形式」。因而「微陰性」不單單只是男人與女人作為二元對立系統的「解構」，更是歷史作為「力史」（甚至「力使」）的綿摺運動，讓所有貌似僵化固定的「象徵形式」，都能重新啟動，都能化「象徵」為流變「符號」、化「形式」為「行勢」。而石版畫中時髦男子較王韜才子多出來的那一種「微陰性」，正是男子前瀏海髮式所帶出的「翻新行勢」，「前瀏海」作為流行於清末最後十年的男子時髦髮式，姑且不論此髮式如何被保守道德之士視為「靦不知恥」，其不也正是時尚作為「翻新行勢」所給出的新「開摺形式」。

但清末時髦男子的「前瀏海」，究竟如何能幫助我們打開中國時尚 Shame 代性中「男人在頭」的「奇恥大辱」呢？無可救藥、罪無可逭的清國辮髮，究竟如何有可能從一個充滿創傷記憶的身體表面「去象徵化」呢？《人鏡畫報》上的時髦男子，對比於倫敦街頭的洋場才子，前者「前劉海」所帶出時尚作為「翻新行勢」的「微陰性」，乃是將後者「一成不變」的辮髮一分為二，讓我們看到所謂的「辮髮」，乃包含了剃髮與垂辮的兩個部分，前頭頂不蓄髮，故後腦勺所蓄之長髮必須垂辮（無法循明朝男子束髮於頭頂的髮式），而昔日滿清入關「留頭不留髮，留髮不留頭」薙髮令的爭議焦點，乃在剃髮而非蓄髮（漢族男人向來留長髮），而剃髮之後，就自然無法束髮，必須垂辮於身後。然在晚清辮髮作為清廷腐敗無能的象徵與剪辮作為排滿革命的行動中，乃是以「後恥」取代「前恥」。此處「前後」的第一解乃時間性，排滿革命作為「後恥」，取代了反清復明作為「前恥」。而此處「前後」的第二解乃方位性，後腦勺的辮子作為「後恥」（烏黑髮頂），取代了前腦額頭剃髮的「前恥」（光滑頭皮），而此創傷焦點的轉移，卻出其不意、莫名其妙地由清末十年男子「前劉海」的時髦髮式所帶出，在不該長頭髮的地方，長出了頭髮，還垂到了前額，甚至還分披垂到了鬢角，甚至還綁上絲帶加以修飾。男子「前劉海」作為一種「時尚形式」，給出了辮髮的「前後差異」，也帶動了辮髮的「時間差異」，讓一向被視為滿清統治以來「一成不變」的辮髮，變成了「與時俱變」的「變髮」。換言之，在「時間」作為時尚差異的微分力量之中，讓我們在「一成不變」的辮髮之上（滿清國族髮式的開摺形式），看到了十年一變的時尚流行（時尚流行作為不斷給出時髦髮式的合摺行勢）。辮髮作為滿清國族髮式的開摺形式，在歷史「合摺，開摺，再合摺」的縐摺運動中，持續不斷微分轉化，辮髮顯然從未停止流變。

## 瀏辮—現代性

若辛亥革命一刀兩斷的剪辮之舉，往往只能剪去實質的男子辮子，卻剪不斷理還亂與辮髮相互糾結纏繞的民族自信／自卑，剪不斷理還亂與辮髮相互依恃的身體美學感受，那「前瀏海」男子髮式的「瀏辮—現代性」（既是前面的瀏海，也是後面的辮子），則是讓已然在中國近現代歷史中被僵固為「死的形式」的辮髮，有了「來生」的可能。此「來生」指的當然不是清末民初文人王國維或辜鴻銘頭上的真辮子，也不是張勳復辟時滿城搶戴的假辮子，更不是時下清朝殭尸電影中的幽靈辮子，而是透過時尚的「翻譯」，讓辮髮成為「綴滿縐摺的皇袍」譯文，鬆動原本意符（辮髮）與意旨（滿清異族統治）有如果肉果皮般的緊密連結，讓辮髮成為歷史的「微縐摺」，一個充滿前摺、後摺且摺摺連動的「微縐摺」，而不再是釘死在中國近現代史上一個「死」（該死也已死）的「象徵形式」。

而接下來就讓我們以此則清末男子「前瀏海」髮式的評畫，重新回去審視清末變法維新、排滿革命與民國創建過程中、承載社稷大事、民族情感的「剪辮」爭議，並將此清末民初「驅逐韃虜，恢復中華」的大志大業與彼時小眉小眼微不足道的男子髮式變遷並置討論，企圖以小搏大，以時髦的「微陰性」翻轉排滿革命、建國志業的「陽性現代」。而翻轉的力道，將再次回到「同音譯字」所能給出的概念縐摺：一邊是（或後面是）髮型作為變革的「國族象徵」，如何展開「變」與「辮」的辯證形式，要「變法」要革命，就必須剪去「辮髮」；一邊是（或前面是）髮型作為時尚的「流變符號」，如何給出「變」與「辮」的變化關係，辮髮不斷在改變其髮型，「變髮」成為「翻新行勢」所不斷給出的「髮型形式」。簡言之，「辮髮」與「變髮」的一體兩面（雙重與襯裡，double and *doublure*），乃是讓「辮髮」從時尚Shame代性的「創傷固置」，從中華民族主義的「象徵形式」，翻轉成為時尚現代性的「微縐摺」，一個清末民初特異點力量布置的「微縐摺」，既能給出「剪辮」作為身體觸受關係的強度變化，更能「解畛域化」國族—身體—性別的固定配置關係，而開放出千奇百怪的新髮式奇觀。而這個「微縐摺」的「歷史」觀點，將基進挑戰變法維新與排滿革命論述一逕將「辮髮」製碼為定於一尊的象徵形式，抽象、冰冷卻又滿滿投注了歷史血淚與國仇家恨的情感。

而本章一切有關辮髮的爭議，最終都將收束到魯迅的親身經歷與其所撰寫的文學文本作為總結。魯迅不僅親歷「剪辮」之悲憤與「無辮」之磨難，更在小說與散文書寫中精彩鋪陳中國政治歷史的髮式考掘學，一探頭髮作為「中國人的寶貝與冤家」之緣由與曲折。大概沒有任何另外一位華文作家，能像魯迅一樣談起辮髮來引經據典、鞭辟入裡、感同身受，亦無任何其他學者或思想家，能像魯迅一樣，窮盡一生之力為辮子的「去象徵化」努力不懈，至死方休（魯迅逝世前的最後一篇未完成遺稿〈因太炎先生而想起的二三事〉，仍然圍繞著辮子打轉）。曾有批評家笑稱，魯迅對辮子的耿耿於懷，彷彿果戈里對於自己的鼻子（莊信正 269），然其對辮髮的念茲在茲，絕非僅限於個人心理或精神層次的偏執，魯迅乃是以最具身體美學觸受強度的方式，給出了辮子作為中國 Shame 代性「象徵形式」最犀利的批判性思考與最動人的文學表達。

## 二・變法與辮髮：「豚尾」的新恥與舊恥

清末的變法維新運動，將「剪辮」視為具有體制內政治改革的高度「象徵」，要辮髮就難變法，變法需牽一辮而動全身，一改滿清積弱不振的百年體制，以迎萬國時代的挑戰。而康有為的〈請斷髮易服改元摺〉，乃是此變「髮」維新運動最具代表性的文本。

今則萬國交通，一切趨於尚同，而吾以一國，衣服獨異，則情意不親，邦交不結矣。且今物質修明，尤尚機器，辮髮長垂，行動搖舞，誤纏機器，可以立死。今為機器之世，多機器則強，少機器則弱，辮髮與機器，不相容者也。且兵爭之世，執戈跨馬，辮尤不便，其勢不能不去之。歐美百數十年前，人皆辮髮也，至近數十年，機器日新，兵事日精，乃盡剪之，今既舉國皆兵，斷髮之俗，萬國家風矣。且垂辮既易污衣，而蓄髮尤增多垢，衣污則觀瞻不美，沐難則衛生非宜，梳刮則費時甚多，若在外國，為外人指笑、兒童牽弄。既緣國弱，尤遭戲侮，斥為豚尾。出入不便，去之無損，留之反勞。（冊二 263）

在此康有為一一列舉「辮髮」不合「時」宜之諸多弊病，首先以清楚的共時軸二元對立與歷時軸先後差異來作比較分析：在共時軸上以「同／異」來區分萬國尚同與中國獨異的關係，以「容／斥」來闡明辮髮與機器之關係；而在歷時軸上細數歐美諸國由辮髮到斷髮，以順「機器日新，兵事日精」之勢而為。接著再從實用層面，點出辮髮之不符衛生、耗費時間。但整段文字的理性分析，卻在「西方凝視」出現時產生創傷塌陷，堂堂清國臣民，卻落得「外人指笑、兒童牽弄」。此創傷塌陷有兩層，也是新傷疊上舊傷，新恥（遭侮）喚起舊恥（國弱），前面理性分析中不利機器、不符衛生的辮髮，如今已淪為充滿恥辱創傷的「豚尾」。[2]

如前所述，此清末辮髮淪為「豚尾」的恥辱場景，一而再再而三地發生，即便「剪辮」已在維新變法失敗後，從體制內改革的政治象徵，轉身一變為體制外排滿的革命象徵。像章太炎在〈解辮髮〉中，悲憤鋪陳清末民初知識分子「剪辮」的複雜心態：「支那總髮之俗，四千年亡變更。滿洲入，始髡其四周，交髮于項下，及髖髀。一二故老，以為大辱」，然日久積習後，漢人對腦後的辮髮見怪不怪，直到「日本人至，始大笑悼之。歐羅巴諸國來互市者，復嗤鄙百端。擬以猳豚，舊恥復振」（引自朱正 12）。對積極投入排滿革命的章太炎而言，辮髮作為身體表面的強度符號，乃是「新恥」（東洋人與歐洲人眼中的豬尾巴）喚起「舊恥」（滿人強加於漢人身上的異族統治符號），百年的異族統治，毀壞了千年的漢族傳統，乃是近現代中國男人身體上新恥舊恨交疊最深的恥辱創傷。而排滿革命更以辮髮之有無，來區別分派漢／滿、華／夷、現代／傳統、進步／落伍、文明／野蠻、陽剛／陰柔的二元象徵系統，滿腔悲憤，界限森嚴。故不論是康有為的〈請斷髮易服改元摺〉或章太炎的〈解辮髮〉，不論是維新運動或排滿運動，「剪辮」乃晚清「國族想像」中最重要的身體視覺象徵。[3]

## 魯迅的頭髮

魯迅的愛人同志許廣平，曾追憶她在課堂上第一次看到魯迅時的模樣：「在鐘聲還沒收住餘音，同學照往常積習還沒就案坐定之際，突然，一個黑影子投進教室來了。首先惹人注意的便是他那大約兩寸長的頭髮，粗而且硬，筆挺的豎立著，真當得『怒髮衝冠』的一個『衝』字」（〈魯迅和青年們〉10）。許廣平第一次在課堂上看到的魯迅髮式（粗硬筆挺的「東洋小平頭」），也是我們在眾多歷史視覺材料中最常看見的魯迅髮式。那當初一九〇二年留著清國髮式赴日留學，進入東京弘文書院就讀的魯迅，他的辮子哪裡去了？魯迅的回答直截了當，「我的辮子留在日本，一半送給客店裡的一位使女做了假髮，一半給了理髮匠」（〈病後雜談之餘〉187）。但魯迅又是在何時剪辮，又為何而剪辮呢？根據魯迅好友許壽裳的回憶，一九〇三年俄國向清廷提出嚴苛要求，如不從則將拒絕撤出自庚子拳亂後占領的東北三省，留日學生群情激憤組成「拒俄義勇隊」，卻被清廷疑為革命反動，而魯迅正是在此波留日學生拒俄運動的風潮中剪去了辮子。

雖然魯迅不像好友許壽裳在抵日的第一年便毅然剪辮，甚至也不像一些更為基進的革命黨人，在赴日的船上就迫不及待剪辮，但魯迅對「清國留學生」的「清國髮式」早有微詞。

上野的櫻花爛漫的時節，望去確也像緋紅的輕雲，但花下也缺不了成群結隊的「清國留學生」的速成班，頭頂上盤著大辮子，頂得學生制帽的頂上高高聳起，形成一座富士山．也有解散辮子，盤得平的，除下帽來，油光可鑑，宛如小姑娘的髮髻一般，還要將脖子扭幾扭。實在標緻極了。（〈藤野先生〉302）

像小姑娘一般標緻的「清國留學生」，漫步在爛漫櫻花、緋紅輕雲的陰性場景之中，魯迅在此尖酸刻薄嘲諷的，正是這些男人頭上盤起或放下、編起或打散的辮髮，以及其所造成雌雄莫辨的「性別曖昧」。在東洋加西洋的凝視之下，近現代中國男人原本象徵男性髮式認同的辮髮被迫「陰性化」，成為「豚尾」的種族弱勢象徵，成為男不男、女不女的性別恥辱象徵。一如魯迅日後曾開罵以梅蘭芳為代表的京戲「反串」傳統，「我們中國的最偉大最永久，而且最普遍的藝術也就是男人扮女人」（〈論照相之類〉187）。積弱不振的近現代中國，早已使得中國男人盡皆陰性化，而站在花下留著小辮子的「清國留學生」，則更是個個都像男人扮女人的「反串」，雙重陰性化的不堪。

但顯然「陰性化」並非魯迅「剪辮」的唯一考量。一九〇三年二十三歲的魯迅在剪辮後攝像，並將此照片贈予好友許壽裳，照片的背面則題有那首著名的〈自題小像〉：

靈台無計逃神矢，風雨如磐暗故國。
寄意寒星荃不察，我以我血薦軒轅。（〈自題小像〉423）

一如章太炎剪辮之後振筆疾書〈解辮髮〉檄文，魯迅剪辮後所作之詩，亦是明剪辮之志，尤其最後一句「我以我血薦軒轅」，乃直接呼應晚清末年革命黨人所欲建構的國族神話，以黃帝軒轅作為中華民族的共同祖先，以凸顯同血緣、同始祖所凝聚的國族認同。4

而日後魯迅亦自言從小生長在偏僻地區，原本對滿漢的差異毫不知情，「只在飯店的招牌上看見過『滿漢全席』字樣，也從不引起什麼疑問來」（〈病後雜談之餘〉186）。而最初提醒他滿漢界線的不是書，而是辮子。

這辮子，是砍了我們古人的許多頭，這才種定了的，到得我有知識的時候，大家早忘卻了血史，反以為全留乃是長毛，全剃好像和尚，必須剃一點，留一點，才可以算是一個正經人了。

住在偏僻之區還好，一到上海，可就不免有時會聽到一句洋話：Pig-tail——豬尾巴。……對於擁有兩百餘年歷史的辮子的模樣，也漸漸的覺得並不雅觀，既不全留，又不全剃，剃去一圈，留下一撮，又打起來拖在背後，真好像做著

好給別人來拔著牽著的柄子。對於它終於懷了惡感……。（〈病後雜談之餘〉187）

此處當然又是一輪我們再已熟悉不過的「新恥」（被洋人恥為 Pig-tail）召喚「舊恥」（滿清入關髻髮令的血史），魯迅詳細描繪了由無知到惡感的細緻心理轉變，與章太炎等清末民初排滿革命分子「新恥」喚起「舊恥」的民族意識覺醒如出一轍，或可適度交代魯迅出洋一年後，在拒俄運動的風潮中毅然剪去辮髮的心態。

## 魯迅的鬍子

但如果我們只從「變」與「辮」的辯證形式，或是辮髮的「國族象徵」來談魯迅，那勢將錯過魯迅對「剪辮」行動的深刻思想反省，錯過魯迅對辮子有無所造成身體觸受強度改變的細膩文學掌握。魯迅之不同於鄒容、章太炎甚至孫中山，正在於能從「剪辮」的政治意識形態中出走，質疑此沉重巨大帶有強烈民族恥辱與創傷的「象徵形式」，如何有可能「去象徵化」，以跳脫政治意識形態對身體髮膚最細緻最入微的掌控與操作。

在進入魯迅諸多談論「剪辮」與辛亥革命糾葛之文章前，先讓我們岔開辮子來談另一種身體的毛髮：鬍鬚。把辮子留在日本回到中國的魯迅，除了「無辮之災」外，還長期忍受著另一種「留鬚之苦」。剪去辮髮、留起鬍子的魯迅，不僅因沒有小辮子而苦，也因有了小鬍子而惱，他不僅被不相識的人「誤識」成日本人，更被所謂的「國粹家」與「改革家」批評到兩面不是人。「國粹家」認為中國人傳統的鬍子尾部尖端應該下垂，雖然據魯迅自己的考據，被當成國粹、依地心引力而下垂的鬍子乃是蒙古式的，元朝之前畫像上的鬍子皆上翹。故在「國粹家」的眼中，留學日本的魯迅，竟學起可惡的日本人留起尾部尖端上翹的「仁丹鬍」，雖然魯迅也辯稱上翹的鬍鬚，與其說是學日本，還不如說是日本學德國。在「國粹家」的眼中，鬍子從來不只是鬍子，鬍子是象徵符號，上翹或下垂都涉及國族認同的身體實踐。

然而當魯迅不堪「國粹家」之擾，再加上回到中國後不容易買到用來修飾鬍鬚上翹尖端的膠油，而決定讓鬍子自然下垂，此時卻又招致「改革家」跳出來指摘他封建守舊，竟然留起國粹式的鬍子。魯迅終於有一天領悟道：

我獨坐在會館裡，竊悲我的鬍鬚的不幸的境遇，研究他所以得謗的原因，忽而恍然大悟，知道那禍根全在兩邊的尖端上。於是取出鏡子，剪刀，即刻剪成一平，使他既不上翹，也難拖下，如一個隸書的一字。……我的鬍子「這樣」以後，就不負中國存亡的責任了。（〈說鬍鬚〉178）

此處魯迅以自我調侃的方式，將偉大崇高的「國家」與枝微末節的「鬍子」相提並論，頗有「仿笑史詩」（mock epic）的修辭效果。然而魯迅文中「國家」與「鬍子」或「辮子」的相提並論，並非純粹修辭上的反諷嘲弄而已。辮髮的有無與鬍鬚的上翹或下垂，都可以動輒得咎，這些本就不應該負擔國家興亡重責大任的身體髮膚，卻被賦予國族現代性巨大而沉重的意義且動輒得咎。

鬍鬚樣式的流變尚且如此，更何況是髮型樣式的流變。整個中國在近現代歷史上的奇恥大辱，使得身體髮膚的「枝微末節」都逃不掉被過度象徵化的命運。「國粹家」與「改革家」對鬍鬚樣式的詮釋，正是中國時尚 Shame 代性在身體髮膚上斤斤計較、偏執妄想的病徵，看什麼都不對勁，看什麼都有喪權辱國的可疑可議之處。而魯迅不上翹也不下垂的一字鬍，則成為這偏執妄想症迫害下的妥協犧牲。歷史創傷與恥辱記憶所造成「過度象徵」的偏執，彷彿使得近現代中國人身上到處都是「毛病」，到處都是讓人不得舒坦、不得安適的毛髮「身心症」。身受「無辮之災」與「留鬚之苦」的魯迅，一而再再而三地辯稱「剪辮」的實用性，該不會也是一種對這個過度象徵化的國族現代性身體所做的具體反抗吧。

## 三・剪辮與簡便：身體慣習與觸受強度

魯迅說，頭髮是中國人的寶貝與冤家。誕生於清朝末年浙江省紹興縣的魯迅（一八八一—一九三六），自幼是留辮子的，直到一九〇三年二十三歲時才在日本東京剪去髮辮，蓄起「東洋小平頭」，直至過世。但顯然在日本剪去的小辮子，卻「陰魂不散」的反覆出現在魯迅的小說與散文之中，「彷彿思想裡有鬼似的」，成為魯迅文本中的「毛病」，既是「毛髮」之病，也是不舒坦、不安適的 dis-ease。國父孫中山先生在「四大寇」時期的照片也留著小辮子，但一張「斷髮易服照」便立即呈現出洗心革面的新氣象。就算是後來改制稱帝的袁世凱，在就任中華民國大總統之前，也得做做「表面」／「門面」工夫，命令海軍將軍蔡廷幹把他作為清朝重臣的「小辮子」剪掉：「蔡將軍用力一剪，就把袁世凱變成了一個現代人」。[5] 對革命家孫中山先生或對投機政客袁世凱而言，「剪辮」乃為民國現代性與清國 Shame 代性一刀兩斷的「政治象徵」，一刀下去便由滿清到民國，由專制到共和，由傳統到現代。但對文學家魯迅而言，一九〇三年剪去的辮子，卻無法一刀兩斷，無法順利接通革命的進程。對魯迅而言，「剪辮」恐怕不是中國現代性的「象徵」（symbol），而是中國現代性的「病徵」（symptom），斬草不除根，春風吹又生，而魯迅窮其一生，不是要讓辮髮繼續抽象為「象徵形式」，而是努力讓辮髮「去象徵化」，讓辮髮就只是辮髮，販夫走卒後腦勺上的一條小辮子，即便充滿「劣根性」，也無須昇華，無須抽象化，無須承載國家興亡的重責大任。而魯迅「去象徵化」辮髮的第一個動作，便是讓辮髮回到其作為身體物質的「實用性」，而「剪辮」作為一個在日本留學時的決定與行動，就只是為了「簡便」而已，別無其他。

過往從「實用」角度來說服、而非透過「加強版」的恥辱場景或「國族象徵」來召喚「剪辮」的清末民初論述，向來不少，即使是康有為的〈請斷髮易服改元摺〉，也提出辮髮不利機器、不甚衛生等實際考量，但真正能從身體觸受關係出發的，卻又不多，而譚嗣同在《仁學》中的提法，頗有魯迅後來以身體美學感受性來談辮髮的傾向。譚嗣同指出古今中外「處髮之道」有四：「全髮」、「全薙」、「半剪」、「半薙」。第一種「全髮」乃中國古制，全而不修，好處是「蓋保護腦氣筋者也」，壞處是「有重垂之累」。第二種「全薙」乃僧侶之制，清潔無累，但無以護腦。第三種「半剪」乃西制，「既是以護腦，而又輕其累，是其兩利」。第四種「半薙」乃蒙古、韃靼之制，亦即滿清所沿襲之剃髮垂辮，「薙處適當大腦，既無以蔽護於前，而長髮垂辮，又適足以重累於後，是得兩害」（362-63）。故對譚嗣同而言，最好的髮式乃西式短髮，兩利而無一害，最糟的髮式乃滿清辮髮，兩害而無一利。此說之精彩，不僅在於條理分明、剖析入裡，更在於將形而上中國氣論的身體哲學與形而下頭髮作為物質的重量感（重垂、重累）冶於一爐。

而魯迅在處理辮髮在身體觸受關係上之細膩度，亦不遑多讓。我們接下來就以魯迅兩篇處理辮子的短篇小說為例說明。〈頭髮的故事〉與〈風波〉都寫於一九二〇年十月（我們會陸續發現，魯迅「毛（髮之）病」的「有病呻吟」，多發作於紀念辛亥革命的雙十節前後，以及生病臥床之際），後與〈阿Q正傳〉皆收錄於魯迅一九二三年刊行的第一本短篇小說集《吶喊》之中。但將此兩篇作品加以比較，卻會發現其中存在著顯著的差異，不僅有時間的差異（一以倒敘方式回到辛亥革命前，一處理一九一七年的張勳復辟），有空間的差異（城市／鄉下），有階級的差異（知識分子／船伕），更有小說本身在敘事與美學結構上的差異：〈頭髮的故事〉寫得太壞，而〈風波〉寫得太好。同樣寫在十月，同樣處理男人辮髮，同樣收在《吶喊》裡，為什麼一篇是傑作，一篇是敗筆？

## 〈頭髮的故事〉：中國男子髮式考掘學

〈頭髮的故事〉雖有一個第一人稱的「我」，但全篇幾乎是第三人稱的「N先生」夫子自道，連對話都被獨白取代。這位脾氣乖張、不通世故的N先生一出場，就先對作為中華民國「國族象徵」的「國旗」嘲諷了一番：「我最佩服北京雙十節的情形。早晨，警察到門，吩咐道『掛旗！』『是，掛旗！』各家大半懶洋洋的踱出一個國民來，撕起一塊斑駁陸離的洋布。這樣一直到夜——收了旗關門；幾家偶然忘卻的，便掛到第二天的上午」（461）。「國旗」對魯迅而言，就只一塊「斑駁陸離的洋布」而已。但今年的雙十節，還是讓N先生想起了第一個雙十節，因追憶起故人同志的革命流血犧牲而坐立不安。於是他話鋒一轉，談起中國歷史政治上的髮式考掘學：

N忽然現出笑容，伸手在自己頭上一摸，高聲說：

「我最得意的是自從第一個雙十節以後，我在路上走，不再被人笑罵了。

「老兄，你可知道頭髮是我們中國人的寶貝和冤家，古今來多少人在這上頭喫些毫無價值的苦呵！

「我們的很古的古人，對於頭髮似乎也還看輕。據刑法看來，最要緊的自然是腦袋，所以大辟是上刑；次要便是生殖器了，所以宮刑和幽閉也是一件嚇人的罰；至於髡，那是微乎其微了；然而推想起來，正不知道曾有多少人們因為光著頭皮便被社會踐踏了一生世。

「我們講革命的時候，大談什麼揚州十日，嘉定屠城，其實也不過是一種手段；老實說：那時中國人的反抗，何嘗因為亡國，只是因為拖辮子。

「頑民殺盡了，遺老都壽終了，辮子早留定了，洪楊又鬧起來了。我的祖母曾對我說，那時做百姓才難哩，全留著頭髮的被官兵殺，還是辮子的便被長毛殺！

「我不知道有多少中國人之因為這不痛不癢的頭髮而喫苦，受難，滅亡。」

（462-63）

在這一大段的夫子自道中，辛亥革命的成功被解讀成一種觸手可及的「手勢」與身體位置：「伸手」在自己「頭上」一摸。對N先生而言，革命遠非「驅除韃虜，恢復中華」等好高鶩遠、振奮人心的微言大義，革命的實際貢獻無他，就在於把所有人的辮子都除掉了，順勢終結了自己的「無辮之災」。而這個下意識摩一下頭頂的手勢，正是魯迅自身慣有的身體動作，「這手勢，每當驚喜或感動的時候，我也已經用了一世紀的四分之一，猶言『辮子究竟剪去了』」（〈因太炎先生而想起的二三事〉556）。

而原本壯烈犧牲、可歌可泣的明末抗清歷史事件，也被同樣的思考邏輯解讀成新統治階級強制身體規訓下的反彈：不是反抗異族統治，而是束髮作為長久以來的身體慣習（也是身體慣性），無法立即改變為薙髮留辮，反彈不是因為亡國，而是因為要「拖辮子」。這種基進翻轉歷史既定詮釋的方式，語出驚人，但不正也是魯迅行文一貫的風格。魯迅透過N先生的夫子自道，要在中國近現代史的抽象理念中

（不管是亡國還是建國），抓出「小辮子」、抓出身體的物質性與慣性，抓出身體髮膚的「枝微末節」。當意識刑／形態化為身體髮膚的控制時，當薙髮（短毛）／蓄髮（長毛）、留辮／剪辮成為國族認同的僵固象徵時，不痛不癢的頭髮當然「辮」得又痛又癢。百姓難為，有時留小辮子是死，有時不留小辮子也是死。於是近現代中國「頭髮的故事」，成功將「辮髮」與「死亡焦慮」纏繞在一起，古時排名第一的砍頭「大辟」與名列末尾的挫髮「髡刑」遂相互「塌陷」，造成近現代中國男人身上「留頭不留髮，留髮不留頭」的恐怖記憶，讓腦後的小辮子，決定頭頸上的腦袋瓜子（頭／髮，頭是髮之所固，髮卻是頭之所繫）。

說完頭髮的「大歷史」，N先生便自戀地開始說起自己頭髮的「小歷史」，而N先生頭髮的「小歷史」又幾乎與魯迅頭髮的「小歷史」相吻合：N先生出國留學時剪掉了辮子，回到中國後先在上海買了一條市價兩元的假辮子充數，但被眾人識破，「擬為殺頭的罪名」。後來索性廢了假辮，穿著西裝上街，卻被沿路笑罵，後雖改穿大衫，笑罵之聲不減反倒加劇。N先生被迫拿出手杖一路打，「他們漸漸地不罵了。只是走到沒有打過的生地方還是罵」。此段描繪不僅讓我們看到清末伴隨革命黨人、留學生「剪辮」舉動而更加蓬勃的「假辮子」市場（原本主要用來處理辮子太短問題的「假辮子」市場，現在則被用來偽裝成整條辮子尚在，而此市場交易在民國張勳復辟時更被推升到最高點，「假辮子」奇貨可居），亦即「剪辮」所涉及頭髮物質性（剪去的辮子無法迅速長回來）與商品交易性的重新配置可能，也讓我們看到清末男子在服飾—髮式搭配上的尷尬處境，無辮配西裝遭笑罵，無辮配長袍更加倍遭笑罵，問題不在西裝或長袍，問題在斷髮面目無以見人。6

如前所述，過去有關清末辮子所啟動的恥辱場景，主要著重在「東方主義」與「自我東方主義」凝視下被「陰性化」的男人身體（王韜、櫻花樹下的「清國留學生」），或加強版的「豚尾」羞辱（鄒容、章太炎、李春生、景梅九等）。而〈頭髮的故事〉則提供了另一種清末辮子的恥辱場景，不是因為留辮子而遭侮辱，而是因為沒有辮子而遭笑罵。N先生的斷髮面目直接召喚的，既是要殺頭的革命行徑，更是傳統中國文化中因通姦被捉而遭剪去辮子的「奸夫」（小指姦夫，大指「裡通外國」、剪辮留西洋頭的漢奸）或處以髡刑而沒有辮子的「罪犯」，無辮乃是充滿文化作奸犯科的恥辱身體指認。而辛亥革命前N先生無辮之災的悲慘遭遇（也是魯迅的親身經歷），更是「蓄辮」的身體觸受（辮子乃腦袋瓜子之所繫）「殘存」在「剪辮」的身體觸受裡：N先生全身上下只不過是少了一條辮子而已，卻「終日如坐在冰窖子裡，如站在刑場旁邊」。活在砍頭焦慮中的N先生，剪辮有如斬首，只是示眾的時間拖得更長、更久、更痛苦而已。莫怪乎第一個雙十節他最興奮的事，便是走在路上不再被人笑罵。辛亥革命的回憶讓N先生笑得如此得意，不僅是伸手一摸，辮子沒有了的喜悅，也是伸手一摸，頭還在的僥倖。

## 〈風波〉的砍頭焦慮

〈風波〉裡也有一位因為沒有辮子而充滿「砍頭焦慮」的男人七斤，危顫顫「便彷彿受了死刑宣告似的」。N先生是留學歸國的教育人士，沒讀過書的七斤是鄉下魯鎮的撐船船伕（莫怪N是時髦的洋字簡寫，而俗氣的七斤則是以出生時的斤數當小名），N先生的辮髮是在海外自己剪的，七斤的辮髮則是進城時莫名其妙被抓去剪的，N先生後來留著東洋小平頭，七斤則是光頭一個，N先生是在革命前因沒有辮子而受盡身心折磨，七斤則是在革命後因復辟當頭沒有辮子而惶惑戰慄。

七斤慢慢地抬起頭來，嘆一口氣說：「皇帝做了龍庭了。」

七斤嫂呆了一刻，忽而恍然大悟的道：「這下可好，這不是又要皇恩大赦了麼！」

七斤又嘆了一口氣，說：「我沒有辮子。」

「皇帝要辮子麼？」

「皇帝要辮子。」（469）

七斤嫂一路聽來立即直覺大事不妙，「伊轉眼瞥見七斤的光頭，便忍不住動怒，怪他恨他怨他」，造反的時候叫他不要撐船上城，偏要死進城去，被人剪去了原本絹光烏黑的辮子，「現在弄得僧不僧道不道的」。更可怕的是，七斤嫂不久便瞧見了鄰村遺老趙七爺從獨木橋上走來，身上穿著不輕易穿的寶藍色竹布長衫，而更重要的是，趙七爺放下了原本像道士一樣盤在頭頂的辮子，「變成光滑頭皮，烏黑髮頂；伊便知道這一定是皇帝做了龍庭，而且一定需有辮子，而且七斤一定是非常危險」。果不其然，趙七爺一聲吆喝「你家七斤的辮子呢」，嚇得七斤「彷彿受了死刑宣告似的，耳朵裡嗡的一聲，再也說不出一句話」（470-71）。

沒有〈風波〉的對照，我們恐怕很難單從〈頭髮的故事〉裡，知曉「剪辮」作為中國近現代史上具高度政治性之「象徵形式」的「城／鄉差距」。民國政府發布的「剪髮令」（剪辮）和清初順治皇帝發布的「薙髮令」（剃髮蓄辮）一樣，都受到守舊人士的抵抗（不限遺老遺少、不拘滿人漢人，用魯迅的話說再說一遍，沒什麼民族氣節可言，「生降死不降」只不過是老毛病不想改罷了）。所謂上有政策、下有對策，趙七爺式的「盤辮」，乃是民初多數鄉下仕紳與農民所身體力行的新中間路線。「盤辮」也者，「辮髮的變髮」也，視時勢大局所趨或盤上或放下，你說他沒變，但確實腦後空蕩蕩，看不見辮子長長垂下，你說他變了，卻又隨時可以「辮」回來（在〈阿Q正傳〉裡會有更多的「盤辮家」登場）。君不見在張勳復辟時，一些早被剪去辮髮的遺老遺少紛紛進京求見，「他們沒有辮子，就跑到製作戲裝道具的店鋪，央求店家用馬尾給做假髮辮。沒有朝服、頂戴，就求助於估衣鋪、舊貨攤，甚至買裝殮死人的壽衣代用」（常人春9）。相較之下，這些鄉下的「盤髮家」就有先見之明多了，就等皇上做龍庭的一日，雖說盤了幾年的頭髮，最後也只派上了十幾天的用場。就連中國最後一個皇帝溥儀很快也剪去了辮子，剪去辮子的溥儀很快也被軍閥馮玉祥趕出了紫禁城，「留溥儀在故宮，就等於在中華民國還留著一條辮子，這是多令人羞恥的事情」（焦靜宜12）。7

同樣地，沒有〈風波〉的對照，我們恐怕很難單從〈頭髮的故事〉裡，知曉「剪辮」作為「象徵形式」的「文化階級差異」。N先生與七斤一樣，都有從「蓄辮」到「剪辮」所引發的「砍頭焦慮」。當大家都有辮子而他們獨無時，他們皆時刻感到「如站在刑場旁邊」、「彷彿受了死刑宣告似的」。故「辮髮」作為統治階級規訓的一種「社會銘刻」（social inscription）而言，對讀過書（古書加洋書）的N先生與對沒讀過書的七斤都一樣，但「剪辮」作為一種中國現代性的「文化再現」（cultural representation），卻獨屬於N先生這類的知識分子。換言之，對進城去迷迷糊糊被剪去辮子的七斤而言，「剪辮」只是倒楣，並不需要附以特別的意義，但對自己決定親手剪去辮子的N先生而言，「剪辮」不僅「曾」被附以意義，而且還是沉重巨大帶有強烈民族恥辱與創傷記憶的意義，一如章太炎剪辮後慷慨激昂所寫的〈解辮髮〉，或是魯迅自己「我以我血薦軒轅」的〈自題小像〉。對清末民初的知識分子而言，「辮髮」絕對是一個「滿」的符號（既是充滿強烈民族恥辱與創傷意義的「滿」，也是排滿革命的「滿」），而非一個「空」的符號。

然而這個「剪辮」的深厚文化意義，卻在魯迅的故事裡反覆被更改、被壓抑甚至被遺忘。〈頭髮的故事〉成了一個有關忘卻的故事，忘卻了雙十節，忘卻了革命烈士故人的臉，「好在明天便不是雙十節，我們統可以忘卻了」。N先生言行不一的蹊蹺，不在於自己剪辮卻不鼓勵自己的學生剪辮。（對魯迅而言，沒有毒牙的學生，沒必要在頭上帖起「蝮蛇」大字引人砍殺，男子剪辮與女子剪髮皆然，不需要「造出許多毫無所得而痛苦的人」。）N先生言行不一的蹊蹺，在過於輕描淡寫自己在國外「剪辮」只是圖個功能性的「簡便」而已：「這並沒有別的奧妙，只為他太不便當罷了」。這樣的說法，當然立即令我們想起魯迅在死前二日所寫〈因太炎先生而想起的二三事〉一文中的夫子自道：年輕時剪去辮子之舉動，「毫不含有革命性，歸根結蒂，只為了不便：一不便於脫帽，二不便於體操，三盤在囟門上，令人很氣悶」（559）。小說家魯迅對N先生與七斤因「剪辮」所引發的砍頭焦慮與身體徵候描繪入微，給出了有辮無辮在民末清初的亂世所造成身體觸受強度的巨大改變，但卻一而再再而三對「剪辮」的象徵意義大事化小、小事化無成「簡便」，讓近現代中國男人的「辮髮」從一個「滿」的符號「挖空」（empty out）成單純脫帽方便、體操方便、不氣悶等實用考量。這表面上的看似矛盾，其實乃是同一個讓辮髮「去象徵化」的動作，一方面將「剪辮」實用化、簡便化，不須負擔國家興亡的重責大任，另一方面則是細述「剪辮」在身體與心理上所造成的具體災難，前者是拒絕再繼續被象徵化，後者是表呈被迫象徵化所造成的真實苦難，兩者相輔相成，互為表裡，皆是拒絕「辮髮」繼續作為國族象徵的抽象操作。

而若就短篇小說的技巧來分高下，〈風波〉有成熟的敘事觀點，生動維肖的人物刻畫與對白，緊湊環扣的情節發展，就連描寫七斤女兒六斤新近裹腳、「在土場上一瘸一拐的往來」的結尾，都有畫龍點睛、戛然而止之妙，而同年同月同題材寫的〈頭髮的故事〉就失之於太像自傳散文而無小說結構或戲劇營造了。〈頭髮的故事〉作為短篇小說之失敗，恐不僅在於N先生與魯迅太近，而缺敘事安排的操作距離，恐也在於N先生表面上四平八穩的夫子自道中，壓抑了太多陰魂不散的身體情動強度。而一年以後魯迅所寫的〈阿Q正傳〉，其成功關鍵或許正在於小說乃是以「阿Q」（七斤）的角度，而不是以「假洋鬼子」（N先生）的角度，重新再寫一次辮子，讓美學的安全距離保障了心理的安全距離，也讓知識分子N先生對革命的幻滅，與鄉下百姓七斤對革命的無知，彼此相互塌陷成革命有如一場荒謬的鬧劇，讓「辮髮」由一個「滿」的符號，變成一個「空」的符號。

## 四．Q的翻譯縐摺：中國方塊字的特異性

〈阿Q正傳〉與〈頭髮的故事〉、〈風波〉一樣收在魯迅的第一本短篇小說集《吶喊》，也一樣處理辮子問題。但在過去有關〈阿Q正傳〉的主流閱讀中，「國民性」乃是重點，辮子實為末節，而本章此節乃是要從此末節著手，不僅要談辮子為何至為關鍵，更要談辮子能如何「翻新」有關〈阿Q正傳〉「國民性」的討論。此節將先從Q作為傳統文學研究的「文字謎」切入，看其如何帶出中國文字即圖畫的特異性，再進一步嘗試從Q的形、音、義概念化Q作為「翻譯縐摺」的可能，然後進入〈阿Q正傳〉的文本，瞧一瞧魯迅如何以最生動反諷的描繪，帶出中國男人辮子在上一個世紀之交所啟動的身體觸受強度，以再次貫徹其一心一意要讓辮髮「去政治化」、「去革命化」、「去象徵化」的心志。

### 中國方塊字的「文字謎」

魯迅是研究過清朝「文字獄」的，魯迅自己更是喜歡玩「文字謎」，兩者加在一起，便是魯迅那數量驚人、五花八門的一百多個筆名。此話怎說？從滿清進入民國，由專制轉到共和，「文字獄」並未消失，只是變了花樣形式。原本就喜歡嘗試

各種筆名的魯迅，在被宣判「通緝墮落文人魯迅」後，更是三天兩頭換筆名，跟查禁當局玩捉迷藏。每個筆名對魯迅而言，都像一道從個別文章中蹦出來的謎題，一邊要向惡勢力與政敵挑釁地說「猜猜我是誰」，一邊又要向舊雨新知的讀者親切的召喚「我在這裡」。[8] 魯迅的愛人同志許廣平就曾回憶到，「實在他每一個筆名，都經過細細的時間在想。每每在寫完短評之後，靠在藤躺椅休息的時候，就在那裡考量」（〈略談魯迅先生的筆名〉50）。

那麼魯迅到底用過多少個筆名？魯迅的弟弟周作人在〈魯迅的別號〉一文中指出，在魯迅逝世二十週年的紀念活動上，上海的五十九位篆刻家，每人負責鐫刻兩塊魯迅的別號，由此推算魯迅身前至少有一百一十八個筆名有據可考（《周作人文類編第十卷：八十心情》199-200）。據說每個魯迅細細考量出的筆名，都有「深意」，「早年的筆名，含希望、鼓勵、奮飛等意義；晚年則含深刻的諷刺意義為多」。[9] 但以現在的角度回顧魯迅的昔日筆名，似乎大都不甚有趣。國民黨特務罵他「墮落文人」、「封建餘孽」，他就自嘲「隋洛文」、「豐之餘」，政敵罵他「買辦」，他就自稱「康伯度」（英文 comprador 的中譯）。其他像「杜斐」（土匪）、「虞明」「余銘」（愚民）等一系列以「諧聲」為發展主軸的筆名，似乎也都不太具猜謎的挑戰性。

然而魯迅細細考量出的筆名，有些還是很好玩。像「它音」（魯迅肖蛇，它乃古文之蛇），像「許遐」（「遐」乃諧聲許廣平的小名「霞」姑，筆名成了以愛為名的性別越界），但其中最好玩的一個，恐怕還是「宴之敖」。「宴之敖」作為一個筆名的「文字謎」還真不好猜，怎樣諧聲、會意都弄不出個所以然來，最後還是魯迅自己洩了底，告訴了身邊的愛人同志：「先生說：『宴從宀（家），從日，從女；敖從出，從放，……我是被家裡的日本女人逐出的』」（許廣平，〈略談魯迅先生的筆名〉46）。簡而言之，魯迅是用了「宴之敖」的筆名當文字謎，暗示了他與親弟弟周作人（二弟媳羽太信子為日本人）決裂的真正原因。一九二三年八月二日魯迅突然搬出與弟弟家族共居的北京八道灣屋，另行覓屋而居，從此兄弟失和、形同陌路。這個文學史家、歷史學者百端猜測的疑案，這段魯迅身心嚴重受創、不堪回首的往事（搬出後大病不起一月餘），就三個字，都藏在文字裡。

魯迅說，「寫字就是畫畫」。在東京留學時，他曾從章太炎上過《說文解字》，後來在一系列談論漢字拉丁化的文章裡，更展示了他在文字學研究上的功力。像在〈門外文談〉中，他侃侃而談中文方塊字從「象形」以降的起源流變，「近取諸身，遠取諸物」，畫一隻眼睛是「目」，畫一個圓圈，放幾條毫光是「日」。他更舉了一個由「象形」到「會意」的例子：「一顆心放在屋子和飯碗之間是『盌』，有吃有住，安盌了」（89）。然而想要「一顆心放在屋子和飯碗之間」的魯迅，不辭千辛萬苦尋得八道灣的大房子，接來故鄉的老母、妻子與弟弟周作人與周建人兩家人到北京同住，卻因屋子裡的「日女」（恐怕還是複數的，羽太信子的妹妹羽太芳子嫁給魯迅三弟周建人，後離異）而不得安寧。「家」的意象由「宼」轉「宴」後，親兄弟也只好分道揚鑣了。

## Q的歷史考據

然而從「寫字就是畫畫」的角度觀之，魯迅作品裡真正最具挑戰性的「文字謎」，恐怕並不在他那一百多個筆名和那些背後來自生肖、戀愛史或家族恩怨的龐大檔案資料庫裡。如果「宴之敖」是魯迅所取最俏皮也最沉痛的一個筆名／謎，那麼也許「阿Q」就是魯迅所取最俏皮也最沉痛的一個角色名／謎。阿Q為何叫阿Q，標準答案好像早就幽默嘲諷地寫在小說的開場序裡：「他活著的時候，人都叫他阿Quei，……阿桂還是阿貴呢？……生怕注音字母還未通行，只好用了『洋字』，按英國流行的拼法寫他為阿Quei，略作阿Q」（77）。然而小說作者顯然是要用這種標準答案來引蛇出洞的，「只希望有『歷史癖與考據癖』的胡適之先生的門人們，將來或者能夠尋出許多新端緒來」（78）。

果然〈阿Q正傳〉從一九二一年十二月四日第一週在《晨報副刊》連載起，各種被撩撥起的「歷史癖與考據癖」就爭議不斷。首先不要說不知「阿Q」是誰，就連作者「巴人」是誰都眾說紛紜。魯迅原意取「下里巴人」、簡為「巴人」自嘲，就像他後來用「阿二」（上海黃包車車夫）的筆名一樣，既與他不屑為伍的城市跳梁文人作區隔，又有認同下層勞動階級聯合陣線的本意，更可開發出插科打諢的創作破格空間。但不幸的是，「巴」被聯想到「蜀」，「巴人」成了「四川人」的暗示，於是最早的〈阿Q正傳〉考據版本便成了：文章是蒲伯英寫的，因為他是四川人，而阿Q諷刺的是胡適，因為他有一個筆名是「Q.V.」（川島 184）。

然而這種張冠李戴的現象，在驗明作者正身為魯迅之後並未減弱，許多人依舊恓恓惶惶怕自己被影射成「阿Q」，更多人急急忙忙想要揪出「阿Q」裡的影射。由一個「洋字」Q所開啟歇斯底里式的「疑神疑鬼」閱讀空間，一個不確定、不安全的曖昧詮釋空間，著實正中了魯迅的下懷。對魯迅而言，阿Q不是單一模特兒的量身打造，而是雜取種種人，故〈阿Q正傳〉不是「鑰匙小說」，眾人無須對號入座，「但因為『雜取種種人』，一部分相像的人也就更其多數，更能招致廣大的惶怒」（〈〈出關〉的「關」〉519）。「我的方法是在使讀者摸不著在寫自己以外的誰，一下子就推諉掉，變成旁觀者，而疑心到像是寫自己，又像是寫一切人，由此開出反省的道路」（〈答《戲》週刊編者信〉146）。這裡不是要說原本就有疑神疑鬼毛病的魯迅（常常覺得別人的文章在影射諷刺他），這下子丟出一個阿Q，就能讓所有人都跟他一樣疑神疑鬼，豈不快哉。這裡想說的是〈阿Q正傳〉

獨特的「詭異性」（the uncanny），疑心的作者繞來繞去，「終於歸結到傳阿Q，彷彿思想裡有鬼似的」，疑心的讀者看來看去，終於歸結到阿Q像是寫自己，又像是寫一切人，似曾相識，既熟悉又陌生。[10]

Q字到底有什麼鬼？Q字到底在搞什麼鬼？四〇年代的侯外盧說，Q就是英文Question的第一個字母。當代的日本學者丸尾常喜說，「阿Q」就是「阿鬼」，文化的幽靈。另一位日本學者中野美代子說，Q是Quixote，而〈阿Q正傳〉裡的「小D」（魯迅把「同」不拼成T'ung或Tong，而拼成Don）加上「阿Q」（同樣不循普通拼法把「桂」或「貴」拼成Kuei，而拼成Quei），就是為了把Don Quixote（堂·吉訶德）藏在Q的文字謎裡。[11]（當然我們也不會忘記魯迅確實有一個「董季荷」的筆名，用的就是堂·吉訶德的諧聲。）Q到底是Question，是鬼，還是吉訶德呢？Q是魯迅一時糊塗或吳語發音有誤，硬是將K拼成了Q嗎？這個「文字謎」最後還是魯迅自己洩了底，告訴了尚未交惡前的親弟弟周作人：「他不用阿K而偏偏要用Q字，這似乎是一個問題，不過據他自己說，便是為那Q字有個小辮子，覺得好玩罷了」（〈魯迅與英文〉，《周作人文類編第十卷：八十心情》178）。

## Q的形音義

魯迅說「寫字就是畫畫」，英文字母Q成了辮子圖案Q，然而當Q的「小辮子」視覺意象出現後，如何有可能將Q從傳統的「文字謎」爭議中暫時拉離，而給出被概念化為「翻譯綹搯」的可能呢？Q如何挑動中文的「流變—英文」與英文的「流變—中文」呢？「小辮子」出現後，Q作為一個「洋字」的身分開始曖昧起來，因為Q的雀屏中選，竟是因為Q的「象形」能力。但「彷彿思想裡有鬼似的」，被用來「象形」的Q，卻歪打正著到英文的Queue，其發音好巧不巧就是Q〔kju〕，而其字義好死不死就是「辮髮」。魯迅身前的譯作數量龐大，但靠的乃是日文與德文的功力，而非英文。所以「Q= Queue = 辮髮」的好巧不巧或好死不死，究竟是作者刻意的明知故犯，還是歪打誤著的無心之過呢？[12]

魯迅在〈門外文談〉中曾指出，中國文字後來的發展，「成了不象形的象形字，不十分諧聲的諧聲字」。他以「海」字為例，「海，從水，每聲」，「畫一條河，一位戴帽（？）的太太，也三樣」，但作為形聲字的「海」，早已不讀為「每」，正如作為形聲字的「滑」，也早已不讀為「骨」，而不作為象形字的「海」，若依「寫字就是畫畫」原則拆為河流、帽子、婦人三部分，實在也很難指事會意出「海」的意義（89）。但現在我們若拿「海」與Q相比較，那反諷的便是，當中文方塊字「成了不象形的象形字，不十分諧聲的諧聲字」時，一個「洋字」Q反倒一下子成了「最象形的（中文）象形字，最諧聲的（英文）諧聲字」，其既象形又諧聲、而且所象之形與所諧之聲還完全呼應的能力，果真是青出於藍而勝於藍。班雅明在〈譯者的職責〉裡一再強調，翻譯不是「兩種已死語言的不育對等式」，而是創造不同語言之間的「生機連結」（71），而 Q = Queue = 辮髮不可思議的完美連結方式，恐怕正是給出一種最為匪夷所思的超級「翻譯縐摺」，Q把中文的象形意圖與英文的拼音意圖摺疊在一起，Q讓辮子的「意義」與辮子的「形象」相互貼擠，Q讓文學語言的「象徵形式」與「象徵事物」相互塌陷，Q成為英文與中文切線輕觸圓周所形成的特異「縐摺點」。

莫怪乎以中國近現代文學史的角度觀之，英文二十六個字母中「漢化」最成功的非Q莫屬，此自是全拜魯迅的〈阿Q正傳〉所賜。Q的「漢化」不僅在於「阿Q」一詞眾人至今仍琅琅上口，一點都不覺得其中有外來語的痕跡，更在於Q竟能如此巧妙結合了中文象形文字與英文拼音文字之長。魯迅不用K而用Q，為的是那條好玩的「小辮子」，而那條好玩的「小辮子」「彷彿思想裡有鬼似的」，竟成了Q的形、音、義三合一，既是視覺上的辮子，也是聲音上的辮子，更是意義上的辮子，辮子如此不經意地、如此始料未及地、如此大大出乎魯迅原先預設地、而又如此完美地結合了Q的形音義。故若以「文字謎」的角度觀之，重點當落在終極意義的拍板定案，或整體答案的謎底揭曉，以滿足所有「歷史癖與考據癖」學者的固執與偏執。但若以「翻譯綢摺」的角度觀之，Q的形、音、義三合一既非謎底，亦非解答，而是把我們帶入「翻譯」作為「綢摺運動」的可能，Q的「翻譯綢摺」所指向的，乃是〈阿Q正傳〉作為「辮子譯文」的基進性，此處的「譯文」不是指〈阿Q正傳〉乃是從其他外國語翻譯而來，也不是指〈阿Q正傳〉已翻譯成其他各種外國語的版本，而是說〈阿Q正傳〉乃是在「翻譯」辮子，讓清末民初「辮子原文」（純粹語言或原初歷史作為「合摺行勢」所給出的一種「源起形式」）的意符與意旨產生鬆動，讓原本建立在意符與意旨緊密貼合（有如果肉與果皮）之上的「象徵形式」有了「去象徵化」的契機。[13]

## 五・抓〈阿Q正傳〉的小辮子

而〈阿Q正傳〉去象徵化辮子的第一個動作，便是解構革命，解構辮子作為革命的象徵形式，以既嘲諷（辮子的愚俗卑賤）又認真（辮子的實用簡便）的敘事口吻，讓辮子就只是辮子。那作為辮子的辮子可以是什麼？〈阿Q正傳〉一開頭就充滿頭／頭皮／頭髮的偏執與焦慮，並由此發展出「留辮／剪辮」、「砍頭／被砍頭」、「看／被看」的一系列心理恐懼。阿Q一出場，就被點名「頭皮」上的缺點，「頗有幾處不知起於何時的癩瘡疤」。然而不識字的阿Q不僅懂得「諧聲」之拐彎抹角，也懂得「會意」之觸類旁通，於是「他諱說『癩』以及一切近於『賴』的音。後來推而廣之，『光』也諱，『亮』也諱，再後來，連『燈』『燭』都諱了。一犯諱，不問有心或無心，阿Q便全疤通紅的發起怒來」。然而弱勢者是沒有大興「文字獄」的能力的，閒人時時刻意犯忌撩他，阿Q每次開打之餘，卻「在形式上打敗了，被人揪住黃辮子，在壁上碰了四五個響頭」，落得只能用「精神勝利法」在心裡嘀咕「我總算被兒子打了」（491-92）。

於是〈阿Q正傳〉裡的肢體衝突，幾乎都遵循同樣「揪辮子」與「撞／敲頭」的模式。阿Q打王鬍時，「被王鬍扭住了辮子，要拉到牆上照例去碰頭」。阿Q與小D互毆時，「伸手去拔小D的辮子，小D一手護住了自己的辮根，一手也來拔阿Q的辮子，阿Q便也將空著的一隻手護住了自己的辮根」。無奈阿Q與小D勢均力敵，僵持不下，居然就此構成了一幅絕妙幽默的畫面；「四隻手拔著兩顆頭，都彎了腰，在錢家粉牆上映出一個藍色的虹形，至於半點鐘之久了」（496, 505）。這些滑稽逗趣的打鬥場景反覆強調的，乃被人「抓住小辮子」是件多麼危險的事。這裡的「小辮子」還沒有被抽象化、隱喻化，這裡的「小辮子」還殘存著豐富的身體物質性，這裡的「小辮子」就還只是腦袋瓜子後面長長垂下的辮髮，只是這辮子已由清初「留頭不留髮，留髮不留頭」性命攸關的「命根子」，經過百年來滿清統治下身體外型上的習以為常，轉變成只有在肢體衝突時才被凸顯、才需要小心護住的「命根子」。誠如魯迅在〈因太炎先生而想起的二三事〉中所述辮子之為辮子，乃在其作用：「以作用論，則打架時可拔，犯奸時可剪，作戲的可掛於鐵竿，為父的可鞭其子女，變把戲的將頭搖動，能飛舞如龍蛇，昨在路上，看見巡捕拿人，一手一個，以一捕二，倘在辛亥革命前，則一把辮子，至少十多個，為治民計，也極方便的」（557）。此既嘲諷又認真的口吻，完全呼應〈阿Q正傳〉對辮子的處理方式，讓辮子之為辮子，扎扎實實落實到「打架時可拔」的身體動作與肢體衝突，彷彿只有把辮子放到這等愚俗卑賤的滑稽場景，才能回復辮子之為辮子的實用方便，才能徹底將辮子「去象徵化」。阿Q的黃辮子就只是一條黃辮子，不負擔國家興亡的重責大任。

## 不生不死的「盤辮家」

然而〈阿Q正傳〉將辮子回歸辮子實用性與簡便性的同時，更多的時候乃在鋪陳辛亥革命後百花齊放的髮式奇觀，一群倉皇失措的「盤辮家」，一落披肩散髮的「假洋鬼子」，一夥莫名其妙的「光頭」，一堆滿城找假辮子的老百姓，全都成為民國初年相對於「亂世亂穿衣」的「亂世亂留髮」。首先城裡傳來風聲鶴唳的消息，「有幾個不好的革命黨夾在裡面搗亂，第二天便動手剪辮子，聽說那鄰村的航船七斤便著了道兒，弄得不像人樣子了」（與〈風波〉互文）。於是未莊居民不敢進城，卻也在家鄉「偽裝」起來以響應革命。

> 幾天之後，將辮子盤在頂上的逐漸增加起來了，早經說過，最先自然是茂才公，其次便是趙司晨和趙白眼，後來是阿Q。倘在夏天，大家將辮子盤在頭頂上或打一個節，本不算什麼稀奇事，但現在是暮秋，所以這「秋行夏令」的情形，在盤辮家不能不說是萬分的英斷，而在未莊也不能說無關於改革。（517）

這群封建末世的「盤辮家」，被敘事者譏為英明果斷之處，正在於搞不懂革命與造反，搞不懂「明」（反清復明）與「民」（推翻滿清、建立民國）的分別，但立即身體力行，做出最明哲保身、最容易見風轉舵、回復原狀的髮式調整：辮子還是辮子，只是盤上了頭頂，以不辮應萬變。[14]

〈阿Q正傳〉用了極盡嘲諷的口吻，神靈活現這群辛亥革命後精神分裂的「盤辮家」，一方面相信革命黨進了城，「個個白盔白甲：穿著崇正皇帝的素」（連明朝最後一個皇帝「崇禎」的年號都以訛傳訛成「崇正」，就像「自由黨」諧聲成

「柚油黨」一樣），一方面又衝進靜修庵砸了「皇帝萬歲萬萬歲」的龍牌。「盤辮家」新中間路線的蹊蹺，不僅踩在留辮／剪辮的取巧之間，踩在秋行／夏令的寒暑之間，還以一種極度反諷的方式，踩在生者／死者的幽冥之間。魯迅曾在〈生降死不降〉中破口大罵革命黨濫用民族主義的訴求：「大約十五六年以前，我竟受了革命黨的騙了。他們說：非革命不可！你看，漢族怎樣的不願意做奴隸，怎樣的日夜想光復，這志願，便到現在也銘心刻骨的。試舉一例罷，——他們說——漢人死了入殮的時候，都將辮子盤在頂上，像明朝制度，這叫做『生降死不降』！」（97）按照反滿的革命邏輯，生在清朝的漢人，死了都要做明朝鬼，但按照魯迅反骨式的解讀，生降死不降發生在每個改朝換代，前一朝因循苟且的習慣被帶到了後一朝而已。[15] 如前已述，哪怕是揚州十日、嘉定屠城等抗清歷史事件，也被魯迅的「去象徵化」為「拖辮子」的身體不適應罷了。

然魯迅在〈生降死不降〉中的這番話，卻也同時點出「翹辮子」（即把辮子盤在頭頂）的由來，「盤辮」的另一個出處。如果「剪辮」在傳統文化中被視為作奸犯科，那「盤辮」則是充滿死亡的晦氣。「翹辮子」不僅指一般意義上的死亡，更有其身體髮膚的歷史特殊性。滿人入關強制漢人薙髮異服，原先的「殺無赦」經強烈反抗後妥協為後來的「十不從」：男從女不從，生從死不從，陽從陰不從，官從隸不從，老從少不從，儒從而釋、道不從，娼從而優伶不從，仕宦從而婚姻不從，國號從而官號不從，役稅從而語言文字不從。於是在滿清統制之下，生前剃髮留辮的漢人，死的時候才被允許將辮髮盤在頭頂之上，以復舊制或革命黨人指稱的以復「明」志。漢人男子的傳統髮式乃束髮為髻於頭頂，但清朝統治下已剃去半邊頭髮的漢人，自是無法按照傳統方式束髮於頂的。反倒是死後「躺」在棺材裡，把頭髮盤在頭頂，於法（生從死不從）於情（入土為安）於理（即便頭頂無髮也不會掉落）都說得過去。於是辛亥革命後如雨後春筍般出現的「盤辮家」，既非明朝的鬼，亦非清朝的鬼，反倒像足了民國新建後的活死人。暫時「不降」於民國剪髮令的「盤辮家」，只好以十分「不祥」的「翹辮子」髮式苟且偷安。[16]「盤辮家」不上不下、不秋不夏、不生不死的髮式，彷彿再一次凸顯了辮髮作為中國現代性「病徵」不乾淨、不徹底的種種鬼魅性。

## 披肩散髮的「假洋鬼子」

但除了為數眾多的「盤辮家」（包括阿Q的有樣學樣）以外，〈阿Q正傳〉中還有另一位「以不辮應萬變」的變髮家，就是阿Q眼中的「假洋鬼子」。「假洋鬼子」像〈頭髮的故事〉裡的N先生一樣，從東洋回來後，「腿也直了，辮子也不見了，他的母親大哭了十幾場，他的老婆跳了三回井。後來，他的母親到處說，

『這辮子是被壞人灌醉了酒剪去的。本來可以做大官，現在只好等留長再說了』」（496）。於是「假洋鬼子」也像N先生一樣戴起假辮子，像N先生一樣拿著棍子一路打笑罵他「裡通外國」沒辮子（阿Q就是其中最倒楣最常被打的一個）。但「假洋鬼子」最特殊最鬼魅的髮式，卻是丟掉假辮後所留、半長不短的披肩散髮：

> 只見假洋鬼子正站在院子的中央，一身烏黑的大約是洋衣，身上也掛著一塊銀桃子，手裡是阿Q曾經領教過的棍子，已經留到一尺多長的辮子都拆開了披在肩背上，蓬頭散髮的像一個劉海仙。（519）

「假洋鬼子」烏黑洋衣上的「銀桃子」，表明了他的投機性格（戴著「柚油黨」的勳章，充當假革命的反革命分子，還不許阿Q革命），但「假洋鬼子」一頭披肩散髮的造型，則更點出了其怯懦與騎牆，像是留了一個辮子根，以便隨時見風轉舵都行。此頭髮造型被敘事者比為民間傳說中的「劉海仙」。但不論是傳說中的唐朝仙童，或是五代十國的歷史人物劉海蟾，民間流傳的「劉海仙」髮式垂散如孩童（孩童垂髫，而少年十五束髮為髻，二十行冠禮），或其本就為仙童，或其修道有成、返老還童，「劉海仙」髮式的特點乃額前垂髮，故常被援引為「瀏海」之由來。而「假洋鬼子」的一頭披肩散髮，當然不是清末十年時髦男子的「前瀏海」，而是剪辮之後，前額與後腦都一起蓄起頭髮，半長不短地全都披在肩背上。

兩相比較，「盤髮家」把小辮子盤上頭頂，至少確保腦後空蕩蕩，「假洋鬼子」則是把已經留到一尺多長的辮子，拆開了散在肩上，也是腦後有髮卻無辮，兩者皆有異曲同工「以不辮應萬變」之道。頭髮是長是短沒關係，是盤在頂上還是散在肩上也不打緊，重要的是不能綁成「小辮子」，免得被人抓到「小辮子」。如果明末清初「薙髮令」的重點首在「剃髮」，次在「辮髮」（相信「身體髮膚，受之父母」的漢人，相信頭髮不全乃奴隸罪犯的漢人，反抗的重點乃在剃髮。而向來留長髮的漢人，被剃去半邊頭髮後，便自然無法再束髮了，只能讓辮子長長垂在身後），那民初「剪髮令」的重點則首在「剪辮」，與剃不剃髮、留長髮或留短髮無關。話說辛亥革命成功後，各省陸續頒布勸導剪辮的告示，還組成新軍士兵和學堂學生的宣講團，趕赴各地倡導剪辮的重要。雷厲風行之處，還派有士兵把守各城門與重要街道口，留辮之人不得通過，甚至設立剪辮隊，在城門通衢執行剪髮任務（此即小說中七斤進城被剪去辮子之由來）。過去以辮子的有無來區「辮」中國人與外國人（假洋鬼子），辛亥革命後則是以辮子的有無，來區「辮」國民與奴隸，誠如一九一一年十二月二十八日的《民立報》所言，「昔日剪辮人，呼為外國人，今日不剪辮人，呼為奴隸，可見中國人進步之速！」但剪辮不等於「短髮」，剪辮不等於「洋化」，一九一一年十二月四日《申報》報載成都軍政府還特別出公告安撫人心，剪髮乃是世界大同之所趨。而隔年五月二十二日《大公報》的〈齊河縣剪辮之通告〉，則是再一次申明剃髮與剪髮之差別：「剪髮非剃髮可比，如願前後統留一律剪短，是於剪髮之中猶寓蓄髮之意，對於漢制、新制兩不相妨。」這些眾說紛紜、不斷耳提面命的「剪髮令」，重點只有一個：剪去腦袋瓜子上的辮子，其他一切好說，要長要短要剃光要瀏海，都可自行決定。而〈阿Q正傳〉裡所出現的各種髮式奇觀，正是這清末民初髮式大風吹最精彩、最反諷的現場實況報導。

## 僧俗不分的「光頭」

但為什麼清末民初剪去了辮子的男人，往往就成了光頭呢？在〈風波〉裡進城時被剪去辮子的七斤，從此成了光頭。〈阿Q正傳〉裡當阿Q被抓到城裡的衙門時，「上面坐著一個滿頭剃得精光的老頭子。阿Q疑心他是和尚，但看見下面站著一排兵，兩旁又站著十幾個長衫人物，也有滿頭剃得精光像這老頭子的，也有將一尺來長的頭髮披在背後像那假洋鬼子的」（522）。若從清朝「十不從」中的「儒從而釋、道不從」角度觀之，假洋鬼子一尺多長的披肩散髮，弄得僧不僧、道不道，那這些鄉下與城裡的光頭，則更是僧不僧、俗不俗，正像當時歌謠裡呈現民初社會僧俗不分的亂象，「老北京人一時傳唱：『袁世凱瞎胡鬧，一街和尚沒有廟。』[17]

這裡說的『和尚』是指剪去辮髮，剃了光頭的人。雖然落了髮，但沒有出家歸廟。言外之意是說，剪髮令造成社會上僧俗不分的混亂現象」（常人春 231）。

但為什麼辛亥革命後的剪辮令一下，便光頭男子滿街亂跑呢？〈阿Q正傳〉裡被阿Q調戲捉弄的小尼姑，她的光頭源於三寶弟子剃髮出家，六根（眼耳鼻舌身意）清淨，但不出家卻剃了光頭的這群男人滿街亂跑，又是為了哪樁？不回到清末民初的髮型變遷史，恐無法明瞭此「怪」現象之普及。

> 清末，男子梳獨辮。青年以辮長為美。民諺云：「勿擇田，勿擇地，擇個丈夫辮拖地。」有的辮長拖到腳跟，辮短的則裝上假長辮。辛亥革命後，男子剪辮子，年紀大的前半部頭髮剃光，後半部留至耳門，青壯年多剃平頭圓頭，俗叫「光郎頭」、「禿頭」、「葫蘆頭」、「和尚頭」。平頭、即額前留短髮、俗稱「水平頭」。青年人愛漂亮、把頭頂所留長髮向兩邊梳開，俗叫「分頭」；有的把前額處的長髮梳攏很高，俗稱「風頭」，又貶稱為「鷓鴣頭」；把留風頭的長髮修剪得叫短，頂部很平，俗叫「小平頭」或「東洋頭」；在農村鄉鎮的老年人仍留辮子，把兩側和前半部的頭髮剃光，後半部留著長髮修剪齊脖，猶如辮子根，俗叫「老鴨腚」又叫「二刀毛子」，直至三四十年代才徹底滅跡。（葉大兵，葉麗婭 83）

這段男子髮型變遷史的細膩描繪，點出了許多清末民初辮與不辮的癥結所在。首先此段描繪點出清末辮長為美的時尚，男子辮長一如女子腳小，都是審美的外觀判準，也都是在審美之中夾雜階級想像，亦即男子辮長作為有閒有錢有勢階級的優越表徵。其次，此段描繪也說明了最初的「假辮子」，不是專門為剪辮的革命黨人或留學生而發明，而是在「辮長為美」的時尚專制下，為辮短之人而設。而更重要的是，此段描繪細數了「剪辮」之後百家爭鳴的髮式大觀，平頭、圓頭、風頭、分頭、小平頭，有年齡上的區隔，也有城鄉間的差距。魯迅理的是東洋「小平頭」，「假洋鬼子」的類似「老鴨腚」或「二刀毛子」，長度上或許更長一些，髮量上前額兩側不剃或許更多一些，而七斤與衙門諸公則是「和尚頭」。

然這段描繪只說明了「剪辮」前後男子髮式的變化多端，點出了辛亥革命後「葫蘆頭」或「和尚頭」的時興，但還是沒說清楚講明白「剪辮」與「光頭」之間的可能連結關係。〈阿Q正傳〉風行後，有各式各樣的阿Q畫像出現，魯迅只笑稱，幾幅阿Q像上的辮子都不合式樣，因為現在的年輕人「當然不會深知道辮子的底細的了」（〈病後雜談之餘〉190）。而若不是下面這段文字，我們恐怕也不會深知民初「光頭」的底細的了：「清朝滅亡後，男人剪了辮子，多數人剃了光頭，人們互相戲稱『大禿瓢兒』、『大禿葫蘆』、『遊方和尚』。……後來興出了『洋推子』（剪頭工具），才分出剃光、推光兩種」（常人春 237-38）。因而〈阿Q正傳〉

衙門裡的「光頭」差官，給出的不僅只是辛亥革命後一種社會上見怪不怪的流行髮式，而是「剪辮」的剪一髮而動全身，永遠不會只停留在抽象的政治「象徵形式」之上，甚至也不會僅停留在頭髮單一的物質性之上，而是摺摺連動到頭髮—器具—手藝技術的「解畛域化」。「光頭」的普及，在於「洋推子」的不普及（充滿城鄉與階級的差異），「剃頭攤」的剃刀只能剃光，「理髮店」的推刀才能推平，而在「剃頭攤」尚未全面轉型為「理髮店」的民初，除非是滿頭剃光，「剪辮」很難不留下辮子根的，這彷彿驗證了一個「辮髮」的歷史「唯物論」矛盾：明末清初「薙髮」後就自然被迫「辮髮」，清末民初「剪辮」後就自然被迫「剃髮」，只是這次剃的是全頭，不再只是前額與兩側而已。

## 國民性的「劣根」

於是〈阿Q正傳〉給出了成天想拔別人辮根卻總是被別人拔住辮根的阿Q，也給出了張皇失措的「盤辮家」，披肩散髮的「假洋鬼子」，莫名其妙的「光頭」官差，會偷會搶還會剪人辮子的革命黨。這些人都有「毛（髮）病」，五十步笑百步，而這些人的「毛病」都是魯迅筆下批判中國國民性的「劣根性」之所在。而〈阿Q正傳〉的成功，正在於魯迅將此「劣根性」，回歸到最身體、最物質的頭髮與髮式來處理，不是抽象形式，不是文化譬喻，而就是腦袋瓜子後面那一條辮與不辮的有無。此「劣根性」的第一樁，當然是阿Q的「命根子」，那條他時時小心護衛、不被別人揪住、不被革命黨剪去的黃辮子。當阿Q有樣學樣「盤辮家」用一支竹筷將辮子盤在頭頂上時，當阿Q生氣小D居然也有樣學樣用一支竹筷將辮子盤在頭頂上時，Q就是「小辮子」，「小辮子」就是愚昧守舊、欺善怕惡。而此「劣根性」的第二樁，則是「以不辮應萬變」的因循苟且、苟且偷生，只要留住「辮子根」，就不怕「皇帝做龍庭」時沒有辮子。「盤辮家」秋行夏令，「假洋鬼子」披頭散髮，可都是留住了「辮子根」的後路。此「劣根性」的第三樁，不是剃去所有頭髮的「大禿葫蘆」，而是〈阿Q正傳〉未曾直接言明卻隱然帶出的「老鴨腚」或「二刀毛子」（「盤髮家」的下一步）。相對於圓頭、平頭、分頭、風頭、小平頭，「老鴨腚」或「二刀毛子」的「劣根性」，不僅藏在「不該留的留」（預留下來的「辮子根」），更藏在「該留的不留」（剃去前額與兩側的頭髮），實乃劣根性（辮子）中的劣根性（剃髮）。而此雙重劣根性的髮式，按清末民初髮式變遷史所述，一直殘存於鄉下，直至三四十年代才徹底滅跡。

但若我們只是一逕將辮子作為國民「劣根性」的載體而給予徹底的負面評價，那我們勢必錯過魯迅在〈阿Q正傳〉裡對「國民性」的複雜矛盾反思。阿Q的「命根子」猥瑣卑賤，不斷被人揪住了去撞牆，但阿Q的「命根子」也正是魯迅用來破解「剪辮」作為民族「象徵形式」的革命謊言與國家暴力。故阿Q猥瑣卑賤的「命根子」，正是魯迅以「作用說」「去象徵化」身體髮膚的關鍵，實際操練了「打架時可拔，犯奸時可剪」的辮子之為辮子。而留下「辮子根」的「盤辮家」或「假洋鬼子」，或是留下雙重「辮子根」的「老鴨腚」或「二刀毛子」，此只顧身體慣習、不顧民族大義的貪生怕死，不也正是魯迅重新界定揚州十日、嘉定屠城等歷史事件，不為亡國，只為不習慣「拖辮子」罷了的因循苟且。那既留下「辮子根」又還「剃（半）髮」的無知鄉民，是否再次驗證魯迅所強調的身體慣習，而此身體慣習與實用說一樣，不正是魯迅一直用來解構「剪辮」作為民族革命微言大義的利器嗎？斬草不除「根」，春風吹又生，但此國民性的「劣根」，會不會正是國民性作為愚昧鄉愿與國民性的愚昧鄉愿作為「反反革命」之根之所繫呢？

Q作為小辮子，Q作為國民性的「劣根」，乃是徹底帶出魯迅對革命的幻滅。〈阿Q正傳〉裡寫革命換湯不換藥，「知縣大老爺還是原官，不過改稱了什麼，……官，帶兵的也還是先前的老把總」（517）。革命在未莊造成的改變，只是不革命也不反革命的「盤辮家」之出現，只是弄不清楚造反與革命、只會起鬨瞎鬧的阿Q，迷迷糊糊地被抓進衙門、莫名其妙地喪了命。莫怪乎魯迅說，民國以前人民是奴隸，民國以後，眾人都變成前奴隸的奴隸了。[18] 因而辛亥革命不是解放，而是再一次強化了中國國民性中的奴隸性與家畜性。「革命，反革命，不革命。革命的被殺於反革命的。反革命的被殺於革命的。不革命的或當作革命的而被殺於反革命的，或當作反革命的而被殺於革命的，或並不當作什麼而被殺於革命的或反革命的。革命，革革命，革革革命，革革……」（〈小雜感〉532）。魯迅在此正是運用文字的反覆，凸顯近現代中國革命本身的混亂與嗜殺。革命不論作為反滿或反洋的新國族號召，都在魯迅的心裡徹底破產成空洞的文字搬弄。

此對革命的幻滅，亦是魯迅作為啟蒙者與幻滅者的「自我分裂」，昔日改造舊中國的理想，化為今日絕望的吶喊，昔日慷慨剪辮的進步知識分子，成為今日憤世忌俗的懷疑論者，「見過辛亥革命，見過二次革命，見過袁世凱稱帝，張勳復辟，看來看去，就看得懷疑起來」（〈《自選集》自序〉455）。民國建立後的軍閥爭權、黨人內鬥的亂象醜態，讓魯迅幡然醒悟，要讓昔日「我以我血薦軒轅」的「剪辮」象徵意義徹底「去象徵化」。[19] 於是Q的小辮子，打破了封建／共和、滿清／民國、傳統／現代的二元對立與一刀兩斷之可能，因為小辮子剪了以後還會長，長了以後還可以剪，小辮子還可盤、可束、可散、可剃、可推，小辮子作為歷史時間的唯物載體，小辮子作為身體空間的邊界劃分，小辮子作為國民身體意象的認同差異，都是一樣曖昧一樣可疑。〈阿Q正傳〉透過「盤辮」、「散髮」與「光頭」的髮式奇觀，凸顯了革命與俗民百姓的隔閡，也同時讓那藏在Q裡好玩的小辮子，變得可恥、可惡、可恨、可悲、可侮。魯迅棄醫從文，想要揪出中國國民性的病根，改變那痲木虛偽、愚詐成性的精神殘疾。而Q作為辮子形音義的三合一，Q作為辮子譯文的「翻譯縐摺」，就是讓這些「精神殘疾」都身體髮膚化，讓「譬喻」（the figural）與「字義」（the literal）相互塌陷，讓「小辮子」成為中國Shame代性最「劣根」的國民性，卻也同時是翻轉中國Shame代性最「實用」、最「簡便」的「去象徵化」物質實體。魯迅說，「假如有人要我頌革命功德，以『舒憤懣』，那麼，我首先要說的就是剪辮子」（〈病後雜談之餘〉189）。對魯迅而言，辛亥革命換湯不換藥，真正的貢獻只是剪了一條小辮子，那〈阿Q正傳〉則是既反諷又認真地再一次告訴我們，辛亥革命是連一條小辮子都「剪不斷、理還亂」的呀。

## 六．辮髮的姿態：魯迅與美男子的前瀏海

〈阿Q正傳〉讓我們一睹辛亥革命以後的髮式奇觀（亂世亂穿衣，亂世亂留髮），小說中那些留著「命根子」或守著「辮子根」的末莊人，成為魯迅批判國民性作為「劣根」最具體而微的矛盾所在，辮子既是精神殘疾的「具現」（embodiment），也是「去象徵化」、「去革命化」的身體實用性與物質性，讓「國民性」的「國」與「民」成為分裂雙重（split and double），「國」（清國或民國）

的「國族象徵」與「民」（平民百姓）的實用簡便，搭不攏對不上，後者的「去象徵化」，還能以滑稽可笑、猥瑣卑賤的各種方式，拆解前者道貌岸然的「象徵化」努力，成也蕭何，敗也蕭何。但Q作為中國現代文學史上極其複雜一層疊（com-pli-cation）的「翻譯縐摺」，魯迅作為中國近現代史上最能掌握辮髮作為身體觸動強度的作家與思想家，絕不會只停留在辮子「實用說」或剪辮「簡便說」的層次，魯迅筆下中國男子髮式的考掘學，遂在魯迅死前的最後一篇文章中，另闢新局（切線輕觸圓周，Q點的再縐摺），而提到了辮髮的姿態之美，辮髮的時髦之趨。

一九三六年十月的〈因太炎先生而想起的二三事〉，乃魯迅寫於死前二日的未完稿，與兩年前所寫的〈病後雜談之餘〉一樣，都是「病」中之作，既是生病臥病在床，也是每到雙十前後就發作的「毛」病，魯迅就「彷彿思想裡有鬼似的」，又談起了辮髮。兩篇皆是以「補遺」（supplement）的方式出現，〈病後雜談之餘〉寫於〈病後雜談〉之後，〈因太炎先生而想起的二三事〉寫於〈關於太炎先生二三事〉之後，而兩篇文章更是魯迅對辮髮念茲在茲的一再「補遺」：〈病後雜談之餘〉又說了一遍〈頭髮的故事〉，又舊事重提N先生／魯迅的無辮之災，而〈因太炎先生而想起的二三事〉則又說了一遍〈病後雜談之餘〉。只是最後的這篇文章，雖舊事重提一說再說、說也說不完的辮髮，魯迅卻「想起」一件過去他所有寫辮子的小說、散文或評論中、從未提起或寫到的事：

見慣者不怪，對辮子也不覺其醜，何況花樣繁多，以姿態論，則辮子有鬆打，有緊打，辮線有三股，有散線，周圍有看髮（即今之「瀏海」），看髮有長短，長看髮又可打成兩條細辮子，環於頂搭之周圍，顧影自憐，為美男子。（〈因太炎先生而想起的二三事〉557）

即便這段敘述中無法完全排除魯迅慣有的嘲諷口吻，但魯迅對辮髮花樣細節的如數家珍，確實叫人刮目相看。〈因太炎先生而想起的二三事〉寫於魯迅剪辮後的第三十三年，辛亥革命後的第二十五年，卻是魯迅生前第一次提到辮髮可能的美感經驗。魯迅以前談過辮子的花樣，但總是小丑如何挽一個結，插上紙花打諢，舞關王刀變戲法的如何把頭一搖，辮子劈拍一聲盤在頭頂。而魯迅生前談過最多的，則是辮子作為「把柄」的可笑，打架的時候拔住，捉人的時候拉住，「只要捏住辮梢頭，一個人就可以牽一大串」（〈病後雜談之餘〉187），而阿Q的黃辮子便是最佳範例。然而這一回魯迅談的卻是辮髮在成為不男不女的性別恥辱之前（〈櫻花下的「清國留學生」〉），在成為國族恥辱「豚尾」之前（新恥喚起舊恥），在辛亥革命剪辮易服之前，辮髮作為中國男子顧影自憐的「鏡像」，以及辮髮所帶動時髦美男子的流行時尚。

## 新樣頭顱時髦男

首先讓我們來看看魯迅文中所提「鬆打」的辮子髮式。魯迅的弟弟周作人在《知堂回憶錄》中曾描繪赴南京水師學堂讀書時，初所見聞的一些奇裝異辮，其中包括一名模樣奇特的聽差：

> 他的辮髮異常粗大，而且編得很鬆，所以腦後至少有一尺頭髮，散拖著不曾編，這怪樣子是只夠驚人的。那時有革命思想的人，很討厭辮髮，卻不好公開反對，只好將頭髮的「頂搭」剃得很小，在頭頂上梳起一根細小的辮子來，拖放在背後；當時看見徐錫麟，便是那個模樣的。如今所說鬆編的大辮子，卻正是相反，雖然未必含有反革命的意義，總之不失為奇裝異服的一種，有些風厲的地方官，看見了就要懲辦的。（145-48）

這段描繪中有革命黨人（以徐錫麟為代表）的「小辮子」，也有時髦聽差的「大辮子」，「小辮子」把前額與兩側的頭髮剃掉，只留下頭頂處較小部分的頭髮（「頂搭」指頭頂的頭髮），髮量少辮子自然就細小，而「大辮子」不僅來自天生髮量的多寡決定，更部分取決於前額與兩側的頭髮剃去較少，頂搭較大，髮量多辮子自然粗大。「小辮子」怕不夠小，故編得細密，「大辮子」怕不夠大，故編得鬆散。「小辮子」偷偷表達的是排滿思想，而「大辮子」大剌剌表達的是流行髮式，「小辮子」作為革命行動危險，「大辮子」作為奇裝異服一樣危險。

而若是我們再帶入清朝前中後期男子髮式的大趨勢，則更可看出此處「小辮子」與「大辮子」的奧妙關連。清朝前期流行「金錢鼠尾」，亦即「頂搭」剃得很小，故所垂下的辮子難免細小。清朝中期流行「豬尾」（不是被外國人恥笑的「豚尾」，而是比喻編辮子髮量的多寡），「頂搭」剃得較大，故所垂下的辮子髮量增多。清朝晚期流行「牛尾」，「頂搭」剃得更大，故不僅垂下的辮子髮量更多、辮子更粗，更讓「看髮」或「前瀏海」成為可能。[20] 而若以此大趨勢來看，革命黨人一度採行敢怒不敢言卻敢偷行的「小辮子」，感覺上好像削弱了辮髮作為滿清專制政權的實際身體掌控範圍，但也像不合時宜地復古了清初的「金錢鼠尾」，而時髦聽差頭上的「大辮子」，正是清朝晚年頭髮越蓄越多，辮子越來越粗的寫照，此流行時尚的無心踰越，反倒是比革命分子的有心踰越，還要來得基進：直搗清朝辮髮之為辮髮的關鍵核心「剃髮」，在不該留髮的地方，留起了頭髮，還垂下了瀏海，甚至還讓瀏海長到可以綁成兩條小辮子，再盤回頭頂，一如魯迅在〈因太炎先生而想起的二三事〉一文中所述。

而真正讓我們歎為觀止的，乃是魯迅在死前的最後這篇談辮髮的文章中，提到了「看髮」作為清末美男子的時髦髮式。本章第一節所談《人鏡畫報》上「雌雄莫辮」的時髦男，正是因為這種「前劉海」的髮式（再加上新式尖履），而在街頭遭人譏笑，而魯迅此處不僅提到「看髮」，還細說「長看髮」的花樣。「看髮」作為清末十年的男子時髦髮式，乃是彼時報刊雜誌爭相報導與批判的對象，像我們已經分析過的天津《人鏡畫報》，或像一九一〇年四月《神州日報》圖文並茂的「上海男子前劉海之變遷」：十年前（前額光亮，辮髮平整），五年前（前額縮小，辮髮蓬鬆），三年前（短髮覆額），現在（覆額短髮中分，沿兩側垂下，髮作人字形，但仍略見前額），將來（覆額垂髮，不見前額，髮作燕尾形）。此篇報導已然將時尚變遷所給出的「時間感性」，「線性化」與「度量化」為十年前、五年前、三年前、現在、未來（十分類似當前時尚雜誌過去、現在、未來的「三聯畫」結構）的微細差異，「前劉海」作為時髦本身還在變化，大流行中的小流行。但我們亦不可不察，一如鬆編的「大辮子」明目張膽地讓「頂搭」變大，走在「鬀髮令」的邊緣，而短髮覆額的「前劉海」則不也是以時尚之名，叛離「鬀髮令」要求的前額光亮，辮髮平整。莫怪乎一九〇五年七月二十七日《大公報》的〈白門少年之怪狀〉報導，具體展現此十分可疑的時髦髮式與專制政權掌控間的張力。報導中指出少年辮旁頭髮剪留四五寸，分披辮之左右，而被天津警察總辦視為「與拳匪當日之裝束無異」，但後又改變判斷為「此等少年志在趨時」。此可疑髮式被聯想到太平天國的「長毛」

髮式，以前額留髮不剃髮的外型，直接反抗滿清的「鬄髮令」，也是魯迅在〈頭髮的故事〉中所指稱「頑民殺盡了，遺老都壽終了，辮子早留定了，洪楊又鬧起來了。我的祖母曾對我說，那時做百姓才難哩，全留著頭髮的被官兵殺，還是辮子的便被長毛殺！」（462）所幸這批貌似「全留著頭髮」的白門少年沒被當成革命分子論斷（當時革命黨人只會偷偷留「小辮子」或後來索性剪辮，或再偷偷裝上假辮子，「前瀏海」從來不是洪楊造反或反滿革命大業的象徵），所幸專制政權終究懶得理會這小眉小眼的「趨時」流行。[21]

魯迅「看髮姿態說」的寥寥數語，在〈因太炎先生而想起的二三事〉一文中就放在「實用說」的前面，卻顯然比「實用說」更具「虛擬威力」，讓辮子之為辮子，不像「實用說」是回到頭髮的物質性，讓剪辮與簡便相互塌陷，以解構辮髮的革命象徵。此「姿態說」乃是回到歷史之為「力史」、歷史之為「合摺，開摺，再合摺」的變化運動，亦即本章透過「同音譯字」所嘗試概念化的「瀏辮—現代性」本身。因而魯迅寥寥數語的「姿態說」，並不僅僅只是再增加一個辮髮「去象徵化」的觀點（不是國家民族大事，只是小眉小眼的時髦裝扮），也不僅僅只是兵分二路「在種族革命與國族意識之外，另有一種與政治動機無關的時尚意識，與之並行而不悖，展現一股移風易俗、審美觀念的強大能量」（張世瑛 156），而是透過晚清時髦辮髮的新樣頭顱，帶進了男子髮式的「翻新行勢」，帶進了歷史作為縐摺運動的變化力量，如何讓辮子作為中國國民性最具體而微的「劣根」，終將走入歷史（不是滅亡，而是進入流變）。阿Q的「命根子」跟著他到了陰曹地府，「盤辮家」與「假洋鬼子」的「辮子根」也終將被理髮店的洋推子給推平，而即使是鄉下地方的「老鴨腚」或「二刀毛子」，一拖拖到了三〇、四〇年代，但也終於滅絕殆盡而有了新髮型。由此觀之，清末民初的男子髮式奇觀，就不僅只是「亂世亂穿衣」、「亂世亂留髮」的怪現象，而是「翻新行勢」的合摺之力，如何貼擠頭髮—器具—手藝技術—傳播媒介，在新醞釀的政治公共空間、新醞釀的國民身體治理，新醞釀的民族身體形象中，且行且走，上下翻攪，既是「解畛域化」既有政治—身體—空間—物質的配置關係，彷彿由「秩序」變成了「混亂」，但同時也是在「混亂」之中創造「秩序」（亦即瓜達希所謂的「混沌宇宙」chaosmos），即便此「解畛域化」的動力勢必被後續的資本主義與民族國家身體治理「製碼、解碼、再製碼」，歷史的「翻新行勢」也終無止息。[22]

本章以中國 Shame 代性的兩個恥辱場景拉開序幕，兩個都因男子辮髮而造成「雌雄莫辨」的指認焦慮，但一個最終導向辮髮「豚尾化」的國仇家恨以及辮髮「政治化」的革命象徵，一個則進入辮髮「時髦化」的「翻新行勢」以及辮髮「歷史化」的流變（瀏辮）符號。對第一個「大敘事」走向而言，髮型是維新變法或排滿革命的「國族象徵」，充滿「變」與「辮」的固定辯證模式，要變法就不能有辮髮，要革命就不能留下小辮子。對第二個「小趨勢」走向而言，髮型乃時尚的「流變符號」，乃「翻新行勢」所不斷給出的「時尚形式」。「大敘事」連結的是辮髮作為中國 Shame 代性中的「創傷固置」，而「小趨勢」帶動的則是辮髮作為時尚現代性的「踐履行動」，而本章以小搏大的企圖，正是要將「大敘事」所封閉鎖碼的民族身體恥感記憶，重新打開翻轉成「小趨勢」日常生活中身體力行的變動與實踐。

就像魯迅從二十三歲時「我以我血薦軒轅」的「剪辮」行動，到後來平反辮子作為「打架時可拔」的務實簡便，再到死前所提出的新「看髮／看法」，當是從辮髮革命論、辮髮實用論，一路走到了辮髮「姿態說」。而「姿態說」帶進了「時尚形式」的演變，更帶進了「翻新行勢」的力量，讓我們看到辮髮「去象徵化」最基進最徹底的力量，乃是辮髮的「再力史化」、「再綯摺化」，沒有辮髮不變的本質，沒有辮髮不變的認同，也沒有辮髮不變的「劣根」（國民性），辮髮終究也只是歷史作為「翻新行勢」所給出的一個暫時「時尚形式」，即便此「時尚形式」曾被無限上綱製碼為「留頭不留髮，留髮不留頭」的專制話語，即便此「時尚形式」延續了二百多年（但仍不斷有新樣頭顱的出現），即使此「時尚形式」曾被帝國主義創傷化為「國恥」、曾被民族主義仇恨化為「韃虜」，此暫時的「時尚形式」也終將走入歷史，重新進入歷史「合摺、開摺、再合摺」的綯摺運動之中。

## 注釋

1 相關討論可參見「百度文庫」〈中華趣味文化（時髦一詞來歷）〉。網路。二〇一四年六月十日。

2 維新變法之失敗，常被譏為連一根辮子都變不了，如何有可能撼動清廷朝綱，而往往忘記這根看似無足輕重的小辮子，卻正是清廷朝綱所維繫的身體毛髮物質性。正如光緒元年（一八七五年）直隸總督李鴻章與日本駐華公使森有禮的著名對話所示，日本明治維新之後的斷髮易服，被李鴻章視為仿效歐風、改動祖制衣冠的恥辱行為（李長莉 409-11）。

3 有關剪辮與晚清國族想像的詳盡鋪陳，可參考黎志剛的〈想像與營造國族：近代中國的髮型問題〉，該文成功援引安德森（Benedict Anderson）「想像共同體」的概念，來談近代中國男子髮式與國族認同的「辮」遷。

4 有關晚清的「黃帝神話」如何構連中國國族認同與排滿革命意識，可參閱沈松橋〈我以我血薦軒轅：黃帝神話與晚清的國族建構〉的論文。

5 芮恩施，《一個美國外交官使華記》，引自朱正 43。

6 「剪辮」所啟動服裝與髮式的混搭，確實是清末民初被嘲諷之焦點，如一九一一年四月十一日《時報》的「滑稽時報」，便列舉了上海的四種新人物：有辮之西裝，無辮之華裝，有辮之華裝，無辮之西裝。

7 引自焦靜宜，《遺老與遺少》12。

8 當然「魯迅」也是筆名，由早年筆名「迅飛」去掉「飛」的尾，加上母親姓氏「魯」的頭而成，但其知名度遠遠超過魯迅十八歲時進南京江南水師學堂所改的名字「周樹人」，而「周樹人」的知名度又遠遠超過魯迅的本名「周樟壽」。

9 楊霽函語，引自許廣平，〈略談魯迅先生的筆名〉50。

10 有關精神分析「詭異性」（the uncanny）的理論，可參閱 Freud 最早在 "The Uncanny" 一文中的鋪陳。

11 引自丸尾常喜，《「人」與「鬼」的糾葛：魯迅小說論析》159。

12 此處主要是從中文與英文的流變關係中去鋪陳「*Q* = Queue = 辮髮」的詭異連結，但若就英文 queue 的字源而言，則可回溯到古法文的 *cue, coe*，亦即「尾巴」之意，而現今法文的 *queur* 仍保有此意，乃是比英文的 queue 更能呼應本書多處提及中國男子辮髮被外人譏為「豚尾」的國族／身體／性別之創傷場景，在此非常感謝楊凱麟教授的提醒。

13 劉禾的《跨語際實踐》曾對〈阿Q正傳〉所涉及的「翻譯」政治做出精彩的分析討論。她追溯 national character 作為「國民性」的翻譯，如何經由日文再到中文，而美國傳教士 Arthur H. Smith 所著 *Chinese Characteristies*（一八九四）的日譯本《支那人氣質》（一八九六），又如何被魯迅「翻譯」成自己的文學創作。然此「翻譯」之說，既非逐字逐句的直接翻譯，亦非原封不動外國傳教士所發展出的中國國民性理論，而是強調原文進入譯文時所產生新的表意方式，重新詮釋、利用並顛覆「東方主義」凝視下的中國國民性理論。

14 民初「盤辮」之舉確有所本，如《民立報》一九一二年六月二日所載，長沙鄉人「輒以剪髮為學洋，不肯剃除，乃挽螺髻於頂」。

15 魯迅接下來所舉的例子較為客氣，只是死在民國的漢人還要清朝的謚號，而不是民初強迫剪辮，許多漢人要索回被剪的辮子，他日大殮時入棺以留全屍：剪下的辮子好似成了太監被割下的命根子似的，都要好好供著以保全屍首，可見被滿人種在身上兩百多年的辮子，已然成為許許多多漢人身體上不可分割的一部分（常人春 232）。

16 民國十一（一九一二）年三月五日中華民國臨時大總統孫中山發布通令《令內務部曉示人民一律剪辮文》，要求國民限二十日一律剪除淨盡，若有不遵從者將以違法論。

17 顧頡剛《北平歌謠續集》第八首，引自常人春 231。

18 魯迅與美國記者埃德加．斯諾談阿Q，引自《阿Q正傳》，盧今編，172。

19 在日本加入反清革命組織光復會的魯迅，曾被派回國刺殺清廷大員，但動身前卻遲疑了，「如果我被抓住，被砍頭，剩下我的母親，誰負責贍養她呢？」於是光復會收回成命，改派他人。可參見王曉明，《無法直面的人生：魯迅傳》33。魯迅出於孝心的真實顧慮，恐怕看在其他革命同志眼中，卻是膽小退卻的表現，魯迅終究只是以「我髮」（剪辮）而非「我血」薦軒轅罷了。革命者必須義無反顧、勇往直前，魯迅的疑慮，讓行動變成思考，讓「無畏」的犧牲變成「無謂」的犧牲（魯迅對同為光復會成員徐錫麟、秋瑾的壯烈犧牲，一直抱持「無畏」與「無謂」的曖昧態度）。這或許可以說明為何魯迅在紹興中學做學監，面對學生剪辮風潮時，力勸他們不要剪辮，「他們卻不知道他們一剪辮子，價值就會集中在腦袋上。軒亭口離紹興中學並不遠，就是秋瑾小姐就義之處，他們常走，然而忘卻了」（〈病後雜談之餘〉189）。

20 相關資料可參閱百度百科「清朝髮型」項。網路。二〇一〇年三月十五日。

21 然此清末十年的「前瀏海」在辛亥革命之後依舊流行，只是原本的辮子配瀏海，變成了剪辮配瀏海。如一九一一年四月十二日的《時報》報載杭州人剪辮者不多，但「剪去者多自成一式，髮作人字形，從中心披下，並無頭顱，自遠望之，無異瀏海」。又如一九一一年四月《時報》上一系列「男女服飾新裝束」專欄，鋪陳民國初年男女髮型與服飾的五花八門，無奇不有，其中「前瀏海」又被再細分為齊眉形，彎月形，人字形等各種造型，可參見張世瑛，頁161。而一九一一年一月十日《民立報》更報導南京剪髮風氣一起，「每屆星期，茶坊酒肆大都新樣頭顱，互相鬥勝，甚至興高采烈時，勾肩搭背，同立於著衣鏡前，評論短髮之入時與否，滔滔不已，其一種自愛自憐現象，真有不可言語形容者」，顯然剪辮短髮成為南京市新興新樣頭顱的互別苗頭。

22 此處「解畛域化、再畛域化、再解畛域化」與「製碼—解碼—再製碼」的差異微分，一是前者的重點在「解畛域化」，後者的重點在「製碼」，一解一製；二是前者為無人稱的歷史事件，後者為意識形態的操作，並以資本積累或民族國家利益為最終依歸。有關此二者更細緻的概念區分與實際操作，可參見本書第八章針對陰丹士林藍合成染料的分析。

第四章

# 纏足現代性

要談中國 Shame 代性的小腳，就讓我們先從魯迅的「小腳」開始談起。對纏足深惡痛絕的魯迅，當然是沒有纏過小腳的，即使他有一個半天足的母親和一個纏小腳的元配。但在魯迅那雙尺寸偏小的中國男性「小腳」之上，卻陰魂不散著中國女性「小腳」的幻象（fantasy）。不信的話，讓我們看看他的好友許壽裳怎麼說：

魯迅的身材並不見高，額角開展，顴骨微高，雙目澄清如水精，其光炯炯而帶著幽郁，一望而知為悲憫善感的人。兩臂矯健，時時屏氣曲舉，自己用手撫摩著；腳步輕快而有力，一望而知為神經質的人。赤足時，常常盯住自己的腳背，自言腳背特別高，會不會是受著母親小足的遺傳呢？[1]

文中的「小足」可有兩解，一是腳小，一是纏足，前者是先天生理結構，後者是後天文化形塑，而中國數百年的纏足文化，正是讓兩者相互塌陷，用文化形塑去改變生理結構。魯迅的母親生於清朝咸豐年間，少時確實纏過小腳，但早在辛亥革命前，她受到不纏足運動的號召影響，已率先在家族裡帶頭放足，甚至被族中頑固的長輩斥之為「南池大掃帚」（南池乃紹興縣出產掃帚的名鎮）。[2] 魯迅母親其腳之小，究竟是本來就小，還是纏到很小，已無可考，其半天足之大，究竟是真的很大，還是在與三寸金蓮相比時才成了大掃帚，亦無可考，但魯迅赤足時觀看的重點，乃是自己特別高起的腳背，故此「小足」之指涉，當是後天文化形塑的纏足，大於先天生理結構的腳小。然而我們不禁好奇：為何魯迅這位勇於接受新思想、新事物並且身體力行的母親——「在看不過家裡晚輩的小腳，特自先把自己的解放起來，作為提倡。不久她變成半天足了，而那晚輩的腳還是較她細小」（許廣平，〈母親〉）——還是不能免俗地以包辦婚姻的方式，脅迫她的大兒子取了一名纏小腳的「舊式」女人呢？但更令我們好奇的是，為何才高八斗、學富五車，又曾赴日習醫的魯迅，會出現如此反科學的想法，認為母親後天的纏足也會「遺傳」到兒子的腳背呢？為何作為中國 Shame 代男性知識分子第一等恥辱的女子纏足，竟會如此陰魂不散地跑到他們自己的腳上呢？

## 纏足的野蠻印記

我們大可將此視為魯迅一時的突發奇想而一笑置之，但我們也可以將此荒誕幻象，視為某種「創傷」機制運作的蛛絲馬跡，循此一探晚清到民國國族／國足論述中的性別焦慮與此焦慮在身體部位的特殊對應與移轉方式。魯迅為文，向來對中國落後習俗的批判不遺餘力，而他認為其中最野蠻最粗暴的自屬女子纏足，乃「土人」

裝飾法的第一等發明。他在〈由中國女人的腳，推定中國人之非中庸，又由此推定孔夫子有胃病〉一文中，以三寸金蓮為例，不小則已，小則必求三寸，寧可擺擺搖搖走不成路，以凸顯纏足審美觀求尖求小的偏執，而魯迅並以此偏執為證，大肆嘲諷了中國人自我標榜的中庸之道。在〈以腳報國〉一文中，魯迅則是反駁某遊歐進步中國女性的言論，譏其虛假的國民外交，想用一雙天足征服西方女人窺探好奇的目光，進而否認中國百年來辮髮、纏足與續妾等陋習。在短篇小說〈風波〉的結尾，魯迅更以伏筆讓船伕七斤新近裹腳的女兒六斤，一瘸一拐地在土廠上往來，哪怕已是專制改共和，野蠻土人的遺風陋俗依舊在魯鎮頑強存活。

魯迅對纏足的憎惡與批判，有助於我們了解魯迅在自己腳背上投射出的性別越界幻象嗎？是否此幻象可以是魯迅對母親纏足的悲憫同情，由母子連心到母子連腳的身體想像認同呢？而這種「小足遺傳」的想像，是否也與清末不纏足運動視婦女纏足則子女體弱多病的社會達爾文主義進化論觀點，有異曲同工之妙呢？是否此幻象也同時驗證西方人眼中野蠻殘忍的中國陋俗，讓纏足僵固為中國 Shame 代性的創傷表面，而此創傷表面竟也能潛移默化成近現代中國男性知識分子的身體徵候呢（不僅僅只是西方凝視的內化或自我東方化）？就像魯迅的弟弟周作人在〈天足〉中所言一般，中國人以身殉醜的纏足，不僅讓中國女人吃盡苦頭，也讓中國的新青年顏面掃地：

我時常與高采烈地出門去，自命為文明古國的新青年，忽然地當頭來了一個一蹺一拐的女人，於是乎我的自己以為文明人的想頭，不知飛到哪裡去了。倘若她是老年，這表明我的叔伯輩是喜歡這樣醜觀的野蠻；倘若年青，便表明我的兄弟輩是野蠻：總之我的不能免於野蠻，是確定的了。這時候彷彿無形中她將一面盾牌，一枝長矛，恭恭敬敬地遞過來，我雖然不願意受，但也沒有話說，只能也恭恭敬敬地接收，正式的受封為什麼社的生番。（《周作人代表作》17）

原本興高采烈走在街頭的新青年，迎面而來卻是纏足女人殘疾般的走路模樣，驗證了中國男性跨世代對野蠻醜觀的迷戀，也澆熄了新青年原本的偉大願想。表面上是兩個行動主體的相遇遭逢，一男一女，一新一舊，甚至一被動一主動，實際上則是透過纏足女人進行兩種男性行動主體的差異區分，仍是一新一舊，但一反纏足一支持纏足。在這透過某種「交換女人」象徵形式而形成男人彼此之間的結盟或對峙，是不需要作為中介的女人發言的，沒有人會在乎一蹺一拐走在路上的纏足女人，看到迎面而來面露極度不屑表情的新青年，她會怎麼想、怎麼做、怎麼回應。但她作為「文明古國」新青年筆下的「交換女人」，她是沒有也不可能有發言權的。她腳上的金蓮鞋，只是也只能是中國封建文明陰魂不散的「野蠻印記」，讓「文明古國」

淪落為土人生番；她的蹺拐身影只是也只能是新中國新青年新願想中揮之不去的創傷表面與視覺夢魘。更可怕的是一不小心，她那充滿野蠻與恥辱印記的弓足腳背，還會如鬼魅幻象一般，跑到了不纏足男人的腳上。

## 一．創傷現代性：驚嚇與恥辱

故在正式進入中國近現代纏足史料與相關論述之前，我們需要先就「時尚現代性」作為「Shame 代性」的理論概念，作更進一步的釐清與開展，以避免一談到纏足，就落入新／舊、現代／傳統二分的窠臼，陷落在「纏足即殘足」的恥辱創傷中糾纏不清。正如本書所一再強調的，當我們看到「現代性」時，不僅能同時聽到看到摺進「現代性」中的「時尚」作為歷史的流變（「現代性」總已是「時尚現代性」），也能同時聽到看到摺進「現代性」中的「恥辱」（「現代性」總已是「Shame 代性」）。但「Shame 代性」作為理論概念所啟動的操作方式，不是要回返喪權辱國的歷史創傷與以身體恥感記憶所激發的民族主義論述，也不是僅止於批判西方帝國殖民主義、東方主義或自我東方主義，而是要創造出一個讓 shame 由「創傷」變為「踐履」的逃逸路線。故本章的第一節與第二節，將分別鋪陳「創傷現代性」

（traumatic modernity）與「踐履現代性」（performative modernity）作為理論概念所可能援引的思想資源，並以前一章處理的男子辮髮與本章所將處理的女子纏足為例，來說明中國「時尚 Shame 代性」須在「創傷」概念與「踐履」概念上進行差異微分的必要，以及由此差異微分所開展出的不同時間感性與不同性別位置。

首先，讓我們從「驚嚇」（shock）作為西方時尚現代性論述的重要關鍵詞入手，並加以檢視由「驚嚇」所帶出現代性創傷經驗作為「重複強制」（repetition compulsion）的歷史脈絡與論述發展。在隨著工業資本主義發展而牽動的都會現代性經驗中，「所有堅固的都煙消雲散」，一切穩固與確定的事與物，盡皆流離失所、四分五裂、疏離異化。[3] 故「驚嚇」乃被視為城市現代生活經驗的重大創傷，既是時間的創傷（與過去斷裂，沒有確定的未來，只有當下此刻的快速變動，任何事物一過時即成廢墟），也是空間的創傷（都市的無根與匿名，摩肩接踵的人群漂流，五光十色的聲色刺激）。而「時尚」既是現代性驚嚇的一部分，也是回應現代性驚嚇的一種方式。對社會學家齊美爾（Georg Simmel）而言，時尚之為用，乃在於有助形構都會經驗中有如鐵甲盔冑的「外在防護」，在川流不息的外在與內在刺激中，時尚成為「靈魂的柵欄」，「掩飾真正面容的鑄鐵面具」，以情感分離、老鳥姿態（blasé）的方式，抵抗都會驚嚇經驗對主體可能造成的大規模穿刺破壞（Simmel, "Fashion" 312; "Metropolis" 329）。而對班雅明而言，資本主義時尚本身成為現代性的「死亡欲力」，要不是以千變萬化、日新月異的方式與死亡（即時間的無常）同速，以逃避死亡，要不就是以「無生物的戀物化」（fetishization of the inanimate）方式，變成死亡本身。換言之，如果齊美爾強調都會時尚是一種「防禦遮護」（protective shield），那班雅明凸顯的都會時尚則是一種「投射屏幕」（projective screen），前者企圖將現代性的驚嚇摒除於外，後者則是以身體「體現」現代性迅速無常的驚嚇，讓時尚成為追逐「新」的重複強制（*Arcades* 62-81）。[4]

而過去有關時尚直接作為一種身體「創傷表面」的理論化嘗試並不多見。威爾蓀（Elizabeth Wilson）曾提出「時尚傷口論」，指稱時尚的華麗絢爛，實則掩蓋著其下主體的傷口，亦即現代性都會經驗造成的疏離異化，時尚僅是在表面上將四分五裂的自我重新黏接在一起。此「時尚傷口論」不僅以深度模式與深度情緒為預設，也純粹是以西方的都會經驗為出發，更無「創傷現代性」中可能帶出的繁複時間觀。另有兩位當代的時尚研究學者，也共同嘗試以拉岡（Jacques Lacan）的精神分析理論，談論時尚身體的「匱缺」（the lack）：「在裸體之上置裝，將皮膚整體表面標示為一道切口；整個身體便成了一道邊緣，不加上衣飾就不完整」（*Warwick and Cavallaro* 27）。這種「時尚切口論」的談法，雖然十分巧妙地連結了「切口」與「剪裁」（英文都是 cut），卻與「時尚傷口論」一般，太容易流於去歷史、去文化差異、去性別差異的理論建構。

## 國恥穿刺的身體

然而從後殖民「穿文化」（transcultural）與「穿國族」（transnational）的角度觀之，創傷現代性所圍繞的「驚嚇」經驗，並不足以完全涵蓋時尚時間觀的「斷裂」論述。就後殖民時尚現代性的研究來說，除了歷史意識與都會空間帶來的「驚嚇」經驗外，伴隨著西方帝國殖民主義發展而來的「恥辱」經驗，可能扮演著形塑「shame 代性」更為重要的角色。以中國近現代喪權辱國的歷史脈絡為例，恥辱經驗遠比驚嚇經驗更具穿刺主體的破壞性與重建性。一再上演、割地賠款的中外戰爭有如原初場景，讓「國恥」成為中國現代主體的心理形塑要素。而穿在中國人身體表面的傳統衣飾打扮，尤其是男子的辮髮與女子的纏足，更成為西方凝視下的恥辱標誌。原本來自文化差異與歷史流變的服飾打扮，卻在「穿文化」接觸、權力顛擾翻覆的過程中，被「戀物化」為身體表面僵固的文化刻板形象，被「本質化」為「國恥」的身體—服飾表徵。而由恥辱產生的防衛機制與自卑／自大情結，更使得經由文化協商持續產生、持續變動的時尚現代性，淪為欽羨／敵視、崇洋／仇洋、文明化／污名化的對立矛盾，也讓被「戀物化」固置在身體表面的文化刻板形象，恆常在「國粹」與「國渣」之間起伏擺盪。

但不論是驚嚇經驗還是恥辱經驗，以創傷現代性為中心考量的時尚時間觀，往往是建立在歷史「斷裂」的預設之上，而時尚則成為此「斷裂」時間觀中的「戀物化表面」。如在中國Shame代性的建構中，把男子辮髮與女子纏足視為「千古不變」的奇風異俗（雖皆僅有數百年歷史），都是將時尚凝止成「創傷固置」（traumatic fixation），讓求「新」求「變」淪為以萬變應不變的「重複強制」，讓「舊」以文化殭屍、文化樣板的方式殘存，取代歷史的運動與流變。而往往伴隨著「斷裂」時間觀而來的，正是「斷代」史觀的獨大，既是傳統與現代的「斷裂」，也是傳統與現代的「斷代」。一如第三章所言，在民族主義意識形態的操作下，「剪辮」乃是民國現代性與清國Shame代性一刀兩斷的「政治象徵」，一刀下去便由滿清到了民國，由專制到了共和，由傳統到了現代。雖歷史的流變無法抵擋無法切割，但由驚嚇經驗或恥辱經驗所建構的創傷現代性，卻是不斷凸顯「巨變」的斷裂感與危機意識。

故對感時憂國的（男性）菁英知識分子而言，在中國Shame代性的歷史場域，迎面走來處處可見具有歷史時間敏感度與身體觸受強度的「創傷表面」，國仇家恨都「穿」（穿戴—穿越—穿刺）在身上，都纏繞在「創傷驚嚇」（速度、變換、無常）與「創傷恥辱」（老、弱、慢）的原初場景而「過不去」、而一再回返、而反覆重述。感時憂國的（男性）菁英知識分子放眼望去，中國時尚Shame代性自是「亂世亂穿衣」的滿目瘡痍、鬼影幢幢。以他們所呈現或投射出的身體徵候而言，創傷不在裡面在表面（反深度形上學），例如被洋人「駭笑取辱」的女子纏足（拍影傳笑或X光照片醫學顯影），或是在自己高起的腳背上，看到母親的「小足」遺傳。而創傷更在表面的裡面（反視覺認識論、反空間本體論），會內翻外轉到表面，也會穿刺戳破到表面，例如在洋纏足的高跟鞋上，看到了土纏足的陰魂不散，或者是在「新恥」（西洋與東洋凝視下的「豚尾」），看到了「舊恥」（明末清初的「鬄髮令」）。就中國 shame 代性的歷史情境而言，「創傷表面」乃身體徵候的內衣外穿與外衣內穿，穿國族、穿歷史、穿性別，反倒是以穿透身體表面的「情動」（affect）強度，取代了視覺認識論的效應（透過攝影或X光新進科技所欲達成的跨文化定格或顯影）。

故中國時尚 Shame 代性的身體表面會「鬧鬼」，正是因為中國現代主體的建構，亦同時是中國 Shame 代主體的建構，一體兩面的「現代」與「Shame 代」：此主體建構乃是建立在其所壓抑排斥、卻封存在體內與記憶的「身體殘餘」（bodily remainder）。此「身體殘餘」是建構中必然的毀滅，「以一種建構式失落（constitutive loss）的方式，在（如果不是總是）已被摧毀的主體模式裡苟且偷生。身體不是建構發生的場域，身體是主體在形成當下的毀滅」（Butler 92）。這種「身體殘餘」自然讓時尚表面充滿不新不舊、不中不西、不乾不淨的「鬼魅雜種性」（the uncanny hybridity）。此鬼魅性不是「中西合璧」的正反合或 mix & match 的相安無事、皆大歡喜，而是「華洋雜處」不徹底、不乾淨的異質與鬼魅，新舊疊映、借屍還魂，讓歷史上淘汰過時的與心理上壓抑摒棄的，以雙重疊映的方式，在時尚表面裝神弄鬼。分不清是人是鬼、是中是西、是外面是裡面、是傳統是現代的混亂，就是創傷表面最具體而微的身體徵候。

故若以此「創傷現代性」的理論概念，展開對魯迅辮髮之為「毛（髮）病」的閱讀，當是會特別強調魯迅對辮髮表現出過多的「欲力投注」（libidinal investment），也展現出過多由外而內化、由內而外顯的「身體病徵」，而其一而再、再而三地寫辮髮，更會被視是「恥辱」創傷所帶來「重複強制」的最佳證明，而讓明明已在日本剪去的「辮子」，陰魂不散地纏繞著魯迅至死方休。於是魯迅寫辮髮，成了創傷回返在時間點上一而再、再而三的「後遺」（*après-coup*）召喚。魯迅的「簡便說」，成了對昔日「我以我血薦軒轅」民族情感大義的「心理否認」（psychic disavowal）機制。而魯迅談辮髮的「補遺」形式，更成了補漏洞，一說再說，每次都說不完全，下回還得重複再說。「補遺」成了「重複強制」，一而再再而三地反覆說，忘記自己早已說過。如果「剪辮」是近現代中國男人身體上最重要的「創傷表面」，那魯迅的「剪辮」創傷不僅在於將他自己因「這不痛不癢的頭髮而喫苦，受難，滅亡」的親身經歷慘痛鋪陳，更在於讓創傷變成一種「形式」，一種一說再說的反覆「形式」。「剪辮」作為一刀剪去腦後長長垂下辮髮的動作，好似造成一種填補不了的「匱缺」（the lack）需要反覆補遺，一種無法癒合的「傷口」需要來回舔舐，而此「匱缺」與「傷口」既屬於視覺與身體官能，也屬於心理與創傷記憶。

但顯然本書第三章採行的理論路數，乃是完全不同於精神分析或創傷理論的閱讀策略。第三章之所以企圖理論化「瀏辮—現代性」的概念，正是因為不願陷落到滿是創傷與匱缺的精神分析架構，怕再一次強化中國 Shame 代性的苦難掙扎而無有出口（只能眼睜睜地看著在「鯊魚皮」的時代反覆談論「漢服」或「深衣」的症狀發作）。第三章讓魯迅的「實用說」帶出身體髮膚的物質性與日常性，以便解構「辮髮」的過度政治象徵化，也讓魯迅的「姿態說」帶出「前瀏海」的時髦髮式，帶出歷史作為「翻新行勢」的縐摺運動。這樣的閱讀策略與理論路數本身，就已經是一種「美學—政治—倫理」的抉擇，一種如何看待歷史、看待生命、看待世界作為轉變可能的抉擇。故「創傷現代性」與「瀏辮—現代性」不是「並行而不悖」的兩種閱讀方式，二選一或兩者兼備，「創傷現代性」與「瀏辮—現代性」乃是充滿張力的「辮」證，而第三章的一切努力，正是凸顯前者如何陰魂不散於後者，而後者如何有可能基進地解構前者，給出具創造轉換力量的思考逃逸路線。

## 二．踐履現代性：新的重複引述

如果第三章「瀏辮—現代性」乃是以「同音譯字」的方式，加強凸顯百年來滿清「辮髮」之歷史流變（尤其是清末十年男子「前瀏海」的髮式），那同樣的理論路數到了本章，則將以另一種「同音譯字」的方式出現：「踐履現代性」。在此乃是嘗試將最初來自語言行動理論（Speech Act Theory）的英文理論概念performativity，翻譯成「踐履」，除了直接呼應此概念在當代理論的操作重點（下將詳述），也在於相互搭配本章所欲處理的「纏足」議題。[5] 故「踐履」作為「翻譯縐摺」的企圖有二。一是「踐」與「履」都是古代的「鞋子」，「踐」在《說文解字》乃「履也」，而「履」則是「足所依也」。「踐」從「足」字邊，有行走的意含與形象，而「履」作為足跡步伐，亦與行走有關，可當名詞亦可當動詞。故「踐履」除了作為反覆的執行、操作、實現之外，更是兩雙鞋子四隻腳，凸顯「鞋—足—行動」的配置關係。二則是以「踐」作為「賤」的同音翻轉，將男性菁英主導「不纏足運動」所賤斥所不恥的「賤履」（比敝屣還要下等），翻轉為纏足或半天足女人「不殘足運動」所實踐所操作的「踐履」，前者讓原本象徵社會身分與時尚流行的纏足，被賤斥為種弱、國貧、兵窳的根源（其根在腳，故亦為「跟」源），後者則是採「行走修辭」（walking rhetoric），一步一腳印看已經纏足而未能成功解纏足的女人，如何走進現代。以下將先說明「踐履」作為理論概念在當代性別、酷兒與後殖民研究中的操作方式，再嘗試從此概念所給出的「延續變化」出發，思考如何重新改寫「創傷現代性」的災異斷裂。

「踐履」的概念最早來自奧斯汀（J. L. Austin）的語言行動理論，乃指「標準範式的強制引述」（forcible citation of a norm）。當代理論家巴特勒（Judith Butler）的「性別踐履」（gender performativity），或巴巴（Homi K. Bhabha）的「殖民學舌」（colonial mimicry）與「雜種化」（hybridization），都是以「踐履」作為一種「帶有變動可能的重複」（repetition with variation）所發展出來的酷兒與後殖民理論概念。以進入語言為例，主體在發言（enunciation）的瞬間，立即分裂成「發聲主體」（「說的主體」）（subject of enunciation）與「言說主體」（「話的主體」）（subject of the enunciated），同時被捲進語言本身不斷替代置換、不斷區辨差異的「去中心化」過程，而每一次的重複發言（沒有一勞永逸的發言，就如沒有一勞永逸的主體），都讓「認同」（identity）與「顯現」（presence）變得可能（暫時出現）與不可能（無法固定化、本質化、無法一勞永逸），都打開每次主體發言與發言之間的「時間延滯」（time-lag），而每次的「時間延滯」都帶出重新表意、重新引述的協商可能。換言之，「踐履」作為理論概念的最大企圖，乃是以動態的「時間展延」（temporal deferral）取代靜態的「空間顯現」（spatial presence），藉此打破視覺主宰認識論下「時間空間化」的現象，以及建立在此「時間空間化」之上所有有關單一封閉主體、自給自足的想像。6

因此「踐履」的「重複引述」（iteration）不僅造成標準範式本身的不穩定性（男、殖民者、異性戀作為標準範式），也造成「認識論」的不可能（男／女、殖民者／被殖民者、異性戀／同性戀作為二元穩定區分的不可能，亦已無法分辨認識論賴以建立內／外、過去／現在的區分基礎）。「重複引述」讓文化成為一種「發言」，不再有固定的東／西、舊／新、傳統／現代的二元對立，因為所有「發言」總已是「介於其間」（in-between），總已是文化協商的雜種場域（a hybrid site of cultural negotiation）。「介於其間」總是比封閉固定的單一主體「一」（oneness）要少，因為永遠無法「完全」成為標準範式、成為具有內在本質性預設的「一」。「介於其間」也總是比封閉固定的單一主體「一」要多，因為「認同」來自「差異」（difference）、「顯現」來自「隱無」（absence），作為「認同」與「顯現」的「一」之暫時出現，牽一髮而動全身的乃是「認同」與「顯現」之外龐大複雜的符號再現體系。

由此觀之，「踐履現代性」是企圖將時間的延續性，重新帶回有關現代性的討論之中，而其對時間的哲學思考，不再囿限於現代性論述中最常被談論的後啟蒙「世俗」時間或進步史觀中的「線性」時間，也不再是靜態並置的「短暫／永恆」

二元論，亦絕非由驚嚇或恥辱經驗造成的創傷固置（一種不斷過去的過不去）,而是強調歷史流變中一種具有開啟與變動潛力的重複引述，讓所有的「新」與「異」都是透過不斷重複的發言與引述，置換編織到不同的時空「脈絡—文本」（con-text），而所有的「舊」與「故」也都不會原地踏步、就地正法，而是同時隨著「重複引述」被帶動到不同的配置關係之中。「踐履現代性」並不預設一個脫離時間流變的文化「主體」，在某處以固定中心的方式吸納、擷取、抗拒、排斥「外來」文化，並以此提供鄉愁回歸或革命叛離的可能，也不預設一個超越時間的文化「傳統」可以不被改寫、可以不被創造發明。「踐履現代性」所凸顯的，正是文化本身重複引述的時間性，一種不斷建構解構、顯現隱無、創造發明的文化發言「能動性」（agency）。

## 時間的「延續」與「斷裂」

但就「時尚現代性」的理論建構而言，究竟該如何處理「創傷現代性」與「踐履現代性」之間可能的矛盾呢？「創傷現代性」視「時尚」為「新的重複強制」，表面上的日新月異，其實導向的乃是創傷經驗的固置；而「踐履現代性」視「時尚」為「新的重複引述」，在不斷重複的「時間展延」中不斷協商與變易。究竟在「創傷現代性」所凸顯之「斷裂」與「踐履現代性」所強調之「延續」之間，有沒有進一步理論協商與理論發展的可能呢？且讓我們把焦點重新放置在此兩種現代性論述中都一再出現的關鍵詞：「重複」與「時間延滯」。「創傷現代性」的「重複」指的是「重複強制」，是在驚嚇或恥辱的第一時間無法做出回應，以鈍化麻木的方式與表義系統「解連結」（de-linked），不被整合進意識，卻同時以「空白」（blankness）的方式，將事件保存在銳化生動的實際細節當中（如辮髮，如纏足）。此「空白」乃意義的空白，而非具象細節的空白，此「空白」使得創傷成為怎樣也想不起、怎樣也忘不掉的複雜心理狀態。「創傷現代性」的「重複強制」既是第一「空白」現場的不斷回返，也是第一「空白」現場的不斷帶離。創傷經驗即「一個暫時性的延滯，將人帶離驚嚇的第一時刻」（Caruth 10）。

因此如果我們將重點放在所謂驚嚇或恥辱的第一現場，那「創傷現代性」的「重複強制」就成為不斷帶離、不斷回返的往復過程，但如果我們將重點放在所謂「暫時性延滯」的時間向度，而非第一「空白」現場的空間向度，那「重複強制」本身是否也可以是一種「帶有變動可能的重複」、一種類似「踐履」行動的引述與變易？這種思考方向，將讓我們暫時偏離「創傷現代性」以「戀物理論」發展出來「創傷表面」的樣版化與固置化，而回到精神分析中有關創傷理論在時間感性上所一再強調的「後遺性」（*après-coup*）。創傷「後遺性」概念的提出，打破了傳統的線性決定論（過去決定現在），而讓新的經驗回過頭去重塑過去的經驗與記憶痕跡，雖然可能依舊殘留著依循精神時間性及因果關係的預設，但卻出現意識可透過意義的不斷重新銘刻而重塑其過往的可能。然而並非所有實際體驗都可以被重塑，只有某些在經歷時未能完全被整合進具體意義脈絡的創傷事件，才能在現在與過去的時間差距中，被選擇性地重塑。換言之，沒有一成不變的過去，即使是創傷經驗所建構出的原初場景，也會隨著後遺式記憶重組，而不斷回溯、不斷建構，不斷產生意義的漂流與不定。

## 創傷的「恥辱踐履」

如果「踐履現代性」強調「時間延滯」所產生的「再表意」（resignification），那「創傷現代性」中「後遺式」的「時間延滯」，似乎也可以被基進地解讀成一種不斷回溯、重新建構意義的反覆引述。雖然此二者所牽涉到「時間延滯」的長短與密集樣態不一（一個是在每次發言與發言的瞬間，一個是在現在與過去的時差）、所觸及的「重複」方式與方向也不一，但將「後遺式」的時間面向，重新放回「創傷現代性」的討論，或許有助於鬆動瓦解將「創傷現代性」／「踐履現代性」直接等同於「斷裂時間」／「延續時間」的二元對立方式。在此我們可以進一步嘗試帶進當前性別與酷兒研究中有關「恥辱踐履」（shame performativity）的理論。如本書第二章的約略提及，此理論的初步架構乃由美國女性主義酷兒理論家賽菊寇（Eve K. Sedgwick）所提出，她是從奧斯汀的語言行動理論與巴特勒的「性別踐履」重新出發，提出「恥辱」作為一種重複召喚、建構自我的強大動力：「有一個已經退縮的『我』正在把恥辱投射到另一個目前仍延宕著的，尚未成形的，而且恐怕只能困難重重的以被羞辱的第二人稱成形的『我』身上」（100-101）。然而在賽菊寇的理論企圖中，恥辱作為一種創傷經驗，從來沒有遺留在所謂的第一「空白」現場而不再移動，也從來不會擱置在那個不斷回返、不斷被帶離的原初場景而原地踏步。恥辱的創傷是隨身攜帶的身體記憶，形塑自我形象的情感強度，恥辱是不斷重複演出的原初場景，不斷引述修正的意義重塑。在這種說法中，由驚嚇或恥辱造成的創傷經驗，看起來好像是時間的巨大斷離，但卻也可以是「後遺式」記憶重組、意義重塑的重複啟動。若如「恥辱踐履」所示，作為創傷經驗的恥辱也可以有其「踐履性」，那麼「創傷現代性」與「踐履現代性」所預設「斷裂／延續」的時間矛盾，似乎也不必然如此楚河漢界。

而另一種展開「創傷現代性」與「踐履現代性」連結轉換的可能方式，亦為本章下面章節所將努力的方向，便是帶入不同文化文本─脈絡中「知識階級」與「性別差異」的變數而加以複雜化。以中國「時尚 shame 代性」為例，知識菁英分子的文字書寫中，較多傾向斷裂式感時憂國、時不我與的創傷論述，而在平民百姓穿衣吃飯的日常生活實踐中，則較易觀察到重複變換、日積月累的連續性生活痕跡。而這種「菁英文化」與「通俗文化」的差異模式，又往往可以再部分對應到「陽性」與「陰性」的性別位置。此處的「陽性」不直接等同於生理的男性，畢竟時尚現代性的相關討論中，本就有著大量的「遊手好閒者」（*flâneur*）與「紈褲子弟」（dandy）引領風騷，一如第三章所提及的時髦男子或白門少年。故此處的「陽性」乃指感時憂國的國族大敘事，乃指一心貶抑時尚為膚淺且對通俗文化嗤之以鼻、感嘆世風日下的文化發言位置，而此處的「陰性」則指向都會生活與大眾消費的小趨勢，指向對時尚變易感同身受且身體力行的文化實踐位置，亦不局限於生理的女性，但卻與作為社會性別、作為歷史主體能動性的女性，產生較多的聯想與滑動可能，以利後續性別美學政治的權力翻轉。故男性知識菁英看到的纏足是殘足、蓮鞋是賤履，而部分纏足女人乃內化或反抗此來自男性知識菁英的蔑視，但更多的時候纏足或半天足女人乃是回到日常生活的「踐履」，讓無法一刀兩斷的身體慣習，也能創造出主體「能動性」的時空挪移與時尚想像。而本章接下來的部分，就是要回到這群以小腳走入現代、以小腳重新界定現代性的女人。而「踐履現代性」的理論概念，將讓她們的纏足與「踐履」相連結，一方面讓原本「踐履」概念所強調「語言」主體的焦點，得以加入身體服飾物質文化的流變，而另一方面則更是希冀將「踐履」概念，從原本所凸顯符號再現體系的「重複引述」，轉換為歷史作為「翻新行勢」的「虛擬威力」，乃能不斷給出具體而微的各種「時尚形式」，而不再局限於僅僅以再現符號系統所建構的「語言」主體位置。[7]

## 三・現代性的小腳

在魯迅的眼中，中國男人雖不纏足，但卻像纏足的中國女人一樣，在面對西洋文明大舉入侵之際，戰戰兢兢、如履薄冰，「每遇外國東西，便覺得彷彿彼來俘我一樣，推拒，惶恐，退縮，逃避，抖成一團」，深恐「這樣做即違了祖宗，那樣做又像了夷狄」，瞻前顧後之際，裹足不前。魯迅慨嘆征服漢族的康熙皇帝之印，尚且自信大膽地用上羅馬字母，而今體弱過敏的中國藝術家，「即平常的繪畫，可有人敢用一朵洋花一隻洋鳥，即私人的印章，可有人肯用一個草書一個俗字麼？」（〈看鏡有感〉197）。但魯迅在痛責這些只會發抖、不會創新的男性「裹足」藝術家之同時，大概萬萬沒有想到另有一批敢用洋花、敢用洋鳥的女性「纏足」日常生活實踐家們，正在她們萬惡不赦的金蓮鞋上繡起英文字母。[8] 曾幾何時作為野蠻土人第一等發明的纏足，作為中國現代性／Shame 代性第一級恥辱的纏足，為何又可以是日常生活實踐中第一線「拿來主義」的改良創新呢？

而「踐履現代性」的理論，正能幫助我們概念化這種「現代性的小腳」，在保守落伍與改革進步間又古又今、不中不西地曖昧遊走，而本章之所以在一開頭就先拿「魯迅的小腳」開玩笑，便在質疑是否「現代性的小腳」與「魯迅的小腳」一般，皆屬「矛盾修飾語」（oxymoron），是否因為現代 vs. 傳統，一如天足 vs. 小腳，所以小腳是走不進現代的，就如同身為男人的魯迅是不會真的有一雙生理上之纏足的。誠如學者高彥頤所言，五四史觀的建構，乃是將中國的「現代」建立在纏足作為可「被呈現、展示和不斷述說為『現代性的他者』之上（《纏足》60）。而本章正是要從此「矛盾修飾語」背後所預設的二元對立系統出發，看「現代性」與「小腳」如何「變成」相互矛盾的對立面（而非視其為本然的不相容），亦即「小腳」在晚清到民國有關現代性與國族／國足「論述形構」（discursive formation）中的變遷發展。誠如學者王德威所言，「現代」指稱的乃是「以現代為一種自覺的求新求變意識，一種貴今薄古的創造策略」，那「現代性的小腳」是否能在重新界定「小腳」的同時，也重新界定「現代」呢？「現代性的小腳」是否有可能在古／今、薄／貴的曖昧之間，創造出非線性的古今摺疊、又古又今的求生策略呢？[9] 如果連最封建、最保守、最不能立即說變就變的「小腳」，都有可能求新求變，那我們又將如何重新看待當前現代性論述所奠基的古／今、中／西、卑／尊二元對立系統呢？

承續本章第一、二節的理論鋪陳，接下來針對纏足的討論與分析軸線有二，一以「創傷現代性」為論述批判，另一以「踐履現代性」為生活實踐。前者循傳統解纏足論述，以男性知識菁英觀點為中心，將一一探究此主流「國足」論述如何將「纏足」變成了「殘足」，以及其中所涉及之性別焦慮移轉與創傷固結。後者則企圖另闢纏足論述的蹊徑，由強調「斷裂感」的男性知識菁英論述，掉轉到著重「連續性」一步一腳印的庶民（女性）日常生活實踐，從食衣住行育樂、電影海報廣告月份牌，看纏足女人與改造腳（半天足）如何橫跨兩個時代，看晚清到民國女鞋樣式如何讓「譯介」（translational）、「易界」（transnational）與「易介」（transitional）相互貼擠，並由此延伸出對當前「學舌／學步現代性」（mimetic modernity）論述裡西方／中國、本源／模仿預設架構的批判，以期開啟異／易／譯類「踐履現代性」之論述發展空間。[10]

## 麻花辮與麻花腳

先讓我們從民國二十年的一則趣事逸聞談起。

友人適告余一幽默新聞，其言云：魯東某村有姑嫂二人，以腳小冠一縣。放足公差秉承意旨，以擒賊擒王手段，將此二人提到公堂。縣長為懲一儆百，正欲得一極小金蓮而解放之，以為倡導；否則嚴罰之，初不料求一獲雙也。乃升堂怒訊曰：「本縣功令早懸，爾等竟抗不解放！」言時並飭當堂弛帛。姑嫂急止之曰：「容民等一言。言而不當，弛之未晚。」即各就懷中取出一物，置諸公案。縣長見為油炸「乾麻花」，因云：「本縣向不受民間一草一木，需此何用？其速放爾腳。」姑嫂同答曰：「正為縣長要強迫我們放腳，我們才帶這兩塊點心來的。先請縣長細細看這兩塊螺旋形，又像擰就了的繩子似的，已是極乾極緊、極酥極脆的了。縣長要是能夠把它解放開來、使它伸直，恢復沒炸以前的原狀，而保它分毫不損不斷，那麼我們立刻當堂遵令放腳。」縣長瞠目，無辭以對，竟為折服，縱之使去。若此二婦者，可謂工於譎諫，而為縣長者能不蠻幹到底，待人以恕，亦足欽敬。（鄒英，〈葑菲續談〉，《采菲錄》39-40）

此新聞之所以幽默，正是因為它呈現了兩名機智與膽識皆過人的纏足姑嫂，與一名通情達禮、從善如流的縣長，讓迫在眉睫、當場解開裹腳布放足的羞辱迎刃而解、皆大歡喜。但此新聞也同時帶出了潛藏在幽默背後北洋政府時期強迫婦女放足「當堂弛帛」的暴力。在部分雷厲風行的地區裡，「有些主持放足工作的人員不顧當時女子的羞辱感，在大庭廣眾之下強行把纏足女子的鞋襪足布一齊解除」，「也有一些放足檢查員違法亂紀，敲詐勒索。由於推行天足工作中的一些過火行為，在當時發生了多起纏足女子被逼致死的慘劇」（高洪興 172）。[11]

但這則新聞真正有趣的地方，卻是「麻花」作為一種固定成形（腳面骨已折斷）的小腳譬喻，不僅帶出了纏足與解纏足所必須面對的「身體頑強性」，亦歪打正著到「麻花」作為一種男子髮式的視覺聯想。[12] 如果中國 Shame 代性身體的創傷表面，「男在頭，女在腳」，「大辮垂垂，小腳尖尖」，那男子剪辮、女子放足的難易，卻有天壤之別。所有纏成麻花形狀的辮髮，一剪即斷，而許多不纏成麻花形狀的小腳，卻如麻花一般乾緊酥脆，難以解放恢復原狀。所以這則新聞的第一點提醒，當是放足之難對比於剪辮之易。進入民國早已剪去辮髮的縣長，當然無法體諒進入民國依舊纏足的女子，辮髮與纏足在中國 Shame 代性的論述形構中，乃打入十八層地獄、充滿恥辱的「身體殘餘」，但男子身上的辮髮恥辱猶可一剪而去，女子身上的纏足恥辱，不僅在女子身上纏繞不去，還如影隨形附著於男子身上，讓已然剪去辮髮求新求變的男子（如魯迅、周作人、新聞中的縣長），無法與那恥辱的傳統與歷史（具現在其母、其妻、其嫂、其女縣民、其女性同胞的小腳之上），徹底決裂、一刀兩斷。

而這則新聞的第二點提醒，則是當我們順著「麻花」意象往歷史回溯，由民國放足運動追溯到清末的不纏足運動，彼時是否正有一群腦後拖著「麻花辮」，大聲疾呼要解放女子「麻花腳」的維新派黨人呢？這裡並非要說彼時不敢剪去辮髮（恐有殺頭之罪）的男性菁英，是否有資格去過問女性的纏足，而是要在原本「男在頭，女在腳」的論述模式中，看出男的頭如何移轉到女的腳，使得同為國渣的「身體殘餘」，循性別位置再分層級，讓「辮髮在上、纏足在下」，不僅是身體部位的上下，也是恥辱等級的上下。等而下之的中國女人小腳，加倍「陰性化」腦後拖著豬尾巴的中國男人，成為國渣中的國渣、萬劫不復。

## 不纏足運動的再現暴力

我們就拿康有為一八九八年上奏光緒皇帝的〈請禁婦女纏足摺〉為例。

方今萬國交通，政俗互校，稍有失敗，輒生輕議，非復一統閉關之時矣。吾中國蓬篳比戶，藍縷相望，復加鴉片薰纏，乞丐接道，外人拍影傳笑，譏為野蠻久矣。而最駭笑取辱者，莫如婦女裹足一事，臣竊深恥之。（《采菲錄》56）

這段文字為我們標示出「西方凝視」與「中國恥辱」的歷史建構過程，當中國由「一統閉關」被迫進入「萬國交通」之際，原先的舊習陋俗曝呈為「拍影傳笑」的家醜外揚，成了外國人眼中野蠻的視覺憑證，而纏足乃是其中「最駭笑取辱者」，更被康有為當成所有種弱國貧的最終根源：「血氣不流，氣息污穢，足疾易作，上傳身體，或流傳子孫，弈世體弱。是皆國民也，羸弱流傳，何以為兵乎？試觀歐美之人，體直氣壯，為其母不裹足，傳種易強也」（《采菲錄》57）。此以奏摺方式寫成的文章，乃第一次把女子纏足之流弊置於廟堂之上議論，從人道關懷、衛生考量到國族命脈的維繫無所不談。[13] 雖在〈請禁婦女纏足摺〉之後一個月，康有為也上書〈請斷髮易服改元摺〉，但康有為論男子辮髮於機械之世之不便利，遠遠不及其論女子纏足之害時的痛心疾首、義憤填膺。[14]

然而有關不纏足運動中所涉及的男性菁英中心、西方凝視、強國保種訴求高於女性自覺等等相關論述，已發展得齊備完整，不須再次贅述。[15] 在此只想點明「纏足即殘足」的創傷固結，不僅在於「纏足」由「字義」（the literal）上女足的不良於行，轉換為「喻意」（the figural）上國足的舉步維艱（使得鴉片戰爭後一心想要迎頭趕上西方列強、對速度過度偏執的中國知識分子們痛苦萬分），更在於必須暫時「拒認」（disavow）辮髮等其他的身體創傷表面，而將焦點集中偏執在「二萬萬弱女子」的雙足之上。[16] 不論是把纏足與科舉同視為封建餘孽，「文人八股女雙翹」，還是把纏足與鴉片相提並論，「今我中國吸煙纏足，男女分途，皆日趨於禽門鬼道，自速其喪魂亡魄而斬決宗嗣也」。[17] 在感時憂國但還拖著麻花辮的維新派黨人眼中，纏足一日不廢，中國一日不興。

於是纏足／殘足便成了中國 Shame 代性論述中創傷固結的「國族／國足戀物」（national fetish），女人的小腳不再是昔日蓮癖變態性心理下令人愛不釋手的性戀物，而是今日強國保種眾矢之的的眼中釘、肉中刺。纏足作為中西接觸動態區辨的「文化差異」（cultural difference），先是被西方凝視「固置」為野蠻落後的「文化樣版」（cultural stereotype），而此西方「殖民戀物」（colonial fetishism）的「固置」，又進一步被憂國憂民的晚清知識分子內化為「駭笑取辱」的國恥國喪，在悲憤中宣判纏足為殘毀國體、阻淤國脈一切問題的「跟」源。[18] 如果乾麻花的幽默新聞，讓我們一瞥隱於其中北洋政府時代強迫放足的「暴力的再現」（the representation of violence），那清末不纏足運動化纏足為殘足的悲憤，則不更是一種「再現的暴力」（the violence of representation），前者帶來的是對已纏足女子直接「當堂弛帛」的身體暴力，後者帶來的則是對已纏足女子間接的象徵暴力，用文字語言的論述「纏死」小腳，讓小腳成為落後封建傳統的「象徵形式」，讓小腳永遠無法「走入／走路」現代性，讓小腳女人只剩自生自滅、了此殘生的末路窮途。

# 四．金蓮去旅行

男人主導的「不纏足運動」，反覆陳述的是「小腳一雙，眼淚一缸」的纏足之苦，念茲在茲的是外人的拍影傳笑，而纏足婦女解成半天足或不可解放的解纏足之苦，與纏足婦女作為外人與眾國人眼中「駭笑取辱」的對象之苦，卻少有人論及。然而當男人的「不纏足運動」將「纏足」變成了「殘足」，視纏足女人為時代的落伍者，視三寸金蓮為中國 Shame 代性中不去不快的恥辱印記，在這種不放足就放逐、不放足就自取其辱的論述暴力中，我們是沒有任何積極正面的空間，去想像那一雙別出心裁、繡上英文字母的蓮鞋，或是去想像那一對機智過人纏足姑嫂的生活樣貌。

所以本章真正想花力氣的地方，不是去糾正從晚清到民國解纏足論述本身的性別盲點，也不是去闡明解纏足論述中是否有女性主體、女性自覺的存在，反倒是想逆其道而行，看一看政治不正確的已纏足而又未能成功解放或完全解放的女子，如何跟上時代的腳步，如何一樣摩登時髦，如何發展她們在日常生活中的機智幽默與存活策略。換言之，本章在此所欲探討的重點，乃是晚清到民國纏足女子的「不殘足運動」，她們纏而不廢、纏而不殘，她們的「運動」可以是身體行走跑跳的移動變位，也可以是化整為零在日常生活中的起居作息、逛街購物，更可以是跨越家界國界的世界遊走。雖然這種纏足女人的「不殘足運動」，在主流男性菁英（包含部分解放纏足的女性菁英）的「不纏足運動」論述中隱而不顯，但總有蛛絲馬跡可探尋、斷簡殘篇可拼湊，以瑣碎政治小歷史的方式，隱隱浮現。

## 上海舞池的皮金蓮

首先就讓我們來看一雙飄洋過海、異常奇特的三寸金蓮。[19] 在《麗履：千年情慾傳統》（*Splendid Slippers: A Thousand Years of An Erotic Tradition*）一書中，美國專欄作家暨亞洲織品收藏家傑克蓀（Beverley Jackson）以圖文並茂的方式，展示了她多年來所收藏的中國蓮鞋，然而眾多花團錦簇、美妍麗色的蓮鞋中，卻有一雙不叫人驚豔、卻叫人驚訝的蓮鞋：以黃褐色豬皮、木製鞋跟與木製鞋底製成、腳背處加有鬆緊帶、長三又四分之三吋的小鞋（Jackson 47）。這雙小鞋之所以奇特，正在於它既是「土皮鞋」又是「洋蓮鞋」的曖昧。這雙既中且西、既傳統又現代的皮金蓮，跨越了原本我們所熟知的中／西、傳統／現代、纏足／天足、土布鞋／洋皮鞋的二元對立系統，它是一雙以小腳「涉足」現代性的創新嘗試。有人在三寸金蓮上繡英文字母，當然就有人敢用時髦的皮革，取代布帛綢緞製作蓮鞋，就算不能穿西洋進口的高跟皮鞋，也還是能穿土法訂製而成的豬皮蓮鞋。研究中國婦女纏足最卓然有成的學者高彥頤，甚至斷言此乃民國初年上海時髦纏足婦女的跳舞鞋，穿著它翩翩然迴旋於大都會時髦摩登的舞池茶會（Ko, "Jazzing into Modernity" 144）。

這雙皮金蓮所展現的，正是纏足女子的時代「能動性」，它讓我們跨越了「不纏足運動」將纏足纏死成連移動步伐都有困難的殘疾論述，它也帶著我們穿越了《麗履》一書中所內含的東方主義凝視與戀物美學，讓不能走路的三寸金蓮收藏品，變成不僅能走路、還能跳舞的金蓮皮舞鞋。而《麗履》中還有不少有趣的蓮鞋，也一樣提供了纏足「能動性」的移動痕跡與流動想像。像一雙作者傑克蓀在蘇格蘭愛丁堡購得的紅色蓮鞋，內鞋底印有"St. Mary's-in-the-Woods-Indiana"美國教會組織的印記，該教會曾在中國沿海城市設立孤兒收容所。或像一雙受西方影響、前有鞋帶、後有鞋跟的平底蓮鞋，又像另一雙介於漢族弓鞋與滿族花盆底鞋間的滿漢鞋，表面上看似平底高跟（跟在鞋底中央）的花盆底鞋，但鞋面又向前傾卻不著地，依該書作者猜測此乃漢人纏足婦女嫁入滿人家族為妾，以纏足穿上不纏足卻模仿纏足的花盆底鞋，以「纏而不纏」偽裝「不纏而纏」（Jackson 106）。這些貌形神似、不中不西、不滿不漢的蓮鞋，當是因地制宜，充滿創造性與想像力的「中間物」。它們「介於其間」（in-betweenness）的曖昧性，正是將二元對立的「斷裂」思考，移轉為連續重複的日常生活「踐履」，在不斷的連續重複中變化差異（repetition with variations）。[20]

因此原先一本充滿東方主義凝視、文化戀物情結、攝影戀物美學的《麗履》，卻歪打正著地提供給我們一個更形複雜層疊（com-pli-cation）、更多繞徑、更多迴路的在地與全球空間史觀，其中夾雜反射迴射繞射著中西西中、來來回回交織的目光。民初上海時髦摩登的皮金蓮，將原本被視為野蠻落後的纏足、被奉為文化戀物的蓮鞋改頭換面，它在八〇年代又飄洋過海到了美國收藏家的手中，而飄洋過海的美國收藏家，又在英國買回飄洋過海的美國傳教士在中國孤兒院生產的蓮鞋紀念品。在這複雜的文化地理網絡中，三寸金蓮總已是穿性別、穿時空、穿國族、穿族裔、穿文化的想像與記憶，其中的「根源／跟源」（roots）（與男子辮髮同屬中國國民性「劣根」），總已被時間與空間的「路徑」（routes）所取代，也唯有從這漂流離散的空間史觀與「踐履現代性」的「行走修辭」（walking rhetoric）重新出發，我們才有可能逃離古典「悠悠千載一金蓮」的直線歷史敘事，逃離三寸金蓮起源的考據，逃離三寸金蓮作為近現代中國創傷固結「纏足即殘足」的論述僵局。21

## 五・女鞋樣式的文化易界

而這雙時髦摩登的皮金蓮給我們最大的提醒，該是如何在傳統「感時憂國」、

「強國保種」的纏足「大」論述中另闢蹊徑，看一看時髦摩登所呈現的「時尚」變遷，如何在晚清到民國的過渡階段讓纏足、半天足與天足婦女一步一腳印、時時有新樣地走入現代。在晚清知識分子痛心疾首、大聲疾呼解放纏足之際，在北洋政府、國民政府風聲鶴唳、雷厲風行放足工作之時，一直都有另一種殿堂與廟堂之外的流行文化時尚論述與之交疊，以一種更為切合實際、貼近人心的日常生活踐履方式，讓纏足由時髦變成退流行，讓天足由土氣變得摩登，展現了另一種「翻新行勢」移風易俗的強大動量。

## 時髦倌人的時尚形式

先讓我們看一段清末光緒年間，署名蔾床臥讀生，以半嘲諷、半認真口吻所寫的〈勸妓女放足文〉：

近中國之人心風俗，如流瀧，如奔湍，已逾趨而逾下也，即以服飾界一班而說，無不以上海妓院為目的，為方針。試問前瀏海之風潮，三四年來何以能通行於遍國中者乎，亦莫非前日一二名妓有以創格而行之耳。某欲言放足，我得持一主義，即今不必求之於璇閨秀質，名門淑媛，當先求之於一班之妓女而能放足也，其影響於女界必較尋常有靈捷十倍者。[22]

此作者半揶揄半認真的發言位置，截然不同於清末不纏足運動的國族／國足論述。他以「前瀏海」之時尚風潮為例（只是這次指的是時髦倌人的前瀏海，不是本書第三章所談時髦男子的前瀏海），凸顯清末「貧學富，富學娼」的社會仿效風尚，而「突發奇想」地提出若要纏足解放事半功倍（靈捷十倍），就得先讓妓女領頭放足，讓「時髦倌人」的改造腳成為時髦，才有可能一舉風行於全國上下。這種說法不從國家民族存亡的微言大義出發，而就纏足解放的實際功效切入，反而彰顯了流行時尚在社會文化變易過程中的潛移默化功能，帶出了「現代」與「時髦」之間「譯介—易界—易介」的流動可能。[23]

雖然這段議論與後來的發展甚有出入，清末上海四大名妓仍是以金蓮遐名，一直要到清末引領時尚風騷的時髦倌人，讓位給民初引領時尚風騷的時髦女學生之際，天足才取代纏足成為流行仿效的對象，一如當時上海洋場竹枝詞所示：「學界開通到女流，金絲眼鏡自由頭。皮鞋黑襪天然足，笑彼金蓮最可羞。」（顧炳權編131）但此段議論所凸顯出服飾「時尚」移風易俗之動量，卻十分有助於我們打破中國 Shame 代性論述中「視覺空間化」（visual spatialization）的僵局。在當代有關中國現代性的論述之中，我們無可迴避的是近現代中國喪權辱國歷史所形構的「創傷固結」，所有的「現實」中皆纏繞著「幻象」，所有的「真實」皆沾染「創傷」，所有的「象徵」（symbols）都是流竄的「徵候」（symptoms）。中國 Shame 代性所展現的正是這種「社會幻象的心理真實」（the psychic reality of social fantasy）與「社會真實的心理幻象」（the psychic fantasy of social reality）之糾纏不清，剪不斷理還亂（就像本章開頭所談「魯迅的小腳」一般匪夷所思）。而當這種「創傷固結」以視覺化的方式，將身體表面的文化差異（如男人的辮髮、女人的纏足），「固置」為國族恥辱象徵，此創傷化的身體表面遂形構成一種失去時間性、失去變動力的「文化殭屍」。換言之，視覺化殖民凝視與內化殖民凝視的恥辱凝視，讓近現代中國身體的「創傷表面」，成為一種抽離時間流動的「空間本體論」（spatial ontology），讓時間僵止在過去，沒有現在、沒有現代、也沒有未來。

如果在異／易／譯文化接觸的動態流變過程中，「殖民戀物」傾向將「差異」（difference）釘死為「樣板」（stereotype），那我們就必須特別留心注意，避免陷入中國近現代「創傷固結」心理機制下產生的「國族戀物」與「文化殭屍」之論述模式。而「時尚」也者，以「時」為尚，在當代中國 Shame 代性的論述中帶入時尚，不僅僅只是將經世救國、「中學為體、西學為用」等「大論述」中的體用，「字義」化為身體服飾的穿著打扮，不僅僅只是將論述焦點從救國救民轉到食衣住行，從國家大事轉到貓狗小事，更在於「時尚」作為一種中國現代性論述的另類「方法論」，一種將「時間」重新放回被殖民凝視與國族戀物所「視覺空間化」、「空間本體化」的方法論，一種凸顯在日常生活異／易／譯文化接觸中，因時／地制宜而充滿生機轉機、靈活變動的「踐履現代性」，不是創傷「巨變」的斷裂論述，而是與時「俱變」的連續論述，在不斷重複中不斷轉化，在不斷轉化中不斷流變生成（becoming）。

## 民國女子時裝鞋

如果這樣的理論闡釋太過抽象，那就讓我們以晚清到民國女子鞋式時尚的「與時俱變」為例。首先讓我們看看蓮鞋作為一種時裝鞋的可能。三〇年代的燕賢就曾分析比較從清代道光年間、咸豐、同治年間、光緒早中晚期，一直到民國二〇、三〇年代蓮鞋鞋底的樣式變化（其中也包括了北方與江南式樣的差異），並繪製出專門的圖示（徐海燕 199）。依其考據宋元時代的蓮鞋鞋底平直，到明代才有布納高底出現，而木製的高底鞋則是到了清代才蔚為風行：「弓彎底蓮鞋在清代已形成流行勢頭，鞋底之彎以至於有所謂的拱橋『橋洞底』出現，不過鞋底彎曲程度在清代處於不斷變化中，以整體來看，在清朝中葉彎曲的最厲害，後來彎曲度逐漸變小，彎曲曲線趨於柔和」（徐海燕 198）。

除鞋底變化外，還有鞋幫、鞋尖等形式上的轉變，像「網子鞋」（「鞋幫由左右兩塊布合成，鞋尖僅縫合有兩指寬，其餘部分以絲線結成密網，覆蓋住腳背」）或「金蓮涼鞋」（「又將鞋尖處開成二釐米的圓口，有在鞋幫後部開叉，開口處用絲線連接」）等等的流行變化（徐海燕 202, 199）。由此觀之，即使是被傳統國族／國足大論述釘死成「文化殭尸」的三寸金蓮，其實在時尚流行與日常生活踐履的小歷史上（「遇有鞋式新穎，取紙仿剪」）（李榮楣，〈浭南蓮話〉，《采菲錄》49），一直存在著各種流行樣式的變化，從不曾「裹足不前」，從不曾纏足如殘足而僵死不動。金蓮弓鞋的弓勢變化，金蓮網子鞋與金蓮涼鞋的別出心裁，或者是本章前面所提及的皮三寸金蓮與繡有英文字母蓮鞋的創意改良，都一而再再而三地說明，蓮鞋的時尚性總已是與時「俱變」的。

## 六・蓮鞋到高跟鞋的時尚衍化論

而在晚清中西異／易／譯文化的接觸互動中，蓮鞋不僅在材質（由布帛到皮革）或紋樣（由花草蟲魚到英文字母）上有所變化，就連纏足樣式本身也產生了明顯的變化，「整體形狀由最初的卵形變為近似高跟鞋的尖形，進而發展成長圓形」（徐海燕 200）。而就在腳隨鞋變的同時，原本清朝蓮鞋的「彎」與「高」（蓮鞋又稱弓鞋，因鞋底內凹形如彎弓，又因底厚而被稱為高底），也與西式平底高跟的皮鞋開始了一場文化異／易／譯界的「時尚衍化論」。「衍」者，廣延分布而失散中心，此「衍化論」與傳統國族／國足論述中隱含達爾文式社會「演化論」之最大不同，就在前者並無後者所預設的直線歷史進步觀。[24] 此處的「時尚衍化論」所欲凸顯的是歷史唯物的時間流變與歷史作為「力史」的「翻新行勢」，而非視覺化、戀物化、本體化下的僵止空間，在「差異即衍異」（difference as *différance*）與「生成流變」的過程當中，讓一切皆為「介於其間」。而此「介於其間」不導向黑格爾式的辯證與揚升，沒有超越與抽象的整體，只有無以盡數、剪不斷理還亂的重疊反覆，不斷置換游移，藕斷絲連，不徹底不乾淨。此「介於其間」不是垂直隱喻軸的表義連結（意符與意旨的對應），而是水平轉喻軸表意鏈的自由移動，四面八方、歧路亡羊。

## 改良平底坤鞋的出現

接下來就讓我們看看晚清到民國所謂「中國」三寸金蓮到「西方」高跟鞋的「時尚衍化論」。首先是鞋底的部分，蓮鞋的弓底彎曲漸趨和緩，直至「平底坤鞋」的新式小鞋出現。

民國四、五年，平底坤鞋自平、津、滬、漢傳入，靴兜屏去，改著小襪，尖瘦圓細，緊括有力。坤鞋均平底，底係布質，短臉尖口，銳瘦之至。然城鎮婦女先習著之，村鄉仍以弓鞋為多，特弓勢不若前之穹高耳。（李榮楣，〈浭南蓮話〉，《采菲錄》47-48）

此段文字敘述顯示，民國初年當鄉下纏足婦女還依賴著弓勢較弱的蓮鞋時，城裡趨時的婦女早已換上尖細的平底坤鞋，一邊還將焦點放在弓底，一邊則早已將焦點轉到了鞋尖造型，宣告弓底退場改為平底的時代來臨。所謂「坤」者，相對於男式的「乾」，原本在清代以「彎底／平底」分陰陽的中國鞋式系統，現在改變為皆在「平底」的基礎之上，以「粗圓／尖細」分乾坤。

但千萬別以為「坤鞋」作為平底的改良女鞋，就失去了時尚的「翻新行勢」。且看胡燕賢在《采菲錄》中對坤鞋時尚的精細描繪：

鞋幫之花，多刺於尖端，及腳裡面邊緣處。但式越老，花越多，百年前則滿幫矣。至木底越老越弓，越新越平，百年前之鞋底，大有時下高跟之形。

鞋尖式樣甚多，有翻上如勾者，有銳如錐者，有虛尖特長者，亦有短者。

拽跟大約二寸至八寸，有實用者，有虛設者。前者為布製，絕少綢緞，取其

不滑也；著好將其餘端幫紮褲腿內，以免坐跟。後者但取美觀，玲瓏透花之提跟，雙垂鞋後，搖曳生動，洵佳飾也。（225-26）

這段文字清楚描繪坤鞋樣式如何不斷被翻新，木底形狀越弓越老、越平越新，繡花紋樣越多越老、越少越新，此亦為何坤鞋又多稱「皂鞋」，色尚青，花繡較稀，多僅沿「花邊」而不繡花，此亦為何本書第一章所舉《人鏡畫報》石版畫中的時髦男子，因前額瀏海而腳上又穿「新式尖履」而被恥笑為女人，察其「新式尖履」之性別曖昧，正在於與尖細的平底「坤鞋」貌同形似。而更重要的，坤鞋的重點在鞋尖，而鞋尖又可發展出各種不同的尖法。清末民初坤鞋／靴的興起，「以其柔和弛緩的弓底弧度而廣受歡迎，這個現象反映了時尚體制如何因應反纏足運動的要求」（高彥頤，《纏足》320），但因應反纏足運動要求而廣受歡迎的坤鞋（至少將刺眼的弓底改成了平底，腳踏實地），依舊沒有放棄作為足服時尚的動力變化，而同時朝著西方平底有跟女鞋與中國平底無跟男鞋的方向移動。[25] 在改變的同時，也暫時以「尖細」的鞋尖樣式與「花邊」的簡樸裝飾，與同樣平底的中式男鞋（粗圓寬大）與西式女鞋（皮面無法繡花）繼續做「衍異」區分。而坤鞋由於「臉短口淺幫矮，易於脫落。在近跟處幫上綴有鞋鼻用來繫鞋帶，即橫攔於腳背處作『一』字形，後又改用有鬆緊的帶子」（徐海燕 203），故坤鞋在文化與性別上的異／易／譯界形式，既可說是「最後一種專為纏足婦女設計製造的秀雅跟底足服」（高彥頤，《纏足》321），也可說是「蓮鞋向天足鞋過渡階段的鞋子式樣」（徐海燕 203）。

其次是鞋跟的部分。高底對於原本就強調小、尖、彎、高的蓮鞋而言，並非新飾，在清代方洵的《香蓮品藻》中將香蓮／小腳分為十八種，其中的「穿心蓮」（著裡高底者）與「碧臺蓮」（著外高底者）皆以高底著稱。而「高」與「小」相互加強的效果，更為清代蓮癖文人李漁所一語道盡：「嘗有三寸無底之足，與四五寸有底之鞋，同立一處，反覺四五寸之小而三寸之大者，已有底則指尖向下而禿者疑尖，無底則玉筍朝天而尖者似禿故也」。[26] 然而蓮鞋的「高底」與西式女鞋的「高跟」還是有所差異，前者弓底，後者平底，「早在明代已出現帶有鞋跟的蓮鞋，但為數較少，進入清代則多了起來。尤其是清朝中、晚期，可能受西洋鞋的影響」（徐海燕 198）。但當清末到民初城市的纏足婦女以平底「坤鞋」為過渡時，城市的半天足與天足婦女則是以「文明鞋」（類似中式男布鞋的平底平跟，或西式女皮鞋的平底矮跟）配（女學生）「文明裝」為過渡，一直要到二〇年代中末旗袍開始流行之時，西式女高跟皮鞋才逐漸成為中國城市摩登女子必備的裝扮行頭。以上海月份牌所呈現的時尚美女為例，一九一五年前後上百幅的月份牌中，僅十分之一著高跟鞋（此乃指中、矮短跟，而非尖細高跟），而二〇年代中末、三〇年代的月份牌，則幾乎清一色地以高跟鞋配連身旗袍為城市摩登女子的主要視覺符碼（Ko, "Jazzing into Modernity" 145）。

## 洋纏足的野蠻

如果平底的小腳坤鞋以「尖細」的衍化辨乾坤，那原本不分男女的天足「文明鞋」，也逐漸以鞋跟的有無與高低分陰陽，而「旗袍配高跟鞋」的服飾演變，則是重新讓原先得經由纏小腳才能達成的尖小美觀、行路娉婷，現在則可藉由西式高跟鞋來達成，以高造成視覺上的小，以高造成重心移動上的婀娜多姿。然而有趣的是，尖小美觀、行路娉婷的西式高跟鞋，卻在高度逐步增加的流行高峰上，轉變了其在中國現代性中的象徵位置。晚清到民初，三寸金蓮逐漸為小腳坤鞋、天足文明鞋與西式女高跟鞋所取代，此時的西式女高跟鞋乃是「城市現代性」的進步象徵，然而當旗袍配西式女高跟鞋成為三〇年代的主流時尚視覺符碼的時刻，當初視中國纏足為國恥大辱、視西方天足為進步象徵的男性知識菁英分子，卻在歐戰結束所引起對西方文明之幻滅質疑中，開始重新對中國文化進行評估。但辮髮與纏足顯已無翻身之地，反倒是在逐漸普及且越來越高的西式女高跟鞋上，他們看到的不再是西方的進步象徵，而是中國「小腳」的借屍還魂，而那些已然天足卻穿上「洋纏足」的城市摩登女子，再次成為新一輪國族／國足論述的眾矢之的。

在清末民初的國族／國足論述中，中國女子的纏足相對於西方女子的天足而言，不僅殘忍野蠻，更不符合健康與衛生的標準。然而在新一輪的國族／國足論述中，踵過高，底過窄，頭過銳的西式女高跟鞋則成為最不健康、最不衛生的代表：「夫頭銳，則御之者足趾過於擠逼，以至有生胝之弊；底窄，則橫迫足部，有礙血脈通流；踵高，則足部重心力不能均平，趾部受壓過盛。」此評論高跟鞋之害與昔日評論纏足之害，如出一轍，只是一談畸形的足部、一談畸形的鞋型，昔日的纏足並未真正成為過去，昔日的纏足借屍還魂於今日的高跟鞋，「吾國女子，近始脫離纏足之苦，乃甘作第二次別派之纏足乎？」（羆士 46）而反諷的是，由纏足到天足的國族／國足論述所預設的進化論，卻因天足上的「洋纏足」而打破了直線歷史的進步觀，呈顯最新與最舊、最封建與最現代的「詭異」（the uncanny）疊合。

當然這種「洋纏足」的論述方式，除了健康衛生的現代標準外，夾雜於其中的更是男性對都會新女性自由獨立個體性的憎惡與恐懼，而此憎惡與恐懼又都「戀物化」為都會新女性腳上那雙「變態纏足」的高跟鞋：「我們試把眼睛睜開一看，到處不都有變態纏足的怪現象發現著嗎？那些提倡最力的，又不都是被社會所認為新女子嗎？啊！你高貴的女子們喲！我現在真不能不懷疑你們，更不能不痛罵你們了。雖然變態纏足，其痛苦要比纏足確有過而無不及，但這是你們之自作自受，無須替你們憐惜，也毋庸去吹皺一池春水。然而你們甘冒大不韙，要做社會進化的障礙物，這點卻難怪我要呶呶不休了。」（李一粟30）相對於前面一篇同樣發表於《婦女雜誌》論女子服裝改良與「洋纏足」的文言文來說，這篇充滿驚歎號、氣急敗壞的白話文，就更直截了當針對女子摩登誤國而開罵。革命尚未成功，自甘墮落的中國女人好不容易走出纏足的封建餘毒，又將一雙天足自投羅網於西方都會時尚的宰制。這位氣憤的作者意欲透過「變態纏足」所控訴的，正是夾雜性別歧視的新一輪國族／國足焦慮：「現代」被曲解成「摩登」，「現代」被瑣碎化、表面化、陰性化為衣飾打扮，讓進步成為退步、救國成為誤國。

莫怪乎看到纏足女子就覺得被強迫受封為生番的周作人，在〈拜腳商兌〉一文中再度對中國女人腳部的進化表達懷疑：「又講到腳，可以說中國最近思想進步，經過二十多年的天足運動，學界已幾乎全是天足（雖然也有穿高底皮鞋「洋纏足」的）——然而大多數則仍為拜腳教徒云。」（《周作人早期散文選》48）而在自己腳背上看到母親小足遺傳的魯迅，又會在上海摩登女郎的腳背上看到什麼呢？

用一隻細黑柱子將腳跟支起，叫它離開地球。她到底非要她的腳變把戲不可。由過去以測將來，則四朝（假如仍舊有朝代的話）之後，全國女人的腳趾都和小腿成一直線，是可以有八九成把握的。（〈由中國女人的腳〉506）

對魯迅而言，這正顯示進入民國辮子肅清、纏足解放後，中華民「足」依舊老病復發專走極端，他以極為嘲諷睥睨的態度，將西式女高跟鞋考據成漢朝的「利屣」，乃舞妓娼女下流之輩的裝束，現今則被「摩登女郎」趨之若鶩，「先是倡伎尖，後是摩登女郎尖，再後是大家閨秀尖，最後才是『小家碧玉』一齊尖。待到這些『碧玉』們成了祖母時，就入於利屣制度統一腳壇的時代了」（〈由中國女人的腳〉505）。魯迅這番話語中的冷嘲熱諷，讓我們看到的不僅只是表面上的性別與階級歧視（當然尖利高鞋跟的「陽物」幻象，是否也造成了另一種男性未曾言明的閹割焦慮？），以及傳統知識菁英對通俗流行文化的嗤之以鼻，更是新仇舊恨、舊疾復發的小足幻象，依舊纏繞在象徵城市進步現代性的西式女高跟鞋之上。對於這些一心想要走出纏足夢魘的中國男人而言，纏足的「封建」鞋飾居然又再次死灰復燃於西方的「現代」鞋飾之中，怎不叫人觸目驚心，分不清今夕何夕。

## 七・杯弓蛇影中間物

然而土纏足也好、洋纏足也罷，在當代有關中國現代性的論述中，我們必須面對的是一種「創傷認識論」與「踐履行動」的差異，以及此差異所造成知識菁英論述與日常生活踐履的差距。以「認識論」為主導的近現代中國知識菁英論述，最焦慮與最恐懼的自然是那新舊交替間半新不舊、半生不熟的曖昧夾雜。在他們的眼中，那在歷史時間壓縮置換中的雜種性（hybridity），就成了陰魂不散、借屍還魂的鬼魅，不徹底不乾淨，無法清楚認識、無法一刀兩斷的歷史殘餘物／提醒物，而此「鬼魅雜種性」更因中國 Shame 代性中知識菁英無法解決的「創傷固結」而更形惡化。然而就「踐履行動」的角度觀之，新舊交替的曖昧夾雜乃屬必然，弓鞋過渡到坤鞋，坤鞋過渡到文明鞋，文明鞋過渡到高跟鞋。每次的「發聲」（enunciation）都是同時踩在新與舊之間的過渡，以重複踐履的方式轉換變化，每次的「踐履」都是不徹底、不乾淨的摺疊置換，都有貌形神似、偷龍轉鳳之嫌。

因而對這兩種不同論述系統而言，「中間物」所表徵的寓意也截然不同。對「創傷現代性」而言，如果「現代西方」是「可欲」之他者，「傳統中國」是「可恥」之他者，那介於中國／西方、傳統／現代的「中間物」便是一種新舊疊合、陰魂不散的「雙重」，不是強調「新」的改革出現，而是恐懼焦慮「舊」的反動，僵而不死，食「新」而不化，「舊」有如陰魂一般附身在「新」之上。在此雙重視野之中，不僅纏足成了「現代性的魅影」（the phantom of modernity），高跟鞋也成了「纏足的魅影」。但對「踐履現代性」而言，「中間物」是踐履行動中的分裂與雙重（splitting and doubling），新與舊的摩肩接踵、疊合置換，充滿轉喻的毗鄰性與時間的偶發性，往往陰錯陽差地開拓出各種變易活潑、隨機疊合的「風格雜種性」（stylistic hybridity）（Ko, "Jazzing into Modernity" 146）。雖然在此「風格雜種性」的論述模式中，「中」、「西」、「傳統」、「現代」作為不斷變動更易的符號，並不能完全擺脫西方帝國殖民權力所部署尊／卑、高／下的論述位置，但沒有一種位置是固定不變的，就如同沒有一種流變符號的意義是穩定確切、自給自足的。「風格雜種性」所要凸顯的不僅只是中／西參照系統的疊合貼擠，更是中／西參照系統本身的變動不確定性。

## 偽飾金蓮與偽飾天足

下面就讓我們用老舍的中篇小說《文博士》為例，看一看「創傷現代性」所恐懼的「鬼魅雜種性」，如何疊影出纏足與天足、蓮鞋與高跟鞋的「中間物」。小說中的洋博士一心想攀附豪門當女婿，第一次與六姑娘見面時便深受蠱惑。六姑娘的中文名字叫明貞，英文名字叫麗琳，乃是「摩登的林黛玉」，「一朵長在古舊的花園中的洋花」。但小說中最有趣的描繪，還是六姑娘有如阿芙蓉癖又纏足的神色姿態：「快似個小孩子，懶似個老人」，「六姑娘輕快而柔軟的往前扭了兩步，她不是走路，而是用身子與腳心往前揉，非常的輕巧，可是似乎隨時可以跌下去」。然而這種東倒西歪的隨風倒，在六姑娘穿上高跟鞋上街時，又出現了另外一番風景：

> 有一天，文博士和麗琳在街上閒逛。她穿著極高的高跟鞋，只能用腳尖兒那一點找地，所以她的胳臂緊緊的纏住了他的，免得萬一跌下去。[27]

在老舍的筆下，穿上高跟鞋的六姑娘不僅腰部不自然的來回擺動，就連肩膀也一併歪抬，模仿電影上的風流女郎，真是醜態百出。但若我們不以「鬼魅雜種性」所蘊含的國族與性別焦慮出發，而換以強調行動實踐的「風格雜種性」角度觀之，那在老舍筆下一無是處的廢人六姑娘，穿平底繡花鞋時「模仿」有如穿三寸金蓮，以「不纏而纏」的方式「模仿」古典美女，又在穿西式高跟皮鞋時，「模仿」以小腳試高跟鞋、「纏而不纏」的纏足女子「模仿」電影中的西方女郎。原本就是天足的六姑娘正是以纏足的姿態神情，巧裝扮成纏足女子「裝大腳」的模樣。在此「鬼魅雜種性」與「風格雜種性」的閱讀並非二元對立，而是針對不同的書寫手法、不同的閱讀腳／角度、不同的心理機制所開展出不同的論述位置。對感時憂國的有心人士而言，「風格雜種性」自屬鬼魅異端，是除惡未盡，更是不期然而欲／遇的「壓抑回返」，在最陌生中瞥見最熟悉的恐懼。而對亂世亂穿衣的太太小姐們而言，頭齊身不齊、身齊腳不齊的種種時尚變遷所見證的，正是日常生活中不斷發生的文化「易界」，她們用一步一腳印走出來的「譯介」與「易介」，或尷尬、或笨拙、或靈巧、或熟練，不一而足。

而六姑娘的「偽飾金蓮」（以大腳裝大腳的高段），當然讓我們想起清末「裝小腳」的「偽飾金蓮」以及民國以後「裝大腳」的「偽飾天足」。在「小腳為榮，天足為恥」的時代，一幫女人「裝小腳」不遺餘力，或以裡高底鞋偽裝，或以比腳小的鞋偽裝（都冒著隨時露出馬腳的風險）。而祖宗家法不准纏足的滿族婦女，要不是以花盆底鞋模擬蓮步輕移的婀娜多姿，要不就是以「刀條兒」的纏法（盛行於光緒中葉，不以尖小弓彎而以瘦窄平直為目標，足趾聚斂、略具尖形，纏成五寸左右，成為「金蓮小腳」與「盈尺蓮船」間的「天足式小腳」），兼顧時尚與禁令。[28]而到了「小腳為恥，天足為榮」的時代，也有一幫女人「裝大腳」不遺餘力，像穿大鞋、裝大腳，不惜在鞋內填塞棉花，像有心趨新的婦女不分年紀敢於嘗試，「乃各村名族大家，老嫗不甘服舊，飾為摩登。鞋則碩肥，行如拖曳，艱窘之狀，有逾初」（李榮楣，〈浭南蓮話〉，《采菲錄》49）。然而此處的重點不是去指摘裝小腳歪來倒去、自討苦吃，裝大腳騰雲駕霧、醜態畢露，而是去提醒這因地制宜、與時俱變的策略性踐履行動，不論是「不纏而纏」的裝小腳、洋纏足或「纏而不纏」的裝大腳、穿大鞋，都是女人「不殘足運動」中纏而不廢、纏而不殘的積極存活策略。[29]

## 八・纏足的異／易／譯類閱讀

但相對於史有明載的「不纏足運動」，清末民初女人「不殘足運動」的斷簡殘篇，凸顯的正是當代纏足研究的內在困境：所有文獻檔案資料最匱缺的，正是纏足女子面對時代變易的身體觸受強度與因應策略。歷史上留下紀錄的女人聲音，要不是有名有姓的革命女烈士（如秋瑾）痛陳纏足之害，要不就是平民女子用筆名（當然也有男士假借女性筆名者）或真名（多由男性轉陳）之過來人語，以纏足之苦作為後人殷鑑（包括幼時纏足過程之苦與長時被人視為恥辱、棄若敝屣之苦）。這些所謂的歷史「事實」，皆受近現代中國 Shame 代性國族／國足論述建構的影響而滿目瘡痍，不忍「足」睹。然而對於這種史料的內在匱缺，本章並不企圖「回歸」近現代列強入侵之「前」的中國纏足文化論述，更避免浪漫化或民族特色化纏足美學，而是要在晚清到民國的「創傷固結」之中，將焦點由感時憂國的大論述，轉到庶民日常生活的文化易界。本章的前幾個章節已從鞋樣的物質變遷史去想像時尚的「不殘足運動」，在本章的最後一節則企圖以「雙重閱讀」的方式，去「翻譯」現代性，去拼貼「纏足即殘足」論述中「纏而不殘」的文化能動性，讓隱於表面政治正確、微言大義之下的話中有話、弦外之音，以異／易／譯類的閱讀方式得以彰顯。

現在就讓我們試著在三個典型纏足文化論述的例子中，運用「雙重閱讀」的方式，「譯」出纏足女子時代能動性的蛛絲馬跡，鬆動纏足作為「國恥」在意符與意旨之間的緊密連結（有如果肉與果皮）。第一個例子是針對部分愛美女學生的批評，認為她們囿於傳統纏足美學而不肯真正解放天足：「她們有的還是白天上學，夜晚纏足。她把足緊纏之後，在外面還是穿上天足所用的鞋。她來往學校的痛苦，簡直所謂『啞巴吃黃連』，甚至別人都到校上課，她還在後面忸怩著。然而她自己卻非常的甘願」。[30] 自清末起「廢纏足」與「興女學」一直相提並論，一解放肢體之束縛，一解放心智之閉塞。其中所涉及的推論邏輯，乃是纏足問題一日無解，終將招致亡國滅種之命運，「況乎纏足不變，則女學不興，女學不興，則民智不育，則國事不昌，其牽連而為害者，未有等也。……苟因循不變將見數十年後舉國病廢，吾四百兆之黃種直牛馬而已，奴隸而已」（李增，〈遷安、遵化天足會序〉，《采菲錄》64）。纏足後果之嚴重，乃可達全國皆奴之下場。

然而「一興一廢」之間，關係著眾多女體在過程中身體意義與價值的重新製碼。新興的女學校先行排除了落後的「纏足女與奴婢、娼妓，取代的則是女學生與潔淨誠懇的侍奉僕婦，是邁向現代化的空間裡，二萬萬女子之間新的尊卑貴賤等序」（劉人鵬 171）。然而在上述引用文獻中出現的，卻是一群將「纏足女」與「女學生」二元對立合為一體的「纏足女學生」，她們的不知上進、偷偷纏足，當然是徹底違背了國族／國足論述中興廢轉替的進步現代性論調，而遭到作者的責難咒罵。然而會不會是女學生太求上進，明明纏了足卻仍想進入要求學生一律天足的學校求學，不惜以小腳裝天足，啞巴吃黃連呢？女學生「日弛夜纏」的生活戰術（tactics），可不可以是在雖不至朝令夕改但鬆緊無度的放足政策之下，一種安全自保的策略運用呢？女學生以纖足飾肥履，會不會是在保守家庭（包括未來的婆家）與頑固親族間的妥協讓步呢？

如果「纖足負笈」的異／易／譯類詮釋，顛覆了傳統進步史觀中「纏足不廢，女學不興」的歷史連結，那第二個「夾藏鞋樣於《聖經》」的故事，則更是無心插柳地顛覆了教會與廢纏足運動的歷史連結。

> 村女多不識字，纏足者尤甚。各鎮演劇，各寺廟盛會，每有教友售《新舊約聖經》者，設攤布售，每冊取資銅元一枚。無知婦女利其圖文精美，價復極廉，多購一二冊，為夾藏鞋樣及各色絲線之需，殊為瀆褻《聖經》。（李榮楣，〈浭南蓮話〉，《采菲錄》49）

在西方帝國殖民凝視下，纏足成為野蠻的惡習陋俗，而清末的不纏足運動最早的發起人便是來華的傳教士，並於光緒元年（一八七五）最早成立「廈門戒纏足會」（The Heavenly Foot Society），以「天賦雙足」之說，來昭告上帝所設計的天然身體

（natural body），此乃「天足」英文辭彙之由來，後經一八九五年立德夫人（Mrs. Alicia Little）在上海發起「天足會」（Tianzu hui; Natural Feet Society），「天足」一詞乃正式進入中文語彙（高彥頤，《纏足》66-69）。[31] 然而不識字的纏足村女，鬆動了西方教會與清末解纏足運動的歷史連結，她們購置《聖經》的目的，乃是用來夾藏鞋樣與絲線，並無意識層面的順從或是反抗。她們的「能動性」是歷史的偶然與巧合，讓宗教啟蒙用的《聖經》成為廉價美觀的工具盒，讓視纏足「大獲罪於上帝」的教會聖典與纏足鞋樣緊緊相依偎（當然這也召喚了本章第四節所提印有"St. Mary's-in-the-Woods-Indiana"美國教會組織印記的蓮鞋紀念品，反纏足的教會卻以蓮鞋紀念品的製作來助貧扶弱）。而這群被指為褻瀆《聖經》的纏足婦女，不得不讓我們想起另一群褻瀆《聖經》的鄉下農民。在此允為當代後殖民研究的經典案例中，聖經作為西方宗教的權威，被印度德里郊外的窮苦農民所「無知挪用」，讓英國傳教士一方面訝異於百名印度農民自發性地在樹下穿白衣研讀《聖經》，卻另一方面又發現他們以秋收為由拖延受洗，更表明不願接受聖餐，因為歐洲人是吃牛肉的。他們把翻譯成印度文的《聖經》，當成神所賜予的禮物，但強調他們的神是不吃牛肉的，與歐洲人的神有所不同。而這些纏足婦女將圖文精美的《聖經》，拿來夾藏鞋樣及各色絲線，不也可以是一種具實用性與創造性的巧妙挪用，絲毫不輸那群印度農民所帶出的「殖民學舌」與「殖民雜種性」，皆非主動反抗，而是在「重複引述」的「踐履」過程中產生了變易，鬆動了殖民威權（Bhabha, "Signs" 102-122）。

最後則讓我們來看一名陳情投書抗議的纏足女子，她不因自己的纏足而自慚形穢／自殘行穢，她先以退為進陳述自己並非冥頑不靈，不肯跟上時代的腳步放足，而是自己的纏足已「斷頭難續」。接著她便大力控訴放足運動的暴力與虛偽，以自己被強迫「當街勒放」的痛苦經歷娓娓道來：

昔時之纏足女子身受痛苦，固矣。不知現在之纏足女子，於遭受纏足之慘毒以外，還須身受放足之痛苦。……奈母親將余雙足纏束過纖，已至斷頭難續之地步，雖嘗一度解放，終因種種阻礙而再纏。詎料以茲四尺之帛，數年前幾使天地之大無所容我之身焉。

數年前，隨外子寓居開封時，值當局以纏足帶考成縣長之際（即責成縣長每月至少須繳若干付舊纏足帶，以表示放足成績。當時有縣長購買新帶向民間易舊帶，以應功令之笑話），一班警察先生奉了檢查纏足的風流差使，便極高興地努力執行。一天在街行走，竟受當街勒放的大辱。次日避地魯東某市叔父處，相安無事，約有一載。詎料又有某處某地禁止纏足婦女通過之文告，而逼放之風聲且日緊一日，驚弓之鳥，聞弦膽落。其時適外子就事首都，余又再度避地上海安靜地住到現在。上海的女子天足者約占千分之九九九以上，雖仍有尚未死盡的小腳婦女，然並不為人所注意。（覺非生，〈蓮鉤痛語〉，《采菲錄》79）。

這段描述再次呼應了「乾麻花」幽默新聞中暗指放足「暴力的再現」，卻也同時展現了纏足女子的逃逸路線（你捉我逃、你放我纏），並成功地運用了城市匿名性在上海大都會中安全存活。而在犀利批判與血淚控訴之後，她更提出了非常實際的建議，要纏足婦女不要「裝大腳」。「倘御大而無當之鞋襪，更似騰雲駕霧，扭扭捏捏，東倒西歪，轉不如纏時緊湊有勁」。然而最後在功能面、時效面、執行面、面面俱到的分析之後，這名纏足女子乃十分自信、十分斗膽地回到纏足的美學性：「天足高跟，誠屬時代之美，我輩因為習俗所摧殘，畢生難償此願。然而跛者不忘履，不得不就此一對落伍之足加以修飾，使躋比較美觀之地位。小腳解放、其結果常使足背隆起，肉體癡肥，如駝峰，如豬蹄，一隻倒來一隻歪。天足之大方既不可改，毋寧略事纏束，以玲瓏俏利見長，猶不失舊式之美」（覺非生，〈蓮鉤痛語〉，《采菲錄》80）。

受盡屈辱卻不喪志、飽嘗辛酸卻依舊愛美，這名投書女子的慷慨陳言，不下於那對纏足姑嫂的機智「譎諫」，而她身上那雙玲瓏俏利、歷經逃逸路線的小腳，更呼應了那名「不甘服舊，飾為摩登」的老媼、那些日弛夜纏的女學生、或是那個訂製皮三寸金蓮到舞池跳舞的上海時髦小姐，都是在晚清到民國「纏足即殘足」的國族／國足論述暴力下，以踐履現代性、一步一腳印走出來的女人「不殘足運動」。「跛者不忘履」，在她們的日常生活踐履行動中，纏足不是「視覺空間化」下的認識論客體，因「創傷固結」而充滿了「鬼魅雜種性」的威脅，纏足是「介於其間」上有政策、下有對策的存活策略，纏足更是因地制宜、與時俱變的時尚生活實踐。作為國族／國足「象徵」的纏足，原地踏步、裹足不前，被徹底摒棄於現代性的定義之外（當然也弔詭地隱身於現代性之中，成為界定傳統／現代差別之必要元素），但作為踐履行動「符號」的纏足，卻除舊布新、多聲複異／易／譯，在每一個重複的日常生活實踐中，以不斷分裂與雙重的動態過程，重複且改寫國族／國足論述。也唯有在她們所處這種生活唯物細節的衍異中，在她們廁身這種歷史時間流變的間隙裡，我們才能發現原本被視為罪孽深重、固步自封的纏足「總已」先一步走入了現代性。

本章最後將以一段引言為結，此段引言亦是本章發展「不殘足運動」的最初啟發與感動。張愛玲的母親黃逸梵（又名黃素瓊），出身官宦世家，自幼纏足，二〇年代遠渡重洋，成為中國第一代「出走的娜拉」，以一雙金蓮走遍世界。而張愛玲在《對照記》裡是這樣描寫她大膽勇敢的母親：

民初婦女大都是半大腳，裹過又放了的。我母親比我姑姑大不了幾歲。家中同樣守舊，我姑姑就已經是天足了，她卻是從小纏足。……踏著這雙三寸金蓮橫跨兩個時代，她在瑞士阿爾卑斯山滑雪至少比我姑姑滑得好。（《對照記》20）

上上個世紀和上個世紀的小腳，何只是在上海的舞池裡翩翩起舞，何只是上女學堂「纖足負笈」，尚且還能在瑞士阿爾卑斯山上滑雪自娛呢。

**注釋**

1 許壽裳，〈亡友魯迅印象記〉，引自孫郁，《魯迅與周作人》4。

2 周冠五，〈回憶魯迅房族和社會環境三十五年間（一九〇二—一九三六）的演變〉，引自馬蹄疾，《魯迅生活中的女性》32。

3 此句乃典出馬克思，Marshall Berman 在一九八二年出版談論現代性經驗的經典著作即以此句名言為書名。

4 其實班雅明著作中所展現的時尚時間觀相當繁複，班雅明曾以「虎躍過往」（"Theses" 261）來闡述時尚既稍縱即逝又穿歷史（transitory and transhistorical）的特質，但更多的時候，此時尚辯證導向的不是歷史時間的揚升，而是現代性創傷經驗的重複強制，「新」即「依舊」（the "new" as "always-the-same"），一種貌似不斷過去的「過不去」。

5 performativity 的中文翻譯有「表演（性）」、「展演（性）」等，最初對此概念在巴特勒《性別麻煩》（*Gender Trouble*）的展開，為避免與角色扮演或戲劇表演混為一談，故曾嘗試將此理論概念翻譯為「操演」，可參見一九九六年出版的拙著《慾望新地圖》。而本章的翻譯採「踐履」，其實跟「操演」一樣，皆是強調反覆執行操作所造成的本質或認同幻象（如性別），而此反覆執行操作的本身亦蘊含了改變的可能（重複中的差異，差異中的重複），而「踐履」概念在處理纏足議題上，顯然比「操演」能開展出更多文化想像與身體實踐上的連結。

6 有關西方視覺主宰認識論與空間本體論的批判，可參見 Martin Jay, *Downcast Eyes: The Denigration of Vision in Twentieth-Century French Thought*，而書中對「時間空間化」的探討，集中於該書 Henri Bergson（191-208）與 Jacques Derrida（493-523）的章節部分。

7 由此可見當代的「踐履理論」仍不免過於仰賴「語言轉向」，相對而言本書由班雅明與德勒茲發展而出的「縐摺理論」，則更具歷史能動性與物質流變的面向。故本章在「踐履理論」上的開展，一方面當是讓其緊密貼近此處所聚焦的「纏足」（「踐履」之為「同音譯字」的力量），一方面也是讓其所強調的「連續變化」、「介於其間」與「縐摺理論」不斷產生連結轉換，以「蓮鞋」的時尚變遷，帶出歷史作為縐摺之力的「翻新行勢」。

8 此為收藏家楊韶榮先生「百屐閣」的小鞋收藏品之一，參見徐海燕，《悠悠千載一金蓮：中國的纏足文化》206。

9 王德威此處對「現代」的精準定義，主要參考為 Matei Calinescu, *Five Faces of Modernity*，可參見王德威，〈沒有晚清，何來五四？〉，《如何現代，怎樣文學？：十九、二十世紀中文小說新論》27。

10 當代有關於「翻譯現代性」的討論，企圖結合「翻譯理論」與「旅行理論」（traveling theory），將論述焦點由「起源」轉為不同歷史文化轉譯系統間的語言中介，以顛覆中／西、外來／本土的固定確立性。可參閱 Lydia H. Liu, *Translingual Practice*；王德威，〈翻譯「現代性」〉，《如何現代，怎樣文學？：十九、二十世紀中文小說新論》43-76；劉人鵬，《近代中國女權論述：國族、翻譯與性別政治》75-126。而本章在易介／譯介方面的討論，則是企圖在相關著作的語言（從字詞到文類）焦點之外，更著重於日常生活文化物質層面的轉換變易。

11 有關國民政府頒布禁止婦女纏足的條例與罰則，可參閱《采菲錄》100-15。

12 高彥頤（Dorothy Ko）的著作《纏足：「金蓮崇拜」盛極而衰的演變》（*Cinderella's Sisters: A Revisionist History of Footbinding*）對纏足所涉及的「身體頑強性」著墨甚多，透過物質文化、時尚消費、日常生活與社會關係的細膩爬梳，為此「身體的無言呈現」發聲，充滿歷史細節與理論密度，允為當前對纏足文化最全面最深入的探討。

13 莫怪乎有學者指出，二十世紀上半葉所生產龐大的不纏足論述，其實「只不過是〈請禁婦女裹足摺〉一連串衍生的註腳」（張世瑛 82）。

14 當然此處亦須考慮清廷本身堅持辮髮、反對纏足的立場。

15 可參見林維紅，〈清季的婦女不纏足運動〉；劉人鵬，《近代中國女權論述》161-86；Dorothy Ko 的論文與專書；苗延威，〈從視覺科技看清末纏足〉等。

16 除了本章所特別強調的「行走修辭」外，「循環流通」亦是解纏足進步史觀的重點所在，亦即康有為奏摺中所謂的「血氣不流，氣息污穢」，而能將此「循環流通」之說，精彩地從人體帶到天體，從中國帶到萬國的論述發展，又非高彥頤的專書莫屬：「天足運動傳布了一種啟蒙知識域：此一知識域的基礎，乃是建立在對於個體體內循環、社會身體流動，以及地球表面交通均能通暢運行的信念。就是這樣，它引進了一種強調視覺性的全球意識、一種建築在強健體魄的國族主義，以及一種關照性別平等的社會視野」（《纏足》94）。

17 今一，〈女界鐘〉，引自高洪興，《纏足史》165。

18 Ko, "Bondage in Time" 一文對「西方凝視」與小腳意義的變遷，有極為精彩的歷史分析。她指出在十六世紀到十九世紀間西洋人「觀看政治」的形構過程中，中國女人的小腳如何由被視為異色、野蠻的東方象徵，轉變成中國拒絕被檢視監控、拒絕被視覺權力穿透的「異類性」，以及由此強化出種種強拆裹腳布拍照的帝國主義視覺暴力。

19 雖然在照片中僅呈現單隻金蓮，但此乃《麗履》一書中金蓮攝影的通用手法，絕大多數皆以單隻入鏡。

20 如前所述，「踐履」概念強調日常語言在實際使用中的語言現場，依不同情境／脈絡／上下文而轉換變易。

而「踐履」所直接扣連的便是「發言」的主體分裂，主體經由一再重複的「發言」，而一再分裂為「發聲主體」（「說的主體」）（在特殊時地情境當中，經由特殊說話者所執行的個別行動）與「言說主體」（「話的主體」）（獨立於特殊時地情境之外，抽象文法句構中的主詞／主體位置）。本章中所言的「能動性」（agency）也是循此脈絡，強調「結構」與「能動性」的互構而非對立，以避免落入以單一個別主體以主觀意識為出發的主動行為。

21 「行走修辭」企圖結合身體空間移動與「語言行動理論」，以凸顯不斷重複、不斷創造、不斷劃界、不斷越界的日常生活實踐。此理論概念乃引自 Michel de Certeau, *The Practice of Everyday Life*。

22 蘩床臥讀生，〈勸妓女放足文〉，《上海雜誌》卷十，光緒文寶書局印行，引自高洪興，《纏足史》196。

23 可參閱 Leo Ou-fan Lee, *Shanghai Modern* 190-231; Shu-mei Shih, *The Lure of the Modern* 276-338，尤其是他們對三〇年代新感覺派小說中都會摩登女郎的精彩討論。

24 有趣的是，第一位將達爾文「進化論」觀點運用在女性服飾社會學研究的人，正是達爾文的兒子喬治・達爾文（George H. Darwin），可參見 Lehmann 436 的註解 7。

25 清末反纏足運動風聲鶴唳，但似乎完全無法阻擋足服時尚的推陳出新，誠如高彥頤所指出，一八九二—一九一一在反纏足運動的高峰期，足服時尚每隔三、四年就有新的式樣與形狀出現（《纏足》321）。

26 可參見陳東原，《中國婦女生活史》234-35。

27 老舍，《文博士》，《老舍文集》第三卷 229-336。

28 燕賢，〈八旗婦女之纏足〉，《采菲錄》正編，〈最錄〉5-6，引自高洪興，《纏足史》28。

29 有關小腳女人如何成功運用裹腳布而能追逐女鞋的時尚流行，高彥頤有精彩的描繪，「靈巧的手指持續擺弄裹腳布，日復一日地，不斷塑造和重塑雙腳，使之合於一九二〇年代和一九三〇年代的新式平底尖嘴鞋、纖小的緞面『瑪莉珍鞋』（Mary James），或是三角形的淺口皮鞋」（《纏足》323）。

30 苓子，〈記青海的女學生〉，引自鄒英，〈葑菲續談〉，《采菲錄》41。

31 有關「天足」一詞如何由一個嶄新的基督教概念，被晚清知識分子進一步國族主義化，可參見高彥頤，《纏足》66-77。而由傳教士林樂知創辦的《萬國公報》，更是對解放纏足的鼓吹不遺餘力，在基督教派在中國召開的傳教士會議上，甚至曾面紅耳赤進行纏足是否為「罪」的爭辯（林維紅 1）。

第五章

# 時裝美人現代性

在清末民初的圖像媒介文化中，大量出現的「時裝美人」乃其最為顯著的人物表徵。《點石齋畫報》吳友如筆下出現了栩栩如生的時裝仕女圖，一八九〇年其另立門戶創辦的《飛影閣畫報》，更以「閨豔匯編，新妝仕女」為號召，「著意刻劃仕女人物，新聞則止於一般社會現象」（阿英，《晚清文藝報刊述略》93）。一九〇九年包笑天的《小說時報》採用封面美人圖，而後其主編的《婦女時報》更進一步將封面美人圖彩色化，引來《女子世界》、《中華婦女界》、《婦女雜誌》等爭相仿效。而民初十年鴛鴦蝴蝶派小說鼎盛之期，更讓時裝美人圖的封面達到高峰，包括《小說叢報》、《禮拜六》、《眉語》等。而後將此時期的「時裝美人」封面和插畫集結出書的，又以吳友如的《海上百豔圖》、丁悚的《上海時裝百美圖詠》為代表。[1]

然清末民初的「時裝美人」圖之所以和傳統仕女畫有所區別，重點不在於「美人」，而在於「時裝」，而「時裝」的出現，也讓「美人」的再現方式產生了徹底的改變。誠如張愛玲在〈更衣記〉中所言，「我們不大能夠想像過去的世界，這麼迂緩，寧靜，齊整——在滿清三百年的統治下，女人竟沒有什麼時裝可言！一代又一代的人穿著同樣的衣服而不覺得厭煩」（《流言》67-68）。然而清末民初的時代變動中，「時裝」的概念與生活實踐脫穎而出，徹底改變了原本「迂緩，寧靜，齊整」的傳統服飾格局，「女人的衣服往常是和珠寶一般，沒有年紀的，隨時可以變賣，然而在民國的當鋪裡不復受歡迎了，因為過了時就一文不值」（《流言》72）。故「時裝美人」的重點不在「美人」而在「時裝」，而「時裝」的重點不在「裝」而在「時」，「過了時就一文不值」。「時裝美人」作為清末民初媒介文化的圖像表徵，不僅在於如何讓女人的再現形象大量進入公領域，擺盪在新聞化、資訊化、商品化、情色化與各種新興力量的顛頏之中，更在於「時裝美人」所能給出的新「時間感性」，在迂緩停滯之中，創造了速度變化，而此速度變化還可更進一步區分為「線性」與「非線性」的不同時間感性表達，帶出時間本身的差異微分。

## 一．時間的「微縐摺」

故在本章的一開頭，就先讓我們以一則刊登在《圖畫日報》上的插畫為例，來展開本章對「時裝美人」的歷史考察與時間理論化之起點：「時裝美人」所給出的時間感性，為何能打破線性時間的套式？過去現在未來的進步時間觀，如何有可能翻轉成時間作為縐摺運動、時間作為「複雜疊層」（com-pli-cation）的表達？如何有可能將「時裝美人」理論化為一種時間的「微縐摺」？那就先讓我們來看看這則出現在宣統年間《圖畫日報》上的「時裝美人」插畫。

若就一般「圖像符號學」（pictorial semiotics）的分析著手，此插圖的「語言訊息」（linguistic message）明確，最右邊直書的「新智識之雜貨店」，清楚標示其欄目，亦表呈其欲以最貼近日常生活食衣住行的方式（「雜貨店」）開啟民智（「新智識」）。而中間上方直書的「寓意畫」，點明乃非寫實的社會新聞事件，而是以圖像作為譬喻之方式寓教於畫。而左上方自右到左橫書的「女界之過去現在將來」，則為此插畫之標題，用於提綱挈領。若就其「圖像訊息」（iconic message）觀之，則右方偏上在簾幕之後的盤髻女子，著寬衣大袖的衫襖，領緣袖緣皆有鑲滾，中間乘坐在人力車上的女子素顏垂辮，著細長合身的衫褲，前方車夫上衣下褲，垂小辮戴西洋帽。左方戴帽女子與戴帽男子邊走邊談，戴金絲眼鏡，著大荷葉翻領上衣配深色漸層長褲。此插圖「語言訊息」與「圖像訊息」的搭配「衣」目了然，右方寬衣大袖的女子寓過去，中間窄衣窄褲的乘車女子寓現在，左方戴帽行走的長褲女子寓將來。

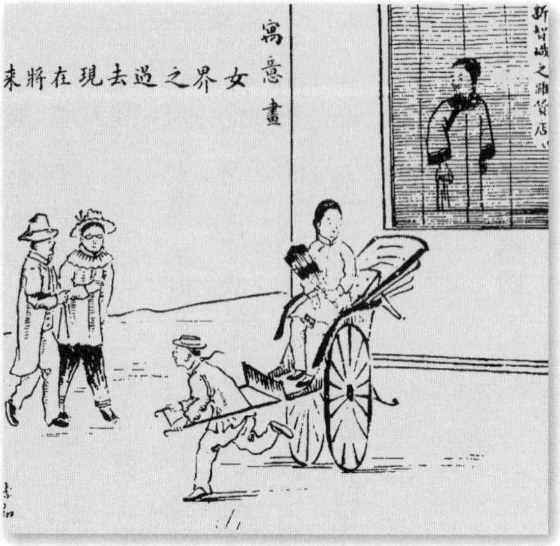


《圖畫日報》「新智識之雜貨店（十）」（1-117）

這樣以生動的服裝形式來「寓意」過去、現在、將來的時代變遷與隱含的性別進步意識，相當程度反映出《圖畫日報》增長智識，開通風氣之創刊意圖。誠如林怡伶所言：「『新智識雜貨店』內容聚焦在女性，有〈女界之過去現在將來〉（1-117），這圖可謂巧妙，除了說明此圖為女界之過去現在將來，運用三個畫面來顯示，一有女子在窗內，二有女子搭人力車，三有一對男女在街上對談，意味著女子走出家門」（179）。雖然以圖論圖，《圖畫日報》曾被批評為「圖繪很劣」，但此插畫除了以女界服裝作為雙層「譬喻」——服裝作為社會變動之譬喻，女界作為全體人士之譬喻——的企圖，還帶出女子由私領域邁向公領域之寓（預）言，自有其可取之處。[2] 然而若就「時間感性」而言，此插畫明顯出現「時間空間化（畫）」的問題。按照彼時自右至左的橫寫順序，「時間」依次變成「空間」的分配與排列，右邊對應到過去，中間對應到現在，左邊對應到將來。此「時間空間化（畫）」乃《圖畫日報》「新智識之雜貨店」之慣用手法，如〈婚禮之變遷〉、〈對外之變遷〉等插畫，亦是自右至左依序排列過去現在將來之變遷方式，而其中的〈女界風尚之變遷〉（1-141）更與本章此處的分析重點〈女界之過去現在將來〉相互呼應，以三組雙女為結構方式，右方一女子告誡另一女子纏足之害，中間兩名女子坐在長椅上交談議論，左方兩名女子扛槍操練，從性別意識的開明連結到從戎救國的民族大義。

然此「時間空間化（畫）」的最大問題，乃是將進步性別與國族意識成功鑲嵌在過去現在將來的「線性進步史觀」之中。時間被切割並「視覺化」成三個空間斷裂的「點」，並在單一畫面上「右、中、左」並置，而「寓意」時間有如箭矢般由過去奔向未來的單一行進方向。而此被「空間化」、「視覺化」的時間，讓時間之為時間的「變化」本身消失，點與點之間沒有交集疊合的可能（就算再緊密排列如念珠），點與點之間沒有轉換變化的可能（此乃幾何點，而非縐摺點）。換言之，前所嘗試演練的「圖像符號學」分析，乃是建立在此「時間空間化」、「時間視覺化」的架構之上，其局限性正在於「見其所見」（在視覺化為可見的圖像形式上去分析，或純就符號差異辨之，或以此再現圖像連結社會文化的相關指涉），而無法「見其所不見」，只看得到空間化與視覺化的線性時間，而看不到時間之為時間、時間之為連續變化、時間之為縐摺運動的可能。換言之，此奠基於線性時間觀的「圖像符號學」分析，不是見樹不見林，而是見樹不見陽光、空氣、水之為物質配置、之為解畛域化的流變之力。

那此〈女界之過去現在將來〉的插畫還可以怎樣「見其所不見」？插畫上的「時裝美人」還可以給出怎樣的「非線性」時間感性？故以下我們將跳脫「圖像符號學」的閱讀套式，跳脫線性時間與進步史觀，嘗試從歷史作為縐摺運動的角度，重新來概念化此插畫作為「微縐摺」的可能。首先，我們需要探問三個相互環繞的問題。第一：何種「合摺行勢」給出了這個插畫的「開摺形式」（包括其物質面與再現面）？第二：如何在插畫的「開摺形式」中，看到歷史的「合摺行勢」？第三：歷史的「合摺、開摺、再合摺」如何有可能改寫「過去、現在、將來」的線性時間觀？就第一個問題而言，出現在宣統年間的《圖畫日報》，創刊於一九〇九年八月十六日，結束於一九一〇年八月，共出刊四〇四期，其媒體傳播形式乃為「近代中國唯一的畫報形式的日報」（葉再生，卷一 909）。證諸晚清末年革命能量的山雨欲來，《圖畫日報》不僅具現一九〇八年前後新政時期所開放出來的出版自由（陳建華 359），更直接參與清末民初的報刊大潮。[3]《圖畫日報》每日出刊，分成十二個欄目，皆以圖文插畫來表達改革與進步訴求，其中包括我們所聚焦的「新智識之雜貨店」專欄。而就其物質複印技術而言，《圖畫日報》「開本二十五釐米×一〇五釐米，每期十二頁，單面有光紙石印，經折裝，封面雙色」（葉再生，卷一 909），亦為清末出版「石印熱」（結合印刷技術與商品經濟）的一部分，見證了石版印刷（lithography）的簡便易行，如何讓清末民初圖像化資訊的大量複製成為可能。[4]

然而在傳播形式與複印技術之外，此〈女界之過去現在將來〉插畫亦有「再現」層面上的合摺與開摺，畫中的「時裝美人」乃是傳統仕女圖的「解畛域化」，亦即仕女圖的「流變—畫報」、「流變—雜誌封面」。傳統仕女圖，又名美人圖，用筆工細，設色勻淨，乃為中國人物畫的重要分支，然其多以古代賢婦、宮廷貴婦或神話仙女為主要描摹對象，在其發展初期尚較為強調「時樣」，凸顯服飾、髮式、妝容的時代特色，但發展至明清時期則漸趨規格化（古代內容與題材）與程式化（衣裙妝飾造型固定）。而「時裝美人」插畫顯然帶動了仕女畫兩種相互環扣的「時間化」可能：「時事化」與「時尚化」。就「時事化」而言，傳統仕女圖被帶入清末民初以圖為主、以文為輔的報刊大潮，成為無所不在的「時裝美人」，藉以敘述時事新知、城市景觀、市井風尚。昔日文人雅士寄情託寓的理想仕女原型，今日則挾新媒介之姿，強力介入日常生活領域，成為新聞畫報—圖像敘事的託寓。誠如陳平原對《點石齋畫報》之總結，「以圖像的方式連續報導新聞，以『能肖為上』的西畫標準改造中畫，借傳播新知與表現時事介入當下的文化創造，三者共同構成了《點石齋畫報》在晚清的特殊意義」（97）。而「時裝美人」不便是以「時裝」的細節臨摹，讓明清規格化與程式化而無時代感的傳統仕女圖，產生「能肖為上」的破格畫風。而此「時裝」的細節臨摹，不僅具現在吳友如《點石齋畫報》的「時裝仕女」及其後創辦《飛影閣畫報》的「新妝仕女」，更在月份牌融合中畫與西畫的廣告畫風中發揚光大，終而成為民初十年鴛蝶派小說雜誌封面獨領風騷的「時裝美人」。

而就第二個問題而言，此插畫作為歷史「合摺行勢」所給出的一種「開摺形式」，又可在其形式之中看到另一種開摺與合摺的可能：「一分為三」與「三合為一」。「一分為三」乃是前所嘗試「圖像符號學」的時間邏輯，三種女人三種服飾，表徵三種時間形式（過去、現在、將來），女人服飾裝扮的差異，正是線性時間藉由空間的分隔斷裂所能給出的進步想像。而「三合為一」則是將「時裝」視為歷史「翻新行勢」所給出的「開摺形式」，在貌似單一的「開摺形式」（歷史客體）之「內」，就能看見「翻新行勢」作為特異點的力量布置。換言之，乘車女子的「窄衣窄褲」就已經是一個時間的「微綴摺」。但與其說「窄衣窄褲」就已經貼擠著「寬衣大袖」與「翻領長褲」，不如說「窄衣窄褲」貼擠著「前—歷史」（fore-history）與「後—歷史」（after-history），其「前—歷史」不是「過去」（不曾真正消失），也未必是寬衣大袖（無線性時間上必然的先後與因果），而其「後—歷史」亦非此處線性時間觀所投射出特定服裝形式的臆想，而是指向「翻新行勢」作為「虛擬威力」的無限開放性，可期待給出並不斷給出新的「開摺形式」。

故相對於線性時間清楚的排序與方向（由過去到現在到將來），這裡沒有絕對的「前」與「後」，「窄衣窄褲」作為時間的「微綴摺」可以是「穿歷史」（trans-historical）與「穿文化」（trans-cultural）的變動不居，而非釘死在單一中國服飾「發展」史過去現在將來的線性時間架構之中。故「圖像符號學」的分析「見其所見」，乃是在單一的開摺形式上，去進行符號或修辭的分析，再由此進行分類歸納或差異比較，或由此拉出社會文化的意識形態批判。而「時間縐摺」的分析則是「見其所不見」，企圖跳脫陽物視覺理體中心的掌控，在歷史客體之「內」看到「翻新行勢」，看到看不到的「虛擬威力」。前者的「一」乃是單獨分離的獨立個體（幾何學的點），而後者的「一」即多摺（拓撲學的縐摺點或時間節點），乃「前—歷史」與「後—歷史」的摺摺相貫穿，而也唯有在這個意義上，我們才能真正了解「微縐摺」之「微」作為具體而微的「變化」，與「縐摺」作為特異點系列的力量布置本身及其所能給出的開摺形式。「微縐摺」之「見其所不見」，正是看見「形式」作為虛擬「行勢」的摺曲。

最後就第三個問題而言，插畫〈女界的過去現在將來〉所奠基的「線性時間觀」，指向由點到點、「區別且分離」的三種不同時裝形式，而「時間縐摺」的概念化，則是將此「時裝美人」的插畫形式或「窄衣窄褲」的時裝形式，都當成「曲別且連續」的「時間節點」，不只是過去與未來都摺疊進了現在，而是現在成為「當下」，爆破建立在線性時間之上作為虛假連續體的歷史主義。正如本書第一章透過班雅明與德勒茲所鋪展的歷史「摺」學，以縐摺運動的角度重新看待「連續」與「斷裂」：爆破歷史主義建立在線性時間的虛假連續性，給出歷史作為「合摺、開摺、再合摺」的連續變化。[5] 此亦是本書第三章在談論纏足女性「不殘足運動」時所嘗試區分的「創傷現代性」與「踐履現代性」：男性知識菁英的「斷裂時間感」與女性日常生活實踐的「連續時間感」之差異。而本章正是循此「斷裂／延續」、「創傷／踐履」的差異區分繼續往下推，將「時裝美人」所凸顯的「時」，視為連續變化、重複踐履的「合摺、開摺、再合摺」，以爆破「現在、過去、將來」的線性進步觀，並進一步將時裝美人的「時」，與第二章「翻譯縐摺」中開展出「陰性摩登」的時間感性與性別差異相連結。相對於「陽性現代」所展示的古／今、舊／新的二元對立與古代／現代在線性時間想像上的斷裂，「陰性摩登」則是企圖打破清晰的時間對立與線性預設，在時尚、大眾消費與都會生活的文化想像與實踐中產生古今相生、新舊交疊的連續變化。換言之，本章所欲凸顯「時裝美人」的「時間縐摺」，乃是與歷史「摺」學的概念相構連，與「踐履現代性」的概念相構連，與「陰性摩登」的概念相構連。

然鑑於本章以下主要分析討論的「時裝美人」圖像文本，集中於一九一〇年代，而「摩登」一詞的普遍流行要到二〇年代中下與三〇年代，而在一九一〇年代與「摩登」相對應的流行話語乃是「時髦」（清末的「時髦」原本專指時裝時尚化，而後才逐漸泛指所有新奇流行的事物；「摩登」則是原本泛指所有新式現代的事物，而後才逐漸時裝時尚化）。故本章以下將同樣「陰性摩登」的概念，表呈為「陰性時髦」，以呼應彼時用語。而本章以下就「時裝美人」作為「時間縐摺」理論概念的發展，將具體圍繞在一個明確的歷史資料與系列女性圖像中展開：《眉語》雜誌封面的「時裝美人」。此創刊於民國初年、由女性編輯、以女性為主要讀者的鴛鴦蝴蝶派小說雜誌，其封面多採當時流行的上海月份牌時裝美人畫，創刊號更以大膽的裸女封面問世，引起一陣騷動「封」潮。而以下章節將透過《眉語》雜誌封面與其先後或同時代其他重要雜誌封面，進行分析比較，以凸顯中國現代性在視覺圖像上「陽性現代」與「陰性時髦」所建構出的不同文化位階、國族想像與性別政治。第二節將先以一九一五年九月《眉語》第十二期封面的時裝美女圖開場，並置分析討論同年同月出版《青年雜誌》（後易名為《新青年》）封面上的實業大亨照，企圖在慣常傳統／現代、落伍／進步的修辭對比中，拉出一條思索「陰性時髦」的另類時間感性，如何有別於「陽性現代」所凸顯的線性進步歷史觀。在此理論分析架構下，第三節將回到歷史爬梳晚清四大小說雜誌封面與民初五大小說雜誌封面，追溯「時裝美人」在上一個世紀之交浮現的歷史情境與物質文化脈絡，以及其如何有別於後來登場的封面「摩登女郎」。本章最後將再回到《眉語》雜誌的封面分析，主要從第一期「清白女兒身」的裸女封面出發，一直連結到最後第十八期「驚鴻一瞥」的女子駕車封面，探討潛藏其中時尚—現代性、裸體—現代性、速度—現代性的連結，並進一步建構民初女學生、「文明新裝」與「新羅曼史」的歷史性別空間。

## 二・封面上的男人與女人

《眉語》雜誌創刊於一九一四年十月，結束於一九一六年三月，每月月初發行，共計出刊十八期，主編為高劍華女士，由上海新學會社印行，每本售價大洋四角。[6]此在清末民初報刊大潮中短暫出現的雜誌，不論就其鴛鴦蝴蝶派的「小說雜誌」定位，或是由女性編輯、以女性為主要讀者的「女性雜誌」定位而言，都被史家歸類為次要且邊緣。[7]而其最為人知的歷史顯影，乃是魯迅發表在一九三一年〈上海文藝之一瞥〉中一段極盡批評的文字：

這時新的才子＋佳人小說便又流行起來，但佳人已是良家女子了，和才子相悅相戀，分拆不開，柳蔭花下，像一對蝴蝶，一雙鴛鴦一樣，但有時因為嚴親，或者因為薄命，也竟至於偶見悲劇的結局，不再都成神仙了，——這實在不能不說是一個大進步。到了近來是在製造兼可擦臉的牙粉了的天虛我生先生所編的月刊雜誌《眉語》出現的時候，是這鴛鴦蝴蝶式文學的極盛時期。後來《眉語》雖遭禁止，勢力卻並不消退，直待《新青年》盛行起來，這才受了打擊。（《魯迅全集》第四卷294）

魯迅在此以相當嘲諷的口吻，評論才子佳人式的舊言情小說，如何「進步」到鴛鴦蝴蝶派的新哀情小說，而《眉語》月刊雜誌正是鴛蝴派文學風行鼎盛時期的代表。雖然魯迅此處的發言，犯了歷史考證上的錯誤，將《眉語》的主編張冠李戴，由女性的高劍華「變性」為男性的天虛我生，但其將《眉語》與《新青年》相提並論、以凸顯鴛蝴舊文學／五四新文學此起彼落、此消彼長的方式，卻意外帶來一個可能的歷史分析視角：若將《眉語》與《新青年》並置觀察，《眉語》究竟有多舊？《新青年》究竟有多新？在這兩份雜誌相互重疊的出版年代（一九一五年九月到一九一六年三月），究竟呈現了何種市場的消長或文化典範的更替？為何創刊於一九一四年風行一時的《眉語》被歸類為「近代」期刊而逐步淡出歷史、乏人聞問，而創刊於一九一五年的《新青年》卻被界定為「現代」期刊的分水嶺、標示著新文化運動與中國現代文學的起點？

若想嘗試回答這一連串的歷史提問，就讓我們先從一個有趣的動作開始：比較分析同時出刊於一九一五年九月的第十二期《眉語》雜誌封面與《青年雜誌》創刊號封面（自第二卷第一號起改為《新青年》）。第十二期《眉語》雜誌的封面，上方為刊名「眉語」二大字自右到左（其他期或由上而下）的書法題字，署名嘯天（許嘯天，主編高劍華之夫，該雜誌之襄理與主要撰稿人之一），下方有「乙卯九月」四小字，標示出刊日期，版面的正中央則為穿著鳳仙高領背心、七分窄袖合身上衣、

《眉語》第十二期封面（一九一五年九月出刊）

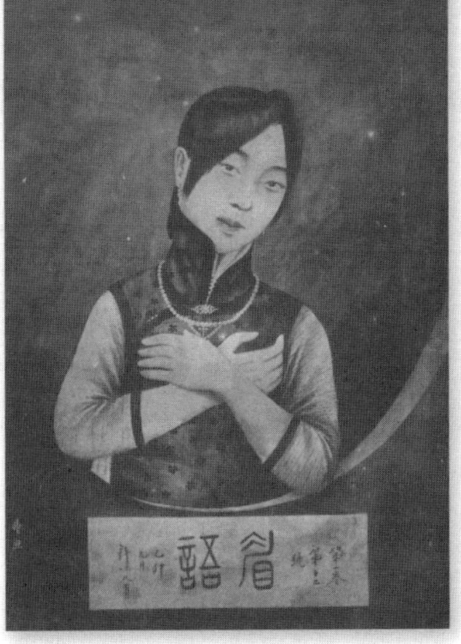


戴單串珍珠項鍊、雙手交疊置放胸前的女子上半身立像，整體線條優雅素淨，而額頭上所留的，正是民初女子所風行「前瀏海」髮式中的「燕尾式」。8

而創刊號《青年雜誌》的封面則分為上中下三區塊，封面最上方為簡易版畫圖案，一長列穿著學生服的男學生坐在長桌前，桌緣線由左下到右上，帶出三度空間感，桌下方有五線譜加麥穗的西洋裝飾圖樣，而學生頭頂上方由左向右排列出 LA JEUNESSE 兩個紅色法文大寫字，標示該雜誌的法文名稱；封面最下方則有一長條簡易美術框線中填有「群益學社」「上海印行」等字，標示發行商與出版地；而封面正中則為美國實業家卡內基（Andrew Carnegie, 1835-1919）的半身側面攝影照一張，剪成圓形，並在圓框外加西洋裝飾圖案的花邊，下標示「卡內基」三小字，而攝影照的右方為由上而下的「青年雜誌」四個紅色美術體大字，左方為「第一卷」「第一號」的六個紅色毛筆小字。9

對於許多慣於在線性進步史觀中思考的人而言，一旦將這兩個雜誌封面並置觀察，其所涉及新／舊、雅／俗、高／低的對比當下立判：傳統舊式的《眉語》vs.

《青年雜誌》創刊號封面（一九一五年九月出刊）

進步新式的《青年雜誌》。首先就兩雜誌封面所呈現的時間意識而言，《眉語》的時間感性似乎仍停留在中國傳統編年的「乙卯」，而《青年雜誌》則採西曆紀元，儼然已堂堂進入統一時間度量的世界潮流。10而《眉語》時間感性的「舊」，除了顯性的「乙卯」外，更有隱性的「月眉」：「眉語」之為「眉語」，不僅是以「眉」提喻女性，傳達出中國詩詞傳統中以眉作態、表情達意的典雅委婉，更是以月之「眉」（上弦）對應到每月一號的出刊日期，故為時間想像上的雙重陰性。其次《眉語》刊名採傳統中國書法，而《青年雜誌》刊名則採新式的西洋美術字體，更以中法雙語的方式，將法文刊名標示於上，凸顯其參與全球知識體系的進步性與世界觀。而更引人矚目者，《眉語》封面採用的乃是上海月份牌畫家但望旦所繪的「紅窗閒倚」圖，不論就其繪畫的主題或畫風而言，彷彿在新式時裝美人畫中，仍有揮之不去的舊式仕女畫陰影，反觀《青年雜誌》的封面採西方實業家的攝影肖像，以呼應內文的〈艱苦力行之成功者 卡內基傳〉，而其上方的木刻版畫，更直接呼應後起報刊書籍裝幀美術的「新木刻運動」。故就線性進步史觀而言，「月眉」時分出刊、以「月份牌」美女為號召的《眉語》封面，當然不敵中法雙語、進步版畫與世界實業家攝影肖像照的《青年雜誌》封面。

但《眉語》真的這麼「舊」嗎？而《眉語》的「舊」真的這麼萬劫不復嗎？我們可以針對上述立基於「線性進步史觀」的分析模式，提出「新舊矛盾」的質疑，像被摺疊進「舊」乙卯中的「新」西式月份想像（包括出刊的陽歷月份，也包括月份牌所標示的陽曆月份），像「月眉」的「舊」想像中卻又有以刊名標示出版日期的「新」雜誌命名方式（雖美其名為「月眉」，但實以陽曆的月初取代陰曆的上弦），或是像被貼擠進「舊」仕女畫中的跨國公司商品行銷、西洋繪畫技巧與最新的服飾時尚。然這些「新舊雜陳」、「新舊交疊」的文化變動過程，為何都被化約成一清二楚的「新舊對立」、一刀兩斷的「新舊斷裂」之二元對立思考呢？當中國近現代報刊發展史皆傾向以「線性進步史觀」為出發，將《青年雜誌》（《新青年》）視為現代期刊的分水嶺，一再凸顯其封面「與舊文化決裂」的強烈意向（謝其章，〈「五四」文化運動戰鬥的一翼〉8），那我們是否就更該質疑此處的「舊文化」是如何被「就地正法」，成為封存在過去、不再具有時間的流變之力？而新／舊作為一種「斷裂時間感」的敘述模式，究竟是如何被史家所建構，一刀兩斷為過去／現在、古代／現代的楚河漢界。誠如史書美在《現代的誘惑》一書中犀利指出，奉「線性進步史觀」為圭臬的五四啟蒙話語，乃成功創造了「傳統」以及「中國傳統」／「西方現代」之間的斷裂不連續性：「傳統（中國的和特殊的）與現代性（西方的和普遍的）被看成是兩相分歧的、不連續的和截然對立的兩個範疇。換句話說，為了將傳統視作是古老和過時之物而予以否棄，為了在『現代性』與傳統之間製造斷裂和不連續性，為了創造出一種以現在和未來為先的新的主體性，線性時間的意識形態創造出了『傳統』」（59）。

那就讓我們回到前所述的具體雜誌封面案例，看一看《眉語》是如何被建構成「古老和過時之物而予以否棄」，以凸顯《青年雜誌》作為「以現在和未來為先的新的主體性」之「現代」起點。首先當然是以《青年雜誌》（《新青年》）編輯作者群陳獨秀、李大釗、錢玄同、胡適、魯迅、周作人、劉半農等知識菁英所發起的新文化與新文學運動，不遺餘力地批判攻訐「舊式文人」的「鴛鴦蝴蝶派」小說，以及刊載這些小說的《禮拜六》、《眉語》等鴛蝴派雜誌。早自一九一六年李大釗便在〈《晨鐘》之使命〉一文中暗示鴛蝴文學之自甘墮落於男女情慾，「以視吾之文壇，墮落於男女獸慾之鬼窟，而罔克自拔，柔靡豔麗，驅青年於婦人醇酒之中者，蓋有人獸之殊，天淵之別矣」。緊接著是原本在鴛蝴派雜誌發表大量文言小說與翻譯、後轉進新文學陣營的劉半農，也在一九一七年五月三卷三號的《新青年》雜誌上發表〈我之文學改良觀〉，坦言今是昨非，「余贊成小說為文學之大主腦，而不認今日紅男綠女之小說為文學」。其後鄭振鐸亦以「西諦」為筆名，發表〈新舊文學果可調和麼？〉，直指鴛蝴舊文學耽溺於「雍容爾雅」、「吟風嘯月」，乃是以

「以靡靡之音，花月之詞，消磨青年的意志」，更直斥鴛蝴派作家為「文娼」、「文丐」。在這些新文學知識菁英的眼中，舊式文人的舊式小說乃封建餘孽，其「紅男綠女」的題材、「柔靡豔麗」的文體，都被陰性化為「婦人醇酒」、「文娼」的批判修辭，勢必難登反封建救中國、新時代新文學的殿堂。

而五四新文化新文學論述對鴛蝴派小說之深惡痛絕，更具體反應到其對這些小說最早發表之雜誌刊物封面之大肆攻訐。站在進步刊物與革命文學的立場看鴛蝴派小說雜誌，聞一多直言「那些美人怪物的封面，不要說好看，實在一文不值」（引自謝其章，〈「五四」文化運動戰鬥的一翼〉8），此時「美人醇酒」的鴛蝴派小說內容，直接呼應「美人怪物」的鴛蝴派雜誌封面。而陳獨秀也在《新青年》六卷一號發表〈美術革命〉一文，將上海流行的仕女畫、男女拆白黨演的新劇與不懂西文的桐城派翻譯之新小說，視為「一母所生的三個怪物」而痛加斥責。換言之，鴛蝴派雜誌封面之為「怪物」，正在於其多採用彼時上海流行月份牌廣告畫的「美人」，不是美人「與」怪物，而是美人「即」怪物。誠如魯迅一九三〇年在上海中華藝術大學的演講「談美與不美，真假藝術的區別」，直言若將米勒的油畫〈拾穗者〉來對比英美菸草公司等發行的商業月份牌廣告，自可當下立判何者為樸實動人的真藝術，何者為庸俗匠氣的假藝術。對魯迅而言，上海的月份牌畫不僅技巧粗糙、內容惡劣，月份牌上的女性更是庸俗病態。「畫的是上海的時髦女郎，很精細，連一根根的髮絲都畫得一清二楚，他畫的雖然是美人，但一點也不美，他不是什麼藝術品，而是一幅庸俗的商業廣告」（引自李榷 80）。此處魯迅當然沒忘記再度發揮其高超的嘲諷手段，謂此柔靡豔麗、病態纖弱的月份牌廣告時髦美女乃「中國五千年文化的結晶」。對這些憂國憂民、一心想要反封建的五四知識菁英而言，慣用上海月份牌廣告畫美女圖為封面的鴛蝴派雜誌，自是幼稚低俗、不堪入目，不加撻伐不足以彰顯新文化新文學之進步改革。

至於有關《新青年》作為「現代」期刊的起始點，如何有效集結進步話語、如何成功反封建改革舊倫理，或胡適發表在《新青年》的〈文學改良芻議〉如何開啟白話文運動，魯迅發表在《新青年》的小說《狂人日記》如何標示中國現代文學的濫觴等，相關論述早已汗牛充棟，不擬在此重複。但與《新青年》此消彼長的《眉語》，其出現與消失所凸顯的文學版圖變動，其封面美女所表徵的歷史圖像流變，反倒提供了我們重新思考中國現代性論述中「推陳出新」的建構方式。對奠基於線性進步史觀的五四「現代」話語而言，其「推陳出新」的方式，乃是建立在推擠同時代之部分其他文化再現（如鴛蝶派小說或鴛蝶派小說雜誌封面）為「陳」（落伍陳舊迂腐），以打開「新」的倡議空間與文化實踐。如上述分析所示，五四「現代」話語之建立，乃是在一連串舊式文人／現代知識分子、傳統刊物／進步刊物、通俗／菁英的二元對立系統中，「推陳」前者（例如「推陳」《眉語》，把《眉語》推成落伍陳舊），以便「出新」後者（例如「出新」《新青年》），而前者作為「傳統」的標定、命名與創造，正是後者作為「現代」的出現與出線。因而本章此節以《眉語》雜誌重新出發，並不僅僅只是要從通俗言情文學或都會市民文學的角度，嘗試為這本「鴛蝴派小說雜誌」翻案，也不僅僅只是要為這本由女性編輯、以女性讀者為主體的「民初女性雜誌」翻案。[11] 更重要的是，《眉語》從封面到內容所具體展現的「陰性時髦」，截然不同於五四「陽性現代」的論述模式與此論述模式所築基的線性時間進步觀。《眉語》不是「前現代性」，《眉語》也不是「被壓抑的現代性」，而是可「基進」質疑「現代性」在時間感性、歷史想像與美學概念上的基本預設。而其所展示截然不同於「陽性現代」的另類「推陳出新」模式，勢將更有效凸顯「現代性」時間概念的繁複內在差異，也更有效展現「現代」與「時髦」、「摩登」在文化翻譯上的性別美學政治。

## 三・時裝美人的「封面革命」

如同彼時多數鴛鴦蝴蝶派雜誌一樣，《眉語》從創刊起便採用民初著名上海月份牌畫家的手繪時裝美人圖為封面，此被五四知識菁英斥為「美人怪物」的封面，卻開啟了民國初年報刊雜誌的「封面革命」：「新文化運動的前夜，已經萌芽了封面革命的騷動，只不過這種騷動最初卻是由『鴛鴦蝴蝶派』文人搞起來的，他們最早地顛覆了一成不變的素面朝天的古書書衣的樣式，他們將才子佳人搬上了封面」（謝其章，〈「五四」文化運動戰鬥的一翼〉7）。而這些搬上了封面的「才子佳人」，除了以圖像「佳人」對應到新哀情小說的文字「佳人」外，除了反映民初攝影技術尚未普及、仍以手繪封面畫為主流的印刷物質條件外，究竟還蘊含了何種歷史「摺」學的「時間節點」與「時裝美人」作為「時間綴摺」的理論化可能，便是本節所欲探究的重點。

《新小說》創刊號封面

首先，讓我們回到清末民初雜誌封面的發展歷史，看看中國報刊雜誌第一批「時裝美人」的出現，如何改寫了二十世紀上半期中國現代性的視覺圖像語彙。創刊於一九〇二年的《新小說》、一九〇三年的《繡像小說》、一九〇六年的《月月小說》、一九〇七年的《小說林》，號稱「晚清四大小說雜誌」，這些清末小說雜誌的封面，多採「花卉」圖案或純文字無圖的設計，構圖簡單素樸。例如由梁啟超主編、最早一九〇二年在日本橫濱出版的《新小說》，乃晚清最具民族主義變革與圖強大義之文學期刊，具體實踐梁啟超「欲新一國之民，不可不先新一國之小說」的「新民」信念。就其第壹號封面觀之，右側為由上往下垂墜的紫藤花，深藍與淺藍兩色套印，左側為由上而下的魏碑體刊名，優雅卷氣。

《繡像小說》創刊號封面

或如由李伯元主編、上海商務印書館發行的《繡像小說》，其創刊號的封面畫乃一株盛開的白描牡丹，花枝由封面的右下方往上延展，左上方為由上而下的書法刊名，左下方為裝飾於中國古典框線中的期數，整體構圖秀麗典雅，如實展現其回歸明清小說「逐回繡像」的插畫體例。

或是由上海群樂書局創刊、號稱鴛鴦蝴蝶派濫觴的《月月小說》，封面無圖，僅以魏碑體刊名的四個大字置於封面中央，最上方以英文標示刊名，最下方則為中文期數、發行次數與英文的發行所地址，開啟彼時「中西合璧」雙刊名的封面之先。或者是由黃摩西主編、以文學理論與翻譯小說為主的《小說林》，其第五期封面乃以枝葉茂密的垂絲海棠為主構圖，由右上方循時針方向往左下方延展，花葉中央夾帶出捲軸框內的魏碑體刊名，下方則為期數，封面邊緣則為中國古典裝飾回紋。整體而言，這些清末小說雜誌的封面，雖乃應運「小說界革命」的文學思潮而生，但卻無任何「封面革命」的創舉，僅在傳統素面朝天的書衣之上，加上了花卉與框線的簡單構圖設計或雙語刊名，整體中式風格典雅素樸。[12] 此時「佳人」還沒有搬上封面，雖然在《新小說》第十號（光緒三十年七月）的內頁插圖裡，已可見「泰西美人」的照片，或在晚清《飛影閣畫報》的封面，已標示「逢期附贈時裝仕女三幀」等字樣（趙孝萱 101），但這些泰西美女照片或時裝仕女畫像，皆尚未正式在晚清小說雜誌的封面之上公開拋頭露面。

接著我們可以將歷史的焦點，轉到號稱「民初五大小說雜誌」的封面一探究竟，這些民初小說雜誌的封面設計，成功開展出多元活潑的面貌，各種仕女畫、水墨畫、生肖畫、工筆、漫畫、速寫、半中半西式筆法層出不窮，徹底打破晚清小說雜誌「花卉封面」或「純文字雙語封面」的格局。根據《二十世紀中國文學圖志》的說法，「王蘊章、惲鐵樵編的《小說月報》，王鈍根、周瘦鵑編的《禮拜六》週刊，徐枕亞編的《小說叢報》，李定夷編的《小說新報》，以及包天笑編的《小說大觀》，堪稱民國初年『五大小說雜誌』。其中又以《禮拜六》和《小說叢報》最能領導當時時髦的哀情潮流」（楊義等，上冊 73）。而這些著名的民初小說雜誌，最初皆以刊載彼時最為流行的鴛鴦蝴蝶派小說為主，並以上海都會為編輯與發行中心，採十六開或三十二開平裝鉛印。就其物質生產條件而言，「上世紀一二〇年代的『鴛蝴派』」期刊大都是請名畫家專門畫封面畫、不用現成的照片充封面，在攝影技術還沒有大普及之前，手工繪畫仍是裝幀最主要的技術手段。（謝其章，《蠹魚篇》192）。而這些用來標示「雜誌的宗旨與意趣」（魏紹昌 221）之手工繪畫封面，乃大量採用彼時漸臻成熟的上海商業月份牌美女畫，呼應上海都會市民消費文化的興起，「時裝美人」遂成為民初刊物封面的主要特色。

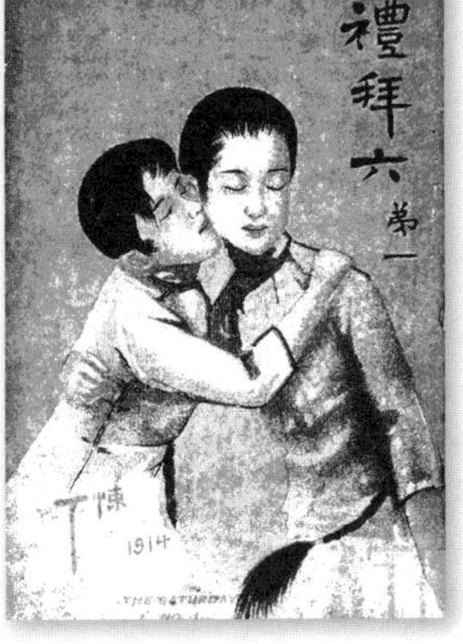


《禮拜六》創刊號封面

若以與《眉語》同時創刊於一九一四年、「民初五大小說雜誌」之一的《禮拜六》為例，前後出刊共兩百期，由上海中華圖書館發行。該刊仿美國《禮拜六晚郵報》之模式，將週刊訂名為《禮拜六》，不僅成功模仿以出刊日為刊名的洋式作風（《眉語》乃是拐個彎仿效），體現「既通俗又先鋒」的市民文學風格，更見證了陽曆的「星期」已潛移默化、約定俗成為民國初年都會生活的新時間週期概念（劉鐵群 5-8）。《禮拜六》的封面有人物畫、漫畫（最為人所津津樂道的封面創意，乃是第四十二、四十七、四十八期的三幅相互連串的滑稽封面連環畫）、山水畫、風景畫、劇照和照片封面等，其中以仕女圖為最大宗，仕女圖中又以畫家丁悚的時裝仕女圖為代表，亦包括張光宇、楊清磬等人的畫作。[13] 前百期的封面女郎多穿傳統中式服裝、典雅含蓄，後百期的封面女郎多著西式洋裝與高跟鞋，活潑大方（劉鐵群41）。而其創刊號上的仕女圖乃被後世公認為最具創意與話題性的大膽之作，圖中兩名時裝美人，其中一名親吻另一名的臉頰，兩人皆呈閉眼陶醉狀。

由服飾裝扮觀之，此二人乃是穿著文明新裝的女學生或知識女性，不再只是傳統溫柔婉約、嬌弱纖細的「仕女」，而是清末民初興女學運動下會讀書會寫字有見地的「識女」，與其說此身體親暱暗示或鼓吹了某種女女情慾的可能，不如說此親吻之舉乃突破社會禁忌以表達開明先進，並以此開明先進作為雜誌促銷的商業賣點來得更為準確。

而二〇、三〇年代之後，民初的「時裝美人」遂逐步登堂入室為大眾文化更形普及下的「封面女郎」，而女學生形象也逐漸讓位給成熟都會摩登女子與後來陸續出現的女明星與社交名媛。像一九二二年由「哀情巨子」周瘦鵑創刊的《紫蘭花片》袖珍月刊雜誌，雜誌封面還多所保留一〇年代溫柔婉約的「時裝美人」形象，甚至還一度回歸古裝美女的形象，「第一年是直式六十四開本，封面用三色版精印中西時裝仕女圖，仕女或擎傘遊春，或倚花看書，或在紫羅蘭叢中談月琴，或在雅社裡整理花籃。第二年換作橫式六十四開本，封面精印古裝仕女圖，古樹綠竹，小橋繡閣，帶點《紅樓夢》的趣味」（楊義等，上冊78）。但同樣是周瘦鵑在一九二五年創辦的《紫羅蘭》半月刊，其封面則轉向重彩月份牌畫，仿照相攝影，凸顯頭部特寫，讓脂粉味偏重、肉體感增強的「紫羅蘭娘」形象取代清純飄逸的女學生形象而蔚為風行。而後在三〇年代獨領風騷《萬歲》雜誌的「萬歲女郎」，則又有造型與畫風上的不同變化：「迥然異於《紫羅蘭》封面女郎滿是脂粉味的肖像風格，透過漫畫家丁悚（一八九一—一九七二）繪製《萬歲》雜誌封面則是呈顯出當代人物情熾騷動而幽默的另一面。若說出自深院香閨的『紫羅蘭娘』作為一位溫文爾雅顧盼自憐、甚至無視於外界讀者窺看的櫥窗美人，那麼帶點一絲誇張式俏皮與詭譎微笑的『萬歲女郎』，就像是幾乎要從畫面裡跳出來回望盯梢讀者眼神的玲瓏主角：短髮、櫻桃嘴、隆直的鼻梁，還有那一雙不易受驚嚇的眼睛，展露出城市時髦女子特有的神氣與招搖」（李志銘 12）。而更重要的是，二〇年代中後、三〇年代的「封面女郎」已大規模進入攝影照片的年代，以創刊於一九二六年的大型綜合性刊物《良友畫報》的創刊號封面為例，乃採用女明星胡蝶的套色照片，手持鮮花，笑臉盈盈，清楚標示出由手繪到攝影、由女學生到女明星、由「時裝美人」到「封面女郎」的歷史變動軌跡。

而三〇年代以降，左翼文學亦風起雲湧，對關心底層人民生活的革命文學運動者而言，原本代表中產階級摩登男女消費生活方式與審美情趣的「封面女郎」，乃被視為上海都會作為罪惡淵藪的表徵而遭唾棄，轉向標舉「平實樸拙如《人間世》、《中國作家》、《文學月報》期刊封面趨向現實主義而藉以展現農民勞動形象的木刻版畫」（李志銘 12）。而後木刻版畫的寫實主義，更進一步成功結合未來主義形式構圖，甚至超現實主義藝術風格，也順利建構出新一波「封面女郎」／「勞動人民」、資產階級／普羅階級，進步革新／保守頹廢的二元對立論述模式，展開另一回合「陽性現代」的「推陳出新」運作模式。

然而在此歷史文獻資料的爬梳中，我們必須特別注意三個相互環扣的問題。第一個是如何突破現有「時裝美人」的「符號閱讀」與「再現閱讀」模式，而不落入「見其所見」形式分析的局限。第二個是如何講述一〇年代、二〇年代、三〇年代、四〇年代由「時裝美女」到「封面女郎」的時代差異，第三個是如何看待圍繞在「時裝美人」消費圖像之中的性別主體。就現有的批評文獻而言，「時裝美女」封面的「現代性」，多被圈限在反映上海西化流行時尚的「符號」與上海都會西化生活的「再現」。[14]這種「符號閱讀」或「再現閱讀」的模式，也常常擴及「封面女郎」在「女性形象」上的光譜以及其跨越各種階層的生活圖景。[15]而更常見的則是徹底壓縮一〇至四〇年代「時裝美女」到「封面女郎」的細緻差異與歷史演變。

昔日因各色人種雲集而一度被西方冒險家稱作「東方巴黎」的上海城市，堪稱十里洋場風華璀璨，出版界在線裝古籍版刻書寫與西式裝幀文字設計（typography）彼此尷尬碰撞下，意欲擺脫封建傳統桎梏的畫家們自是百無禁忌地進行著書籍設計的各種探索。伴隨著大都會消費流行文化的興盛發展，大眾時尚文藝刊物為強調普羅性格，封面畫題多汲取自上海女星雜揉而成時裝美女為號召。所謂「封面女郎」（COVERGIRL）遂由此創生，並與上海摩登生活互為隱喻。（李志銘 11）

此段論述文字成功指出中國報刊雜誌「封面女郎」的出現，環環相扣於上海大都會流行消費文化的興起繁盛，但論述文字中對大眾時尚文藝的普羅性格、上海女明星與摩登生活的刻意凸顯，又似乎較為貼合雜誌「封面女郎」早已蔚為風潮、上海月份牌美女畫早已熟極而爛的三〇、四〇年代，而非一〇、二〇年代「時裝美女」初露頭角、初試啼聲的新鮮變動期。而更讓人擔憂的，則是這些評論在探討「時裝美女」所預設的標的讀者群或消費者時，往往循「異性相吸」的模式，傾向凸顯「以女性為商品的包裝背後隱含的仍是男性的消費慾望」（趙孝萱 101），而讓女性作為觀看主體與消費主體的可能論述空間徹底消失。故如何在「符號閱讀」與「再現閱讀」的批評架構之外另闢蹊徑，如何在「宏觀」的歷史時段區分中析剔出時間感性的「微分」差異，以及如何在「時裝美女」的女性圖像中找出時尚—現代性的連結方式，將是本章接下來重新回到《眉語》封面的主要重點所在。

## 四・陰性時髦的「微縐摺」

如果在「陽性現代」的線性進步史觀中，民初鴛鴦蝴蝶派的小說雜誌封面乃「美人怪物」而遭受貶抑與排擠，而當代以通俗文化、市民文學、女性圖像與時尚消費重新出發、肯定「時裝美人」乃民初「封面革命」的相關批評文獻，卻又往往囿限於「圖像符號學」與「視覺再現」的分析架構，那本章的最後一節就是要重回《眉語》「時裝美人」的封面，將其當成時間的「微縐摺」，企圖在「見其所見」（時裝形式）的同時，也能「見其所不見」（翻新行勢），以凸顯「陰性時髦」所啟動之時間感性，如何有別於「陽性現代」。那就讓我們來看看在《眉語》封面上所啟動的「摺疊」以及「陰性時髦」所揭露的時間感性。《眉語》共計十八期的封面，皆為清雅秀麗的女子，多數穿著彼時流行的「文明新裝」，加上鳳仙高領、燕尾瀏海等時尚細節，少數以紗縠輕掩裸體。其封面畫標題可歸納如下，括弧中為可考之封面創作者或該期在刊物封面上特別強調的照相印刷技術：

第一期：「清白女兒身」（鄭曼陀）

第二期：「人面花光」（張般若）

第三期：「玉雪爭輝」（藍天）

第四期：「憑欄寄相思」（張般若）
第五期：「縹緲仙子」（張公威）
第六期：「蘭湯浴倦圖」（張公威）
第七期：「望郎歸」（藍天）
第八期：「迎風玉立」（但望旦）
第九期：「佳人進果」（但望旦）
第十期：「人面花光相映紅」（但望旦）
第十一期：「惜花春起早」（但望旦）
第十二期：「紅窗閒倚」（但望旦）
第十三期：「拈花微笑」（珂羅版）
第十四期：「回頭卻顧蘭湯笑」（珂羅版）
第十五期：「支頤沉思圖」（宗琬）
第十六期：「玉砌迎涼圖」
第十七期：「停針憶遠人」
第十八期：「驚鴻一瞥」（胡伯翔）

然而這些充滿傳統仕女圖聯想的古典標題，對應的卻非一成不變、靜態被動的女性圖像。在《眉語》小說雜誌封面上出現的「時裝美女」，充分凸顯出時尚—現代性（*la mode* 與 *la modernité*）的連結（時尚早已摺進了現代性之中，現代性總已是時尚現代性），讓《眉語》的「時間感性」出現在以「月眉」為題的新—舊摺疊之中，乃是以出刊日為刊名的「新」雜誌命名方式（陽曆每月月初出刊），繞個彎摺疊「舊」的「雙眉」：陰曆「上弦月」與女性面容之提喻。如前所分析，與《青年雜誌》創刊號同年同月發行的第十二期《眉語》，乃是以出刊日期「乙卯九月」的陽曆—陰曆摺疊，搭配封面上時裝美人的服裝—髮式—身體姿態關係配置（另一種時間的縐摺）。誠如魏紹昌在《我看鴛鴦蝴蝶派》中的細緻觀察：

> 因為一、二十年代彩色圖版尚未普及，雜誌封面的題名與底版，雖已有套色，圖片基本上還是單色，而且繪畫多於照片，畫的大多是當時的時裝婦女。如果將一十年代出版的《小說時報》、《眉語》和二十年代出版的《半月》、《社會之花》的封面相比對照、就能區別出十年之隔，婦女的髮式、服裝有著明顯不同的變化。（224）

雜誌封面的「十年之隔」，不僅隔出了不同的服裝髮式，也隔出了繪畫與照片、「時裝美人」與「摩登女郎」。若是我們把「隔」當成「區（曲）別且連續」的變化而非「區別且分離」的斷裂，那我們是否可以把當代相關研究過多投注於「摩登女郎」的焦點，暫時轉到往前「十年之隔」的「時裝美人」，看這些「憑欄寄相思」、「人面花光相映紅」的「老舊」鴛蝶雜誌封面，如何有可能給出「時尚現代性」的縐摺運動。以下我們將從《眉語》最具爭議性的創刊裸體封面「清白女兒身」出發，以相互比較、相互摺疊的方式帶到最後一期女子駕車的「驚鴻一瞥」，來探討「時裝美人」封面作為「微縐摺」的可能閱讀方式。

《眉語》創刊號的一鳴驚人、引領「封」潮，當首拜封面上的裸體美人之賜。雖說早在一九一〇年《小說時報》就已大剌剌地將義大利美術館裸體美人名畫收錄其中，但《眉語》創刊號將美人裸體畫直接放在封面，確實更為明目張膽。誠如學者孫麗瑩所言，「民初，女性裸體圖像開始頻繁出現在印刷媒體，使得各階層讀者有機會接觸到。至一九一〇年代末期，裸體畫已得以陳列展覽會所，雖彼時仍遭到正統勢力的打壓，但畢竟原先屬於私人視域的女性裸體從前所未有的規模進入公共視域，在公眾的凝視（gaze）下被廣泛討論」（319-20）。[16] 然此女性裸體與公共視域的連結，如何才能跳脫出泛道德（裸體情色、裸體猥褻）或泛政治（裸體民主、裸體前衛）的「廣泛討論」框架呢？首先就「見其所見」言之，此女性裸體封面讓「赤身／裸體」（nakedness/nude）的區分本身，增加了「穿文化」的面向。在當代藝術研究的定義之中，「赤身」指的是沒穿衣服的赤裸身體，「裸體」指的是沒穿實體之衣但穿著文化或藝術之衣的繪畫表現形式，故畫中的美女可以赤裸身體，但其身體四肢擺放的姿態、其眼神妝容、其房間擺飾乃至於光影、肉色，都有不同時代、不同文化的藝術傳承作為看不見的衣飾。故在當代藝術史家的眼中，西方沒有「赤身」的「裸體畫」，所有的「裸體畫」都穿了藝術形式的「衣飾」。

若以此「赤身／裸體」的觀點看《眉語》創刊號的裸體美人封面，其乃是同時穿著了中西文化與藝術表現的雙重「衣飾」。就第一個層次而言，此立姿裸女與西方古典裸體畫的橫臥裸女較為不同，而與十九世紀照相技術所開發的立姿裸女攝影較為貼近，而此攝影美學形式乃同時貼擠了希臘羅馬時期裸女雕塑（此亦有評者稱此《眉語》封面乃「希臘雕像」之由），故此裸體繪畫之不只為繪畫，乃在於攝影與雕塑之「穿歷史」貼擠。就第二個層次而言，此中國裸女繪畫之「中國」，不僅在於畫中女子的面貌髮色，更在於畫面本身的「氣韻生動」，從裸女的身體姿勢線條（從手肘、身軀到髮梢）觀之，再加上透明紗巾流動飄逸的方向，基本上此「氣韻生動」乃是由上往下的逆時針方向流動，無光源點，無物體陰

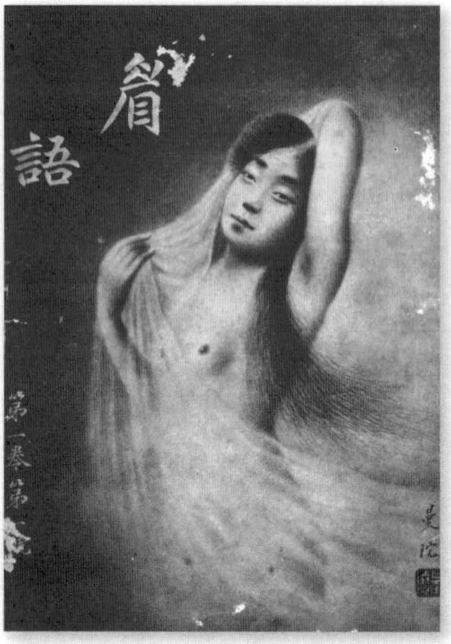

《眉語》第一期封面〈清白女兒身〉

影，卻有西方繪畫傳統所無的氣流軌道。若以此創刊號的中國裸女繪畫封面與《眉語》第二期的西方裸女（僅裸肩背）側面攝影封面相比較，當更可清晰辨別其在人體寫實度上的巨大差異，一個二度空間的飄飄欲仙，如夢如幻，頭部、身體與手肘手掌尺寸比例略顯突兀，一個三度空間的肉感真實，觸手可即，身體尺寸比例完美。這種差異對比似乎又再一次驗證藝術史家最愛談的中國「氣—身體」或「消散身體」（the dispersing body），不會被徹底物質化為客觀存在的真實實體（Hay 52），而是將人體融入自然，體現氣在宇宙間的運行，或是當代哲學家最愛談的中國裸體畫之闕無，正在於無抽象形式的本質思考（Jullien）。

而在此身體—文化形式的分析之中，畫家鄭曼陀的美女月份牌畫風亦不容忽視。被視為月份牌廣告畫鼻祖的鄭曼陀，以擦筆水彩法聞名於世，專擅「時裝美人」，打破傳統仕女圖「千人一面」的彎眉細目、櫻桃小嘴，也打破傳統仕女圖的工筆畫法，而能以細膩傳神的擦筆水彩，「寫真」女子面貌身容與都會時尚細節，有如照相式人像。而「曼陀風」的美女月份牌，又以清純書卷氣的女學生為尚（蔣英 53）。[17] 然鄭曼陀畫穿衣服的「時裝美人」，也畫不穿衣服的「裸女」。此發行於一九一四年十月的裸體封面，比鄭曼陀另一幅為中法藥房繪製、號稱開啟月份牌裸體畫的〈貴妃出浴圖〉（一九一五），還早上幾個月。故評者多謂「鄭氏生前手繪《眉語》創刊號猶如希臘雕像的裸女封面畫也就更難得見了。有趣的是，畫中

這位出浴女子的肢體動作雖趨近於西方雕塑藝術講究的健美形象，但其面容體態卻

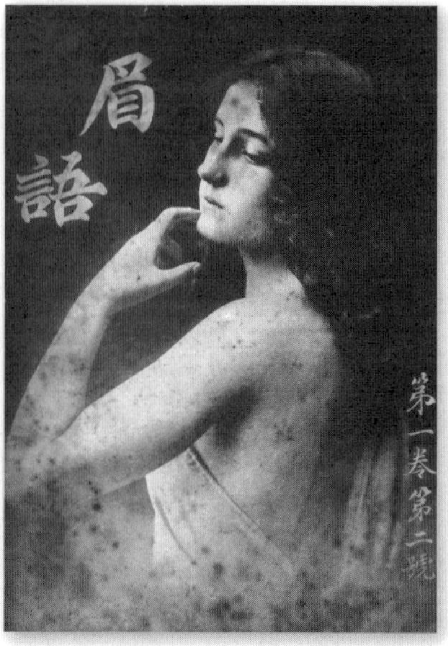

右圖《眉語》第二期封面〈人面花光〉
左圖《眉語》第六期封面〈蘭湯浴倦圖〉

呈現出傳統東方女性的特有韻味」（李志銘 11）。容或我們並不完全同意此處東方面容體態／西方健美肢體的對比方式，畢竟〈清白女兒身〉的清雅飄逸，乃是以「清」的潔淨無瑕亦無邪，帶出「輕」的無實體感、無重力感（彷彿能被氣流所捲走），較無法體現如《眉語》第二期封面所表現的「西方健美肢體」。而更重要的是，這些面容體態與肢體動作所築基的水墨筆法，乃是一種具有創新能量的「新舊摺疊」，帶出的乃是「擦筆水彩畫」作為中國炭精擦筆法與西洋水彩畫的摺疊，亦是「上海月份牌畫」作為年畫—廣告的摺疊。

但這樣的閱讀方式，仍是將「清白女兒身」的裸體封面，同時讀成沒

有穿實質衣服的裸女與穿了文化衣服（中國氣—身體與清末民初美女月份牌畫風）的裸女，然有沒有可能更進一步將此封面讀成「時裝美人」的裸體畫呢？但明明是「裸體」，如何有可能談「時裝」呢？誠如藝術史服飾研究學者侯蘭德（Anne Hollander）在《穿透服飾》（*Seeing Through Clothes*）中的精彩闡釋與圖例說明，西方裸體畫中沒有穿衣服的女人，乃是用其肉體在穿衣服，彼時的時尚流行已不再是直接以面料與剪裁的物質形式出現，而是間接化成肉體的形式再現，尚細腰時尚的時代，裸女腰部纖細，尚豐胸時尚的時代，裸女胸部豐滿，尚翹臀時尚的時代，裸女則臀部豐美。那回到《眉語》的創刊號封面端詳，其乃同時給出看得見的「時妝」與看不見的「時裝」。看得見的「時妝」當然是指此長髮女子頭上明顯可見的「前瀏海」，已被撥向右邊，而留下左邊清晰的髮線。而其看不見的「時裝」，則又是雙重的看不見：看不見「文明新裝」，也看不見「文明新裝」裡面用來壓平胸部的「小馬甲」。[18]《眉語》封面上小胸部的裸女，指向的不是古代仕女圖在層層衣飾之下的「平胸美學」，也不是裸體寫生的可能寫實呈現（機率甚微），而是民初窄衣窄裙「文明新裝」的內衣「小馬甲」之時髦流行。我們可以進一步拿此創刊號封面與《眉語》第六期的裸體封面相比較，後者顯然比前者更氣韻生動，更飄飄欲仙，連薄紗絲縷的尾端都呈捲雲狀，氣海氤氳如飛天仙女，然兩者作為「時裝美人裸體畫」的表達卻十分一致，在其裸露的平坦胸部之上，摺疊著文明新裝小馬甲的時尚美學，即便後者的髮式已從「燕尾式前劉海」改為「捲簾式前劉海」。

而更有趣的比較，則出現在《眉語》第六期裸體封面與《眉語》最後一期的女子駕車封面。此兩封面的女子髮式，都是當時最時髦流行的「捲簾式前劉海」，然前者透過飄飛薄紗所帶出的氣韻生動，已全然轉換成後者經由機械車輛所造成的移動速度。雖然駕車女子的脖子上亦圍有飄飛的薄紗圍巾一條，然此薄紗圍巾已非《眉語》第一期與第六期裸體封面上用來營造美學氛圍的薄紗圍巾（既呼應神話飛天仙女的衣袂飄飄，亦呼應彼時西方女性裸體攝影的欲遮還羞），而是民初女學生在粉頸上繫圍巾的時髦打扮（黃強177；吳昊47），一如當時的諷刺詩所言：「兩肩一幅白綾拖，體態何人像最多，搖曳風前來緩緩，太真返自馬嵬坡」（谷夫）。而飄飛的薄紗圍巾，其動勢乃同時指向車子的行徑風速與大自然的風向（由中景大樹的枝枒走勢帶出），讓自然與機械、氣韻與速度相互摺疊。這幅由民初另一位知名的月份牌畫家胡伯翔所繪製的「時裝美人」，雖採「平光」的「無影繪法」，卻已成功運用前、中、後三景與筆墨的濃淡深淺，拉出空間深度與焦點透視

《眉語》第十八期封面〈驚鴻一瞥〉

感。[19]

而駕車女子作為飄逸靈秀的「時裝美人」，其「微綴摺」之「微」不僅在於時髦瀏海，不僅在於時髦圍巾，更在於其所具現的「褲子革命」。《眉語》封面的「時裝美人」，或上衣下裙的「文明新裝」，或更顯年輕的上衣下褲。「文明新裝」作為一種民初的新—舊摺疊，乃是在既有漢族婦女上衣下裳的形制中「去裝飾化」：身上不戴簪、釧、耳環、戒指等首飾，衣飾不帶花邊繡紋，以窄而修長的高領衫襖和黑色長裙為主。故「文明新裝」之為「時裝」，正在於以「去裝飾」廢除一切象徵貴族傳統、封建制度的奢華繁複，正在於以「去裝飾」呼應清末興女學的素樸知性裝扮與民國新建的改革氣象。而此樸素簡便的新身體—服飾作為「文明」的新界定和新時代、新思潮的表徵，亦是受到日本現代女裝的影響，故「文明新裝」亦可說是某種程度的中—日（翻譯）綴摺。而清楚露出年輕女子腿部線條的「褲子革命」，則更是「時裝美人」的大躍進。辛亥革命推翻帝制，「民初風氣開化，上衣下裙和上衣下褲成為女子的時興裝束，褲裝大受女性青睞，褲裝外穿不分階級，大家閨秀也樂意穿褲裝，以便自己行動輕便，合乎潮流」（黃強 176）。[20]

我們已經嘗試從第一期不穿衣的「時裝美人」談到了最後一期穿衣的「時裝美人」，但《眉語》「時裝美人」作為「時間微綴摺」的概念發展，最後還是要回到「雜誌」之「雜」的本身，如何雜揉新與舊，如何貼擠女學生、妓女與裸女。在此我們必須面對處理的，乃是「雜誌」之「雜」的政治／美學。不論是「雜誌」在最初歐美語境裡作為「倉庫」，或「雜誌」在最初中文語境裡作為趣聞、軼事、掌故之筆記匯集，其「雜」在理論上的「基進性」，不在於內容的龐雜豐富（以空間並置的方式出現），而在於「雜」與「雜種性」（hybridity）的連結，亦即作為時間「帶有變動可能的重複」、作為「踐履現代性」的連結。[21] 故就「時間微縐摺」而言，《眉語》雜誌不是將女學生、妓女與裸女混為一談，而是讓我們看到民初的「翻新行勢」是如何讓這些貌似不相連屬、「區別且分離」的女人，成為連續變化、「曲別且連續」的「流變—女人」（不是流變成某一種女人，而是讓女人作為身分認同、作為男／女二元對立界定方式的本身產生流變），此亦即《眉語》雜誌真正「微陰性」之所在。

就讓我們以本章前面所聚焦討論、與《青年雜誌》創刊號同年同月出版的《眉語》第十二期為例，其目次依例分為圖畫與文字兩大部分，文字部分包括短篇小說、長篇小說、文苑與雜纂，而圖畫部分則是以時裝美人畫、裸體美人畫、愛情畫與名妓合影為主，一如此期在一九一五年十一月十九日《申報》所刊登之廣告所示：

（玉池清水白蓮花）之半身裸體美人畫，（持將燈影照郎歸）之時裝美人畫，（羅衫纔褪惱郎窺．解裙量度小腰圍）之裸體美人圖，（口脂羞度（吐蘭依玉）

花下戲儂）之愛情畫）。此外尚有中國各省名妓合影全圖共一百另二人，南脂北粉，鶯媚燕俏，實不可多得之物，亦諸君不可多得之眼福也。再凡在本埠直接向總發行所現購本號眉語一冊者，奉贈精美明信片畫三張，香豔美麗，幸勿交臂失之，每冊大洋四角，全年十二冊大洋四元。總發行所棋盤街交通路新學會社。[22]

過去評者對此雅俗交雜、以裸體為宣傳訴求或贈品的做法，多以市場商業考量一言以蔽之，「而只是在卷首銅版精印了許多西洋婦女的袒胸露乳的照片，以做招徠之用」（范伯群 34），但我們卻是希望在《眉語》雜誌之雜揉愛情—時裝—裸體—妓女—女學生的配置關係中，看到前—歷史與後—歷史、前摺與後摺的摺摺連動，亦即時間微縐摺的力量與流變。這種力量與流變所造成的張力、衝突、連結、翻轉，或亦未必全能以「共和」即「民主」、「民主」即「平權」的方式一言以蔽之：不分穿衣裸體，不分貧富貴賤皆一律平等的「共和」精神（黃錦珠；陳建華）。[23]

那如何以縐摺運動的觀點，看待《眉語》雜誌之「雜種性」呢？當前有關清末民初上海妓女的相關研究，已成功凸顯女性身體—商品—現代性的連結（Hershatter; Yeh），而時髦倌人作為「時裝美人」「前—歷史」的可能，一如「摩登女郎」作為「時裝美人」「後—歷史」的可能。晚清的「時髦倌人」帶動的乃是整個社會的「貧學富，富學娼」，而進入民國之後，則是讓位給「新潮女學生」，「早期的時裝美女就是女學生。但是女學生的時代，月份牌還沒有到達轟轟烈烈的地步」（素素 137）。而《眉語》所凸顯學堂打扮的新潮女學生之為「時裝美人」，正在於其從思想到行為、從前瀏海到褲裝，均具現歷史摺摺連動的力量與流變。故《眉語》中的妓女小照，對五四進步知識分子而言，乃是舊式文人、青樓文化的封建遺緒，乃是新／舊斷裂之中不去不快的「舊」。但對《眉語》雜誌的女性編輯群而言，妓女小照既有女權革命一視同仁的平等意識，亦有時尚加攝影的新潮聯想，更有時髦流行的推廣效應，乃是新—舊交疊中無法切割無法斬斷的縐摺。

而女學生—妓女的縐摺（名為縐摺，便在於強調其相互解畛域化的可能，而非從A到B，或從B到A的線性發展或前後因果），亦可以幫助我們概念化裸體—文明新裝的縐摺，不再是裸體 vs. 服飾，而是裸體與服飾皆為「時」裝，皆展現特定歷史時空的文化想像。讓我們以《眉語》主編高劍華所撰的〈裸體美人語〉短篇小說為例，該小說描述一位赤誠純真的「奇美人」，在山洞之中奇遇裸體美人，而裸體美人對其的開導乃是：

> 脂粉汙人，衣飾拘禮，世間萬惡莫大於飾，偽君子以偽道德為飾，淫蕩兒以衣履為飾，飾則失其本性，重於客氣，而機械心盛，返真無日矣。吾悲世人之

險詐欺飾也，吾避之唯恐不速，吾居此留吾天然之皎潔，養吾天性之渾樸，無取乎繁華文飾，而吾心神之美趣濃郁，當無上於此者矣。（引自陳建華 379）

裸體美人的教誨重點，乃是建立在雙重的「去裝飾」，去除偽道德機心的險詐欺飾，亦去除脂粉衣履的繁華文飾，而裸體之皎潔渾樸，正是此雙重「去裝飾」的身體力行。這段文字當然可以被視為《眉語》主編本人，為其刊物的裸女封面與裸女畫所提出的基進立場說明，然這段為裸體而辯的小說文字，不也同時可與文明新裝「去裝飾」的身體—服飾實踐穿鑿附會一番，讓不穿衣服的「裸體」可被視為民初女子素樸實踐的「文明身體」，一如穿衣服的「文明新裝」亦可被視為民初女子去裝飾的一種「裸裝」，皆以「歸真返璞」作為新時代、新身體、新服飾的表徵。

而「愛情—時裝」的縐摺，則更是貫穿「女學生—妓女」、「裸體—文明新裝」的摺摺連動。《眉語》所呈現的鴛鴦蝴蝶派愛情小說，已然改寫傳統章回小說才子佳人的套式，然其「大進步」並非如魯迅以嘲諷的口吻所言的佳人變成良家女子（非妓女）「和才子相悅相戀」，而在於「浪漫愛」作為新舊、中西交疊的話語，如何在民初發酵，並以女學生為閱讀主體的壯大，以自由戀愛、婚姻自主為理想投射，直接撼動「父母之命，媒妁之言」的傳統婚姻制度。24 故民初鴛蝶派「浪漫愛」所帶動的，乃是閨閣中的「德先生」，私領域的民主化，企圖創造「浪漫愛」作為現代性在情感秩序上的革命創新可能。[25] 而學者周蕾對鴛鴦蝴蝶派所給出「浪漫愛」全球格局的分析，最是深刻：

被盲目崇拜的或商品化的正是愛情的「客觀性」或公眾透明性，愛情一方面成為有些過時而逐漸變得不透明的儒家文化的「溝通」方式，另一方面成為由於是異國的而變得具威脅性、不透明的西方科技世界的溝通渠道。這樣，我們就能理解為何在二十世紀最初二十年間，一種明顯地在退化的古文可以如此輕易地參與，觸發愛情，觸發「自然的」、「革命性」的感覺，達到普遍的文化發洩目標。……當愛情被物化為全球性流通貨幣的時候，其影響程度，其實依賴「外來的」範例能夠被翻譯成為適合當時中國的規範的成功程度。在具有普遍性的名義下能夠與西方「兑換」的「愛情」，卻似乎頑強地依附在我們「純粹本土」的鴛蝴派故事中熟悉的敘述模式上。（134-35）

鴛蝴派哀情小說的成功，正是將外來／本土，中國／西方的「區別」轉換為「曲別」，讓儒家道德—文言文—言情小說—西方科技產生新的配置關係。而《眉語》的發行，不僅提供此新配置關係下龐大閱讀市場的消費渠道，更是給曾是女學生的主編群一個創作鴛蝴派小說、編輯鴛蝴派小說的大好機會：「女性不僅是言情小說的消費者，還是言情小說的製造者，一九一四年創刊的《眉語》雜誌，就是由女性自己主編的，其撰稿人也多為女性」（素素68）。[26] 由此觀之，《眉語》所表達的鴛蝴「浪漫愛」與其所奠基的新生產消費配置，讓愛情也成為一種「時裝」，不僅要看穿著時髦的女學生談著時髦的愛情，也是要以消費（甚至撰寫、編輯）小說雜誌的方式參與新都會生活的時髦流行。

於是在五四進步知識分子眼中有如「文丐」、「文妓」的鴛蝴派作家、有如「美人怪物」一般的鴛蝴派小說雜誌，卻可以是新舊雜陳、中西交織的「時間微縐摺」，雜揉貼擠著時裝、浪漫愛、妓女、女學生與裸體。五四進步知識分子的「陽性現代」，乃是一刀兩斷的斬斷過去、投向未來，而鴛蝴派小說雜誌的「陰性時髦」，則是創新與復古、變動與重複的縐摺運動，不乾不淨的中間物與永遠的「界於其間」（縐摺接著縐摺的摺摺連動）。「陽性現代」的「推陳出新」，乃是推擠同時代之相異文化為「陳」（陳舊落伍），以打開己身「新」之為新的論述空間，而「陰性時髦」的「推陳出新」，則有如地殼變動、地層推擠般將「陳」（已形成、已存在或已「沉」在下面），推擠出來而變成了「新」。此處新／舊不再對立，新／舊不再斷裂，「新」乃成為舊與舊穿歷史、穿文化的摺疊與貼擠。而也唯有在這樣「新／舊對立」與「新—舊摺疊」的不同時間感性之中，我們才能再次了解為何《眉語》不是前現代，為何《眉語》也不是被壓抑的現代，《眉語》乃是現代性的內在性別區辨，亦即「陽性現代」與「陰性時髦」作為現代性的分裂與雙重。

（本章所採用之雜誌封面圖像，由舊香居提供，在此致謝）

## 注釋

1 「鴛鴦蝴蝶派」一詞，多用來指稱「清末民初半封建半殖民地的十里洋場的產物，主要以迎合有閑階級和小市民的口胃和趣味為目的的都市文學」（范伯群 11），又稱為「民初舊派文學」或「禮拜六派」。而吳友如的《海上百豔圖》現收錄於《吳友如畫寶》第一卷，丁悚的《上海時裝百美圖詠》於一九六八年由台北廣文書局重新出版時，改為《上海時裝圖詠》。

2 阿英在其〈中國畫報發展之經過——為《良友》一百五十期紀念號作〉中指出，《圖畫日報》「圖繪很劣，然內容卻很豐富」。可參見《阿英全集》，冊六 316。

3 根據統計資料，辛亥革命以前出刊的畫報不下七十種，而其中又以上海出版的畫報為最，高達三十餘種，可參見馬光仁主編的《上海新聞史》374。

4 魯迅在〈北平箋譜序〉中曾言，石印術的引進，簡化了插畫圖書，讓「全像之書，頗復騰踴」（《魯迅全集》第七卷 405）。有關石版印刷術於一八七〇年代傳入中國的歷史，以及其所帶動的圖像機械複製技術的相關討論，可參見吳方正，〈晚清四十年上海視覺文化的幾個面向：以申報資料為主看圖像的機械複製〉一文。

5 此處的「爆破」乃班雅明慣用的字詞，用以表達「解畛域化」的強大革命動能，而非純粹負面性的摧毀破壞。

6 然而有關《眉語》創刊所涉及的政治脈絡亦不容忽視，亦即鴛蝶派雜誌背後的南社背景，包括《眉語》主編高劍華之夫、亦為主要題字人與撰稿人的許嘯天，亦為南社社員。南社作為一個清末民初龐大而混雜的文學團體，最初支持反滿革命，民國建立後面對諸多政治困境而分裂，許多成員轉而辦起雜誌。誠如學者陳建華清楚指出，南社社員辦雜誌乃是以「『發揚舊道德』、『灌輸新智識』為宗旨，這是南社文人辦報的特殊性，普遍抱持著新舊兼備的方針，從理論上來說，這種主張，也代表他們與五四新文化是不同的文化取向」（363）。而該刊創刊不久即被停刊，乃是遭教育部通俗小說研究會，以不良小說、猥褻圖畫之由禁止發行，據說此禁令乃與魯迅有關（陳建華 369），或可見其停刊的真正打擊，不是魯迅文中所指的《新青年》進步刊物之威脅或取而代之，而是未能逃過彼時查禁制度的打壓。

7 一八九六年六月清光緒皇帝下令實施變法，開放報禁，允許官民自由辦報，中國知識分子開始大量介入新興的報刊事業。而隨著興女學、不纏足運動的推廣，辦女報的風潮亦起，鼓吹革命救國與男女平權。一八九八年第一份女報《女學報》在上海創刊，後有《女報》、《女子世界》、《中國女報》、《神州女報》、《婦女時報》的相繼創立，多數以「提倡女學」、「開通女智」、「爭取女權」為主旨，而其中又以秋瑾創辦的《中國女報》影響最大。

8 前額瀏海又名「海髮」或「齊眉穗」，「早在光緒庚子以後，婦女不分老少，皆以留前額髮為尚，甚至女學堂都規定教師和女學生的髮式，額前一定剪有瀏海」（吳昊 110）。故封面女子的前瀏海，不僅帶出其髮式之時髦，也帶出其多為知識女性的聯想。而前瀏海作為清末民初的時髦髮式，也跨越性別，如本書第三章第一節所示《人鏡畫報》中因前瀏海而遭譏諷的時髦男子。

9 誠如邊靖在《中國近代期刊裝幀藝術概覽》中所言，「幾乎所有的期刊都將封面刊名作為主要裝幀元素，通過漢字的形態突出民族精神的方正、莊嚴」（5）。但各報刊雜誌漢字刊名的表現方式，亦即中式書法的各種體例或西式印刷的各種美術字體，都在不同之歷史時段表呈不同的文化意涵與進步想像，正如此處《眉語》漢字書法刊名與《青年雜誌》中法美術體刊名的比較。

10 然此報刊雜誌的西曆紀元乃行之經年。誠如李歐梵在《上海摩登》一書中清楚指出，清末報刊最早採用西曆的，乃是由西人創辦的《申報》，一八七二年即開始在頭版並列農曆與西曆。但西曆作為一種「時間意識」的轉變，則主要見於梁啟超一八九九年採西曆的旅美日記，以及此西曆標注如何讓其由一個「鄉人」變成「世界人」（46）。

11 聚焦《眉語》雜誌所涉及女性小說創作主體的相關研究，可參考黃錦珠〈女性主體的掩映：〈眉語〉女作家小說的情愛書寫〉與沈燕〈二〇世紀初女性小說雜誌《眉語》及其女性小說作者〉等論文。

12 因為這些封面花卉圖案所帶來「幽雅秀氣」之感與「陰性化」的聯想，讓後來許多批評家刻意強調其內文文字救亡圖存之民族大義，「字裡行間都蕩漾著政治文學的英雄主義氣息」，「不是陰柔之美，而是陽剛之美」（楊義等，上冊12-13）。

13 丁悚的毛筆畫仕女圖風格較為寫意，相對而言，其「時裝」細節部分較不精準，不像當時以鄭曼陀、杭樨英為首的美女月份牌畫中清晰可辨的服飾風格。其手繪仕女圖曾結集出書，可參見出版於一九一五年的《上海時裝百美圖詠》（一九六八年的《上海時裝圖詠》）。

14 例如，「以《禮拜六》封面女郎的扮相正可嗅出當時上海流行時尚的趨勢，也可察知民初市民逐漸接受西洋風尚、思潮與生活方式的種種軌跡。而更值得注意的是，這些女子所持的多是帶有西方文化『符號』的物品，其中的鋼筆、眼鏡、獵犬、懷錶、鋼琴、小提琴等，多代表了西方中產階級為追求文化品味與文化教養的象徵性意義，甚至可以引發出一種『近代化』的『文明』聯想。這些封面女郎的服飾舉止透露了當時人對於『西化』生活方式的嚮往」（趙孝萱101）。

15 例如，「丁悚為《禮拜六》封面所畫的仕女圖雅靜俊美、色彩清麗，比起今天眾多通俗讀物的封面女郎似乎更少造作之氣。而且丁悚的可貴之處還在於他超越了古代仕女圖僅畫仕女、佳人的題材局限，將描繪的對象擴大到現實生活的各個層面，上至太太、小姐、女學生，下至村姑、女傭，都在他的畫中得到表現。丁悚的封面畫在某種程度上再現了民國初年社會生活中各階層女性的生活圖景」（劉鐵群19）。或是以創刊於一九二四年、前身為《紅雜誌》的《紅玫瑰》為例，列舉第六卷的三十六幅封面畫，鋪陳下層社會人物生活百態，囊括各種從闊少奶、姨太太、舞女到女堂倌、女傭、女工、廚娘的女性形象，更謂畫家朱鳳竹在世間百態、民俗風情的生動展現，乃師法《點石齋畫報》民俗畫派的吳友如，成功開創了「市井風物畫」的表現手法（謝其章，《蠹魚篇》191-97）。

16 孫麗瑩的論文〈1920年代上海的畫家、知識分子與裸體視覺文化：以張競生〈裸體研究〉為中心〉，針對當代藝術研究中「赤身／裸體」（nakedness/nude）議題與「視覺轉向」（the pictorial turn），做了相當全面的書目爬梳，中英文相關著作與論文皆齊備，可為參考，本章不再贅述。該論文的探討重心為一九二〇年代的裸體視覺文化，此研究領域的相關著作豐富精彩，包括吳方正、安雅蘭（Julia Andrews）、梁莊愛倫（Johnston Laing）、Catherine Yeh（葉凱蒂）等，而本章則是嘗試往前尋「十年之隔」，聚焦於一九一〇年代的裸體美人封面。就歷史的綴摺運動而言，其或許也可被視為一九二〇年代裸體藝術爭議與社會裸體運動的某種「前—歷史」或「前摺」，然非因果關係，而是歷史作為「翻新行勢」所給出的上一個「裸體形式」，而「前摺」「後摺」的摺摺運動，也不在於仿效或複製，而在於重複出現中的變化莫測，牽動不一樣的關係配置，給出不一樣「裸」的感覺團塊。

17 鄭曼陀的「擦筆淡彩」乃是先用定精粉擦出圖像的明暗變化，再用西洋水彩層層渲染，以造成透明濕潤、肌膚白裡透紅的效果（《眉語》創刊號單色，非典型鄭曼陀的「擦筆淡彩」）。而後月份牌的表現手法，逐漸轉以杭穉英為代表人物的「擦筆重彩」，原本的清純女學生，也被穿著緊身旗袍、高跟鞋、燙捲髮的豔麗摩登都會女郎所取代。

18 有關民初「小馬甲」的相關討論，可參見第六章第三節。

19 「平光」本攝影用語，用於此處乃十分貼切畫家胡伯翔的攝影淵源，其不僅在創作月份牌美女畫時，擅採照相構圖，更於一九一四年開始攝影，二〇年代與郎靜山等人共同組織《中華攝影學會》，並於三〇年代創辦《中華攝影雜誌》。

20 按照吳昊的研究觀察，民初女子褲裝的三大來源：粵式女裝，女學堂操衣，女子北伐隊裝。其一：「婦女把長褲著在外面，是清末『粵式』女裝開風氣之先」（55）。其二：「著褲風氣，女子學堂亦開先例」（57），而操衣樣式上裝為短襖，襖外束腰帶，下配長褲，褲腳以帶綁束。其三：一九一六年十月孫中山以廣東省為二次革命的大本營，決定出師北伐，參與北伐隊伍的婦女「穿著上衣下褲，武氣赳赳的上陣」（60），以褲裝的行動力來象徵革命、進步、救中國。

21 「雜誌」的英文 magazine，源自法語 *magasin*，即「倉庫」之意，後更引申為市集或商店、百貨公司，以不斷更新的文章、資訊與商品視覺展示，來強烈吸引消費者／讀者的目光，可參見 Ohmann。

22 《眉語》第十三期與第十五期，還特別刊登預告，凡預定雜誌半年者，贈送香豔精美的大幅裸體美人月份牌，長二尺寬尺餘。

23 黃錦珠《晚清小說中的新女性研究》以女權的視角，成功連結廢纏足、興女學與「男女平權」、「自由結婚」，在排滿的「種族革命」中析剔出女權的「家庭革命」，共同給出「共和」的特定意含與新能量。而陳建華則是透過對民初消閒雜誌的圖像分析，將中國的「共和」概念與西方的「民主」概念相構連，點出這些雜誌主編多為反對袁世凱專制的南社文人，故極力倡導「言論自由」與「男女平權」。而沈燕則是盛讚《眉語》的視野廣闊，不論是描寫異國風情或平等自由新思想，皆能巧妙運用細膩語言，揭露父權、夫權的壓迫體制，並勇敢追求浪漫愛情。

24 一般而言「鴛鴦蝴蝶派文學」作為總稱，可以包括各種細部分類，如「言情小說」、「社會小說」、「武俠小說」、「偵探小說」、「滑稽小說」、「歷史小說」、「宮闈小說」、「民間小說」與「反案小說」等（魏紹昌 156-193）。而本章集中探討的乃是以男女愛情故事為主軸的「言情小說」類別中在民初蔚為風行的「哀情小說」。

25 正如紀登思（Anthony Giddens）在《親密關係的轉變：現代社會的性、愛、慾》（*The Transformation of Intimacy: Sexuality, Love & Eroticism in Modern Societies*）中所言，「浪漫愛是純粹關係的先驅」（4），「親密關係指的是人際關係領域的全面民主化，與公領域的民主並無二致，而且還有其他的蘊涵，因此親密關係的轉變對整個現代制度都可能有顛覆性的影響」（5）。

26 《眉語》的編輯群，除了女性編輯主任高劍華之外，尚有女性編輯員顧紉茞、馬嗣梅、梁桂琴三名，男性襄理許嘯天、吳劍鹿兩名。

第六章

# 現代性的曲線

如果時尚現代性可以被想像成一種線條的話，那是直線還是曲線？是由直線變成的曲線，還是由曲線變成的直線？而什麼又是線性時間—進步意識的大歷史與服飾身體線條的小歷史之間可能的想像連結？本章將繼續從「同音譯字」的翻譯綯摺出發，在「Shame 代性」、「羨代性」之外，探討「線代性」的概念化可能，不僅要讓看到聽到現代性時，也同時看到聽到時尚（字源的摺入），也要讓看到聽到現代性時，也同時看到聽到「線」代性（譯字的摺入）。但此「線」究竟為何「線」，直線還是曲線，實線還是虛線，線性還是非線性？若直線也只是一條曲率為零的曲線，那直線與曲線如何有可能概念化為不同的時間感性與歷史意識？如果「Shame 代性」與「羨代性」的並置，給出 shame 與羨之間的一體兩面，那「線代性」是否也可同時給出直線與曲線之間的張力與翻轉可能呢？

先讓我們來看看「殖民現代性」最常被批判的「線性史觀」，其構築於以「直線」為想像的「線性時間」，由過去、現在到未來，並依此直線想像去進行歷史分期、去開展單線的歷史因果論、甚至去建構民族國家敘事的歷史目的論。本書第四章對「創傷現代性」的反思，第五章對「陽性現代」的批判，都是某種程度想要凸顯其「線代性」所內涵於中的「直線線性史觀」，如何強化今／昔、現代／傳統的斷裂分隔與優勝劣敗。而在當前的時尚研究中，亦不乏以此直線發展的進步史觀所建構的「中西服飾史」。第一步乃是先將「中國」與「西方」當成兩個端點，以進行對立比較：中國服飾直線輪廓，西方服飾曲線輪廓；中國服飾平面剪裁，西方服飾立體剪裁；中國服飾寬衣系統，西方服飾窄衣系統。第二步則是將此兩個端點連成一線，由中到西，以直線發展的進步史觀來「線性化」原本的二元對立比較：中國服飾的「現代化」乃是由原本的「直線」進化到西方的「曲線」，由原本的「平面」進化到西方的「立體」，由原本的「寬衣」進化到西方的「窄衣」。[1] 故此以「線性進步史觀」所建立的中西服飾史，不僅強化兩個端點的固定不變（中是中，西是西，彼此之間的距離與位置清晰可辨），更是以兩點所連成一線的固定向量（由中到西，由傳統到現代，由落伍到文明）為最終依歸，即使出現號稱所謂具有民族主義特色的服飾（如旗袍，如中山裝），依舊是遵循此直線到曲線、平面到立體、寬衣到窄衣的「線性進步史觀」去做推斷論定。

而本章正是要嘗試在身體—服飾的「曲直」之中談「曲線」，以便能基進質疑「直線進步史觀」的「由直到曲」。但本章的「曲線」有兩種，一種是作為身體—時裝的曲線，一種是作為歷史—縐摺的曲線。第一種曲線較易掌握，不論是以時裝跟隨身體的「自然」曲線，或是以時裝創造身體的「人工」曲線，或是以直線線條改變身體的輪廓，其中的自然／人工皆屬建構，而直／曲乃為光譜位置、層次或比例差異而非嚴格的二元對立。而第二種曲線較為抽象，乃是緊貼當代的縐摺理論。如本書在第一章所言，德勒茲《摺子》所聚焦的萊布尼茲，視物質的最小單位為不可分割的「縐摺」，而非可以分割的「點」，故巴洛克世界乃是遵循「曲率法則」（the law of the curvature），一個由「縐摺」運動所形成「連續變化」的世界，一個不是剛性顆粒或砂礫所堆積而成（點的區別分離）、而是由有如「裘尼卡衫」柔軟織品服飾所翻轉層疊而出的世界，縐摺接著縐摺，摺摺相連。故巴洛克的世界乃是彎曲的，由無限的曲線與曲面所構成，而所有的直線與平面皆是更大的曲線與曲面的局部，沒有平直方正的格線秩序，只有充滿彎曲轉折的動勢，一切都是縐摺。而此「曲率法則」（法則而非決定論）更可拉回德勒茲在《差異與重複》（*Difference and Repetition*）一書中所論及羅馬哲學家陸克雷修（Lucretius）的「微偏」（*clinamen*），其指原子運動非直線，而是不可預期地隨機產生轉向、偏倚、傾斜或彎曲。[2] 故「微偏」可被視為一種脫離均衡對稱的初曲率（Serres 46），讓原子運動得以脫離單調被決定的固定直線軌跡，而產生碰撞，創造連結，形成多樣—多摺的關係，給出隨機偶然（chance）與生成流變（becoming）的可能。故由「微偏」所形成的世界乃是彎曲的，物質本身即為無窮變易的曲線或漩渦力量，以「物—流」（things-flows）的方式分布於開放的「平滑空間」（smooth space），隨時擾亂、曲折、糾結、溢出、重新部署由線性堅實物體所占據封閉的「條紋空間」（striated space）（Deleuze and Guattari, *A Thousand Plateaus* 361）。

故由「曲率法則」與「微偏」概念所帶出的「曲線」，就不再是傳統幾何學所界定曲率大於零的曲線（相對於曲率等於零的直線），此「曲線」指的是運動與力量、速度與強度，充滿不可預期的生成變化，不是由固定不動的點相加而成，也不能由兩點所連成的一線來預先決定。此「曲線」在德勒茲的理論中又稱「抽象線」、「縐摺線」、「逃逸線」，而本章將以「縐摺曲線」稱之，以同時呼應全書縐摺理論的架構以及本章所欲聚焦的「身體曲線」。如果「縐摺曲線」的摺學概念，足以擾亂彎折所有由幾何點、線、面所構築而成的網格狀秩序（「條紋空間」），那本章正是要藉由此「縐摺曲線」的思考強度，來打散、脫軌、扭曲「直線進步史觀」所建構的中西服飾史，以及此史觀所給出對立比較的統合系統與線性因果決定論。以下我們便將進入時尚研究的相關史料，以開展「縐摺曲線」作為「翻新行勢」與「身體曲線」作為「時尚形式」之間的「合摺、開摺、再合摺」。

## 一．女裝的「直線形」與「曲線形」

由上海商務印書館發行的《婦女雜誌》在一九二一年舉辦了一次「女子服裝的改良」全國有獎徵文活動，並於該年九月號刊出徵文活動前七名的文章，贈與現金十元到書券五角不等的獎金。[3] 入選的文章作者，有男有女，皆不約而同地強力抨擊民國以來「亂世亂穿衣」的各種服飾怪現象，皆異口同聲地反裝飾、反奢華，而一致主張以樸素、簡單、健康、衛生為女子服裝設計上的首要考量。香港的羆士從國民衛生的角度，強調女子衣飾寬大端整之重要：「衣所以護上身者，必須寬大，乃近日吾國女子，多尚短窄，裾僅及腹，袖不掩肘，或更模仿西裝，雖冬衣亦坦其胸，且緊窄異常，幾礙呼吸，每至肺瘵之疾」（44）。貴陽的紉茝女士則是從婦女解放的角度，極力反對當時物化女性的豔服盛裝：「衣服所以章身也，不必豔服盛裝，然後始可保持健康，發生美感。近年以來，我國中諸姑姊妹，不於教育上求智能之發展，於經濟上樹獨立之根基，於社會上發揮本能，作種種有益人群之事業；乃獨於裝飾一道，則窮奢極侈，踵事增華，費有用之金錢，為奇異之裝束，亦何怪男子視婦女為玩物哉？」（46）而成都的鞠式中女士，更從愛國主義的角度，主張女子服飾在形制與面料選用上，皆應回歸中國：「吾以為女子衣服，皆宜用本國之棉織物或麻之物，其形式仍採中國舊制，蓋西式雖佳，然束縛腰際，甚不合於衛生，襟長以膝為準，袖長以手腑為度」（50）。

這些夾雜了「國族論述」、「性別論述」與「道德論述」的女子服裝改良芻議，整體而言乃相當傳統保守，在反奢華、反豔裝、反裝飾、反時髦、反物化、反舶來品的同時，尤其反對西化影響下女子服裝「緊窄」的趨勢，認為此流行既不衛生（阻礙血液流通、肺部呼吸）又不美觀（露胸、露腰、露肘、露脛）。然而獲得徵文首選的作者莊開伯，卻不像其他文章作者專注於「寬衣／窄衣」的辯證，雖然他也認為過寬過窄的衣服對身體健康皆不宜，但他之所以可以拔得頭籌的原因，或許正在於他在「寬衣／窄衣」之外，一針見血地點出「直線／曲線」的問題：「我國女子的衣服，向來是重直線的形體，不像西洋女子的衣服，是重曲線形的」（39）。對他而言，女子服裝的真正改良，不在服裝的表面裝飾，也不在服裝的寬窄長短，而在服裝的基本「人體」結構。

講衣之先，須講身體。人的身體，如第一圖，AB是胸，CD是腰，平均計算，胸圍比腰圍大，所以衣的尺寸，胸部應比腰部大。我國的衣，向來只知量「掛肩」、「腰身」和「衣裾」（如第二圖），而且「襟縫」、「背縫」都是直的，所以穿在身上，不能服貼，並且不衛生。現在改良的計畫，就是（一）「襟縫」、「背縫」改為曲線形。（二）原有的「掛肩」改名為「掛腋」。（三）原有的「腰身」改名「胸圍」。（四）在胸圍的下面，稱為腰圍。（五）「衣裾」仍名「衣裾」（如第三圖）。（39-40）

一反其他文章中充滿道德訓誡口吻的老生常談，首選作者以簡單、務實和精準的文字，直接指出服裝應依循人體結構的方式剪裁。也許沒有人會不知道胸部應該比腰部大，但當作者點明裁衣時胸圍要比腰圍大時，卻彷彿成為中國「平面直裁」服飾傳統中振聾發聵的一件大事，彷彿千年以來強調「寬衣博帶」的中國傳統服飾，一直要等到了二十世紀才終於出現了胸圍、腰圍與臀圍的曲線概念。[4]

而這篇首選徵文除了文字之外，還附有三張圖說。在第一個附圖中（圖一），首選作者以英文字母標示出胸圍、腰圍與臀圍的位置，並將左手邊「正面」的紙繪人模，旋轉九十度，成為右手邊「側面」的紙繪人模，而左右兩邊人模的身體輪廓都是有曲線的。

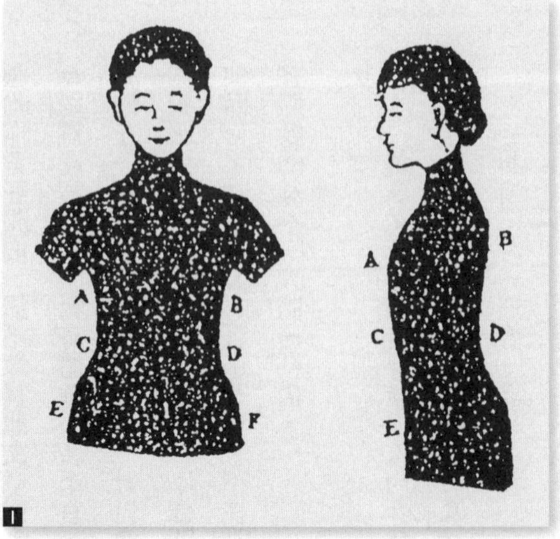

圖一：「女子服裝的改良」徵文首選的第一個附圖。
出處：《婦女雜誌》第七卷第九號（一九二一年九月），頁四十。

透過這樣的旋轉人體，讓 AB、CD 與 EF 兩點之間的距離測量，不再是「平面」上的「直線」，而是「立體」的圓弧線。在第二個附圖中（圖二），作者畫出傳統中國服飾的量身與剪裁方式，平面對折，左右對稱，前襟中央的「襟縫」、後背中央的「背縫」與「領花」到「袖口」的（連袖）肩線，皆是一直線到底，只在袖側、腰側與衣裾處有微微的曲度。

而第三個改良式「曲線形」的附圖

圖二：「女子服裝的改良」徵文首選的第二個附圖。出處：《婦女雜誌》第七卷第九號（一九二一年九月），頁四十。

圖三：「女子服裝的改良」徵文首選的第三個附圖。出處：《婦女雜誌》第七卷第九號（一九二一年九月），頁四十。

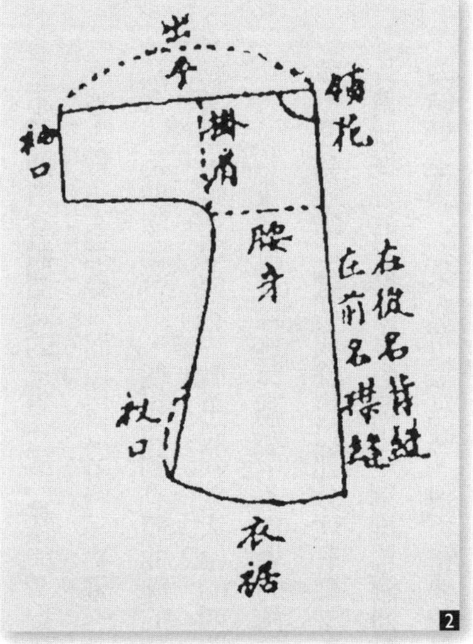

2

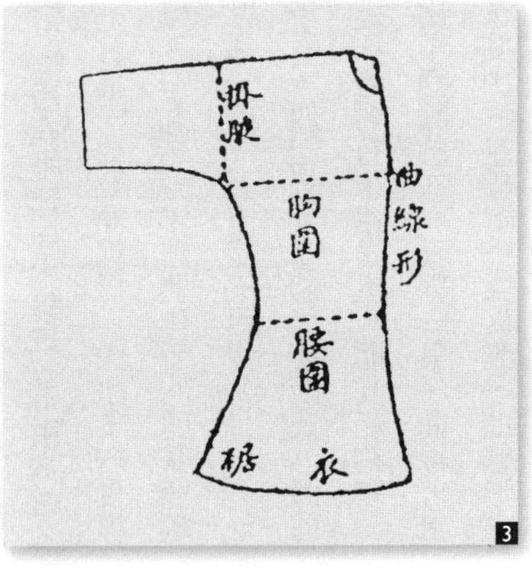

3

（圖三），則是將「襟縫」與「背縫」由直線變為曲線，並加大袖側、腰側的曲度。他將原本單一的「腰身」一分為二，以準確的「胸圍」與「腰圍」命名之。對徵文首選作者而言，直線女裝改良為曲線女裝的重大關鍵，就在於「腰圍」的出現。

雖然以當代的後見之明，我們可以輕易舉指出此「曲線型」改良女裝的重大盲點：此曲線仍是以「平面剪裁」的方式達成。其中出現了兩大矛盾。其一是首選作者注意到了「襟縫」與「背縫」的「直線」而加以改良，但卻忽略了傳統中式服裝的另一條直線，即領花到袖口的連袖直線，改良前的圖二與改良後的圖三，都保留了相同的連袖直線剪裁。其二是「立體」與「平面」的矛盾，圖一透過九十度的旋轉，提示出人體的正面與側面，但圖二與圖三所呈現服裝的上衣裁片，卻仍是左右對稱的平面對折。首選作者雖處心積慮地想以人體結構改良女裝，而提出了三圍的構想，但其思考模式本身卻依舊囿限於中國傳統的平面剪裁，三圍的出現只產生了「平面曲線」的修正可能，而非「立體曲線」的創造可能。

如本書第一章楔子所言，晚清欽差大臣林則徐號稱中國近代「睜眼看世界的第一人」，然其睜眼所看到的英軍軍褲卻是腿足裹纏、結束嚴密、屈伸皆所不便。林則徐用中國傳統平面剪裁的思維，去理解西方現代立體剪裁的合身西褲，其「文化誤識／誤事」之處，便落在緊窄不能曲膝作為可攻擊弱點而誤判軍情。而一九二一年首獎的雜誌徵文，依舊是以中國傳統平面剪裁的思維，去改革現代女子服飾，完全不識西方立體剪裁的「省」或「死摺」之作用，不用衣服裁片去組合、不用胸省、腰省、臀省去摺疊，而逕自以為將「襟縫」、「背縫」改為曲線形（由原本的直線縫合改為曲線縫合），便可達到立體曲線的效果。一九二一年首獎作者的剪裁與縫紉常識，難不成與鴉片戰爭時欽差大臣的西服常識一般，五十步笑百步？

但若我們將此論述與圖示中不自覺的內在矛盾，放回一九二〇年初西式立體剪裁不甚發達的中國，或許可以部分理解徵文首選作者力有未逮之處，而其能夠在一片傳統保守的女裝改良聲浪中，獨排眾議而點出中西服飾在「直線」與「曲線」上的結構差異，亦不無可取之處。但更重要的是，其由「直線形」女裝到「曲線形」

女裝的改良芻議，完全呼應了彼時文化潛意識裡的女子身體—時裝「由直到曲」的直線進化與進步觀點。本章便是要以此《婦女雜誌》首選徵文的「直線型／曲線型」女裝之議為出發案例，以便一探中國時尚「線」代性的歷史變遷與身體—時裝—性別意識的形構，以十九世紀末到二十世紀前半葉中國現代女性「身體曲線」的變化，帶出「縐摺曲線」的生成流變，以鬆動傳統中西跨文化服飾身體研究中所預設的「寬衣／窄衣」、「直線／曲線」、「平面／立體」等二元對立系統，以及更進一步徹底瓦解此整合系統所預設由寬衣到窄衣、由直線到曲線、由平面到立體的「線性進步觀」。

## 二・時裝的文化易界—譯介—易介

多寬才叫寬，多緊才叫窄，多直才叫直，多彎才叫曲？「曲直寬窄」可以是一種量化形式的比較標準，並以此比較標準來談論「身體曲線」的出現與消失：曲與窄對「身體曲線」的凸顯，對比於直與寬對「身體曲線」的遮蔽。但「曲直寬窄」也可以是一種非量化、非實體、非線性的「縐摺曲線」，牽動著「身體曲線」的盈虧變化，無法永遠固定在曲／直、寬／窄的定點比較與對立之中。故「曲直寬窄」

作為「縐摺曲線」所開啟的，不是比較的問題，而是無法比較的問題，不是辨識的問題，而是無法辨識的問題，因為一切皆在變化生成之中，一切皆無法歸類整合為條理清晰的格線（網格）秩序。

那就讓我們來看看兩張有趣的清末民初照片。一張是醇親王戴灃的福晉與某外國駐華官員夫人的合影（圖四）。另一張是換上「洋裝」的福晉與換上「旗裝」的外國駐華官員夫人之合影（圖五）。

圖四：換裝前：醇親王福晉與外國駐華官員夫人的合影。出處：王東霞編著，《長袍馬褂到西裝革履》，頁五二。

圖五：換裝後：醇親王福晉與外國駐華官員夫人的合影。出處：王東霞編著，《長袍馬褂到西裝革履》，頁五二。

兩張照片並列觀之，呈現了十分微妙的異同之處。換裝前的照片，後有雕梁畫棟與彩繪屏風，前有立於兩人中間的小王爺，而換裝後的照片則無。若就攝影機的角度與距離而言，前後兩張照片也出現了細微的改動。若就服飾細節的相互對照而言，前張的「洋裝」似乎是直接換穿到福晉身上（袖身過長而上拉起皺），但前張的「旗裝」卻並未直接換穿到駐華官員夫人身上（官員夫人的衣服換了，似乎連人也換了），而前後兩張照片中的頭飾也不盡相同。但在這些細微的差異之外，最讓我們覺得好奇與驚訝的，卻是照片中「洋裝」與「旗裝」在「曲直寬窄」上的高度相似性，似乎都是以「直筒」線條的方式，達到服飾身體在視覺呈現與整體造型上的一致性。

若根據前面《婦女雜誌》徵文首選作者的說法，中國「傳統」女裝的「直線」有別於西方女裝的「曲線」，而中國女裝的「現代化」即是「曲線化」的過程，那這兩張照片中並置的「洋裝」與「旗裝」，似乎並不符合徵文首選作者的說法，因為兩者都「微偏」「直筒」而無曲線。那我們可以問「洋裝」的曲線跑到哪裡去了？純粹是因為正面攝影而看不見側面的曲線嗎？還是因為「洋裝」外面的直筒長外套，遮蓋了裡面服裝在胸、腰、臀之間可能的曲線變化呢？如果「直線」代表傳統，而「曲線」代表現代的話，那照片中的矛盾便是：「傳統」的旗裝似乎還是很「傳統」，但「現代」的「洋裝」卻似乎很不「現代」。如果「寬衣」代表傳統，而「窄衣」

代表現代的話，那照片中的矛盾便成為：「旗裝」似乎並不比「洋裝」寬，「洋裝」也似乎並不比「旗裝」窄。在這兩張「文化換裝」（cultural cross-dressing）的照片裡，我們看不到「直線／曲線」的對比，也看不到「寬衣／窄衣」的對比，甚至也看不到「平面／立體」的對比。如果說在當前的中西服飾比較研究中，慣於將西方近代「立體曲線剪裁的窄衣文化」與中國近代「平面直線剪裁的寬衣文化」並置討論的話，那這兩張照片的「有圖為證」，不正是直接挑戰了此僵固服飾史論述的二元對立系統？這兩張並置照片之所以新奇有趣，正因為其點出的並不是「文化換裝」之前與之後的「差異性」，反而是之前與之後的「相似性」，而此「相似性」更讓原先建立於「殖民現代性」的二元對立系統（中／西、直線／曲線、寬衣／窄衣、平面／立體），以及此系統所預設的「線性進步觀」（中國女裝由傳統的直線進化到西方的曲線，由古代的寬衣進化到近現代的窄衣，由平面裝飾進化到立體造型），都變得自相矛盾、曖昧不明。

然而若此矛盾得以「縐摺曲線」的概念解構「殖民線代性」，那「縐摺曲線」的盈虧變化，也不會只停留在這兩張照片所呈現的「時尚形式」之上。如果我們將福晉身上的「旗裝」與外國駐華官員夫人身上的「洋裝」，各自放回其所在的身體—服飾「力史」流變中觀察，就更可以體悟其相互「微偏」、捲入彼此的「翻新行勢」。首先，讓我們來看看這件「洋裝」可能的流變生成。就其服裝樣式與時代氛圍，照片中的「洋裝」基本上有兩種可能：一是流行於十九世紀末二十世紀初的S型女裝，二是緊追其後的直線型女裝，兩者皆被視為西方女裝的「現代雛形」。[5] S型女裝據稱受到「新藝術」（*Art Nouveau*）流動曲線造型樣式之影響，擺脫了累贅的「巴賽爾」（bustle）臀墊，使用「緊身胸衣」（corset）讓前胸平整、小腹收縮並使後臀上翹，使得身體側面形成纖細、流暢、優美的S型而得名。而S型女裝雖然展現了蕾絲高領、羊腿袖、襠布多片裙等細節設計，但仍是以「緊身胸衣」作為雕塑服飾身體的基形，但和早期造型繁複、人工僵硬曲線的西方女裝相比，卻已具備相當簡潔流暢的現代感。因而其所謂的S型曲線（S-bend），並非前（胸部）凸後（臀部）翹的誇張曲線，而是「那時婦女時興戴假髮，假髮之外再戴上很大的帽子。帽子以前額伸出，如雞冠一般，再加上帽子上裝飾的鴕鳥羽毛、玫瑰花球等，使得女性頭部更加向前突出，就像字母S的頭部。衣服緊貼在緊身胸衣外面，因腹部緊束，故腰部下的前襬平直下垂而臀部後翹，拖長及地的後裾就成了字母S的尾部」（鄭巨欣158）。

而直線型女裝的出現，則被認為與二十世紀法國設計師波黑（Paul Poiret, 1879-1944）的「東方主義」美學息息相關。[6] 波黑於一九〇六年發表「鞘式」女裝（"sheath" dress），以垂直管狀的外型，放棄束腰造型與緊身內衣，回歸身體的「自然」曲線，不再讓「不健康」的「束腰」將女人身體截斷為看似相連又像分離的上下兩個部分，而改以肩部為垂掛衣服的身體支點（而非胸部、腰部或臀部的框束），號稱乃是讓女人身體的胸、腰、臀重新還原為有機整體。在服飾史學者眼中，此直線型女裝的出現，更成功回應了西方從十九世紀末的服飾改革運動到二十世紀初的美學服飾運動中對「身體解放」的訴求重點（Wilson and Taylor 66）。[7] 雖然其在視覺造型上，呈現類似高腰身、細長型的古希臘羅馬「裘尼卡衫」風格，卻因呼應一七九五—一七九九年法國革命督政府時代對緊身胸衣的揚棄，因而又名「督政府風格」（*Directoire Line*）。此處的弔詭正是班雅明所言的「新即衣舊」，時尚既是「現代性」線性時間的最佳展現（當下此刻的稍縱即逝，推陳出新），又是「虎躍過往」（a tiger's leap into the past）非線性的影像辯證，此處二十世紀直線型女裝與古希臘羅馬「裘尼卡衫」風格、法國革命督政府風格之間的疊映，乃是將其從可能的線性次序（先S型女裝，而後直線型女裝，再二〇年代現代女裝）爆破而出，產生穿歷史的非線性貼擠。而直線型女裝的出現，重新改變了西方女裝慣以緊身胸衣、裙撐、臀墊所框塑出的人工輪廓曲線，以更簡單樸素的造型、更具功能性與移動力的結構，呼應二十世紀新潮女性開始大量參與戶外活動的社會趨勢。

看完了照片中的「洋裝」，讓我們再來看看照片中的「旗裝」。「旗裝」為上下連體的袍服，更常用的名稱為「旗袍」，乃是清代滿族的傳統服飾。根據服飾史所載，滿族原為東北關外的游牧民族，為利於騎射，而採窄身合體的袍服形式。入主中原後，原先男女無別的「旗袍」開始出現性別差異，女子「旗袍」在衣襟、領子、袖口添加了花邊裝飾，並由四面開衩改為左右開衩。而滿清統治時期在其服飾制度上的「男降女不降」（漢族男子改穿旗裝，而漢族女子仍維持明朝服飾），也造成了滿漢婦女在服飾上的差異：滿族女子採上下連體、線條流暢的旗袍，因合體而隱約顯現腰身，而漢族女子則採上下分體、寬衣大袖的服裝形制，沒有腰身，沒有線條。換言之，照片中的外國駐華官員夫人，若不是與醇親王福晉而是與另一名晚清漢族婦女「文化換裝」的話，那直線流暢的「洋裝」勢必與上下分體、寬衣大袖的「漢裝」出現「曲直寬窄」的明顯視覺差異。而照片中的「旗袍」也已經與「清初」的旗袍大不相同。清初原本瘦長緊窄的滿族女子「旗袍」，百年來在與漢族女子寬衣大袖服飾形制的相互交融中（另一種穿種族的「微偏」），旗裝已變得較為寬博，而漢裝則變得較為合體，照片中福晉身上的「旗袍」乃屬清末民初的滿族婦女服飾，「衣身較為寬博，造型線條平直硬朗，衣長至腳踝」（包銘新，馬黎等3）。

於是變「寬」了的「旗裝」遇見了變「直」了的「洋裝」，若由幾何座標平面觀之，「旗裝」與「洋裝」從各自服飾差異演變的歷時軸，並置於二十世紀初文化換裝的順時軸，便出現了令人訝異的「相似性」，徹底打亂了中西服飾比較研究中原本預設的二元對立系統。然而照片中的「洋裝」與「旗裝」，其服裝直筒「造型」上的「相似性」，並不足以掩蓋其在服裝「剪裁」上的「相異性」：駐華官員夫人身上的「洋裝」乃立體剪裁，而福晉夫人身上的「旗裝」卻是平面剪裁。換言之，「洋裝」脫了下來還是某種程度的「直筒」（衣片分離的曲線剪裁，裁片上乃有胸縫、腰縫與肩縫等縫道），「旗裝」脫了下來卻是完全的平面，可以平整折疊，「旗裝」的貌似「直筒」乃是因為衣服裡身體的撐托，而非服裝結構本身的立體。換言之，照片中的「旗裝」採中國傳統剪裁，其平面設計的概念乃為「將衣片分為前後兩個部分，不考慮服裝的三圍尺度、側面變化以及上下起伏的變化，服裝的形成是由前後兩衣片縫合而成，而且多為直線縫合」（張競瓊，蔡毅78）。照片中的「洋裝」則是西方近代立體剪裁的產物，其原則為多片剪裁並「用收省的方法以前、後、側三個方向來去掉胸腰之間的多餘的量，使服裝有了側面的造型」（張競瓊，蔡毅78）。[8] 因而照片中「旗袍」的「直筒」是平面的直裁直縫，照片中「洋裝」的「直筒」卻是立體的收省縫合。[9]

但我們也不要忘記，「旗裝」的「曲直寬窄」會盈虧變化，「旗裝」的直裁直縫也一樣不會原地踏步。照片中「洋裝」、「旗裝」的「相似性」與「相異性」，帶出的不僅只是「中間相遇」（meet in the middle）的問題（西方的S型女裝或直線型女裝，遇見了中國的滿族旗袍），也是「介於其間」（in-between）的區辨問題：直線型女裝的「曲直寬窄」往前與S型女裝或十九世紀末「巴賽爾」女裝進行區辨，往後與二〇年代管狀直筒型女裝進行區辨；清末民初滿族旗袍的「曲直寬窄」

往前與清初葉與中葉滿族旗袍的區辨，往後與二〇與三〇年代旗袍進行區辨。而若以「縐摺曲線」的角度觀之，這些動態「區辨」的本身也都是一種給出變化速度與強度的「曲變」，讓所有的「介於其間」都可以是縐摺接著縐摺的摺摺相連。而「介於其間」的穿文化貼擠，更讓我們看到直線型女裝與東方服飾風格的摺曲、滿族旗袍與漢裝的摺曲，此處之所以用「摺曲」而不用具有因果、先後、尊卑的「影響」，正是要凸顯時尚「線」代性作為摺摺相連、彎曲轉折的動勢，徹底有別於點線面所構成的幾何座標與格線秩序，沒有固定不動的點，也沒有兩點一線的設定移動方向。

故照片中並置的「洋裝」與「旗裝」，讓我們看到「縐摺曲線」在「身體曲線」上所給出穿文化的運動與力量，也讓我們看到「時尚」作為「現代性」方法論的積極性：其所展現的不僅只是時間意識（現代）、空間意識（城市），身體意識（身體的性別、身體的速度、身體的線條），更是歷史作為「力史」的縐摺運動與無窮變化。這兩張「文化換裝」的照片，給出了「文化易界—譯介—易介」（cultural transnation-translation-transition）的動態圖示，其基進性不在於換裝、變裝或混搭，而在於穿在醇親王福晉身上的「旗裝」總已是「文化易界—譯介—易介」的摺曲變易，而穿在外國駐華官員夫人身上的「洋裝」也總已是「文化易界—譯介—易介」的介於其間。在異—譯—易文化的縐摺運動中，不是A變成了B，或B變成了A，也不是A加上B成了C（強化A、B、C作為固定封閉的單點認識論主體），而是A「微偏」B、B「微偏」C的變化生成，讓A不再是原地踏步的A，讓B不再是一成不變的B，一切皆在關係中流變生成。由此跨文化「摺曲」的動態角度觀之，中國時尚「線」代性身體—時裝的連結，就不會是單點單向的「西化」影響，而是「物—流」開放的「平滑空間」，充滿不可預期的生成變化，雖然此生成變化也將被「條紋空間」的權力與資本結構加以製碼。而以下兩節將分別以五四前後的「文明新裝」與二〇、三〇年代的「旗袍」為例，談上衣下裙、兩截穿衣的漢族女裝與上下連體、一截穿衣的滿族旗袍，如何在服裝形制的「重複引述」中，展開流行時尚「重新表意」的可能，以及如何在直線直裁的傳統中，綴摺出現代性的「身體曲線」。

## 三・見腰不見胸的文明新裝

多素樸才叫「文明」？多緊窄才叫「新裝」？本節將以民初「文明新裝」所給出的可疑「身體曲線」，以及其所引發的性別身體焦慮與社會規訓為出發，來鋪展所謂的女性「現代／時髦」身體曲線的可疑、可議、可慮，如何對應到身體的不同部位，如何重新界定身體—時裝的暴露與遮蔽、前衛與保守。「文明新裝」的出現，多被視為漢族婦女上衣下裳形制的「現代化」轉變，以上下分體、兩截穿衣的「重複表述」，開展身體線條意識的「重新表意」。如前所述，對「文明新裝」的定義，眾說紛紜。狹義來說，「文明新裝」即白運動帽、白布衫、黑布裙的女學生裝：「這種服飾，首由京、滬等地大中學校的女學生倡導，逐漸蔓延到家庭婦女和有工作的知識女性。到五四時期，簡潔的白運動帽，寬鬆短袖的白布衫，莊重典雅的黑布裙，成了女學生的流行服裝，不少大中學校還把它定為女生校服」（王東霞 116）。廣義來說，不戴簪、釧、耳環、戒指等首飾，上穿樸素衣衫，下穿不帶花邊繡紋的黑色長裙，即是「文明新裝」：「民國初年，由於留日學生甚多，服裝式樣受到很大影響，多穿窄而修長的高領衫襖和黑色長裙，不施質紋，不戴簪釵、手鐲、耳環、戒指等飾物，以區別二〇年代以前的清代服裝而被稱之為『文明新裝』」（華梅，《中國服裝史》91）。[10] 但不論是狹義或廣義的解釋，「文明新裝」的第一個特點乃是第五章結尾已強調的「去裝飾」，不僅去掉身體上的首飾，也去掉衣服上的紋飾，以「素樸」作為「文明」的新界定，讓中國時尚現代性與西方時尚現代性有如異曲同工，都強調以「去裝飾」作為新時代、新思潮的表徵，廢除一切象徵貴族傳統、封建制度的奢華繁複，創造樸素簡便的新服飾身體。正如張愛玲在她那篇膾炙人口的〈更衣記〉中所言：「古中國的時裝設計家似乎不知道，一個女人到底不是大觀園。太多的堆砌使興趣不能集中。我們的時裝的歷史，一言以蔽之，就是這些點綴品的逐漸減去」（70）。

而下面這段引文，則更是把此狹義與廣義定義之間的差異加以歷史脈絡化，並對「文明新裝」的形制變化，做了更為詳盡細緻的描繪：

> 到了二〇年代，日本女式改良服裝在上海流行起來，上衣多為腰身窄小的大襟衫襖，下襬長不過臀，袖呈喇叭形，至肘下，衣襬多為弧形，或平直，或尖角，或六角，並略有紋飾，裙子為套穿式，起初多為黑色長裙，長及足踝，後又漸短至小腿上部，沒有褶襇，有時還繡上簡單的圖紋。
>
> 這種服裝是當時典型的女學生的裝扮，由於它既有傳統特色又有外來服飾的特點，因此尤為引人注目。（陳伯海 185-86）

這段文字清楚點出了「文明新裝」的發展弔詭，原本循「國族論述」與五四精神發展，強調「去裝飾」的現代服飾，卻變得越來越「緊窄」，上衣腰身窄小，露出前肘，下裙由足踝漸短至小腿。此亦為張愛玲對二〇年代女裝的描繪：「時裝上也顯出空前的天真，輕快，愉悅。『喇叭管袖子』飄飄欲仙，露出一大截玉腕。短襖腰部極為緊小」（〈更衣記〉72）。「文明新裝」保留了上衣下裳的漢族婦女服飾形制，但卻由民國初年的長衣長裙，逐漸演變成二〇年代的短衣長裙（露肘，露腰），甚至短衣半長裙（露膝，露小腿）。

然而有趣的是，日趨「緊窄」的「文明新裝」帶來的身體曲線意識，卻是見腰不見胸的平板直線條。此時「腰部」的出現，並不是因為胸圍、腰圍與臀圍之間的立體剪裁或省道設計，而純粹是因為「緊窄」的平面直裁效果。從清末到民初的各種維新與革命思潮，一直以中國傳統「褒衣博帶」的寬大遲緩為恥，以追求「適身合體」的西服洋裝為尚。然而以立體剪裁製作的西服洋裝，其「適身合體」所導引出的本是現代性所強調的移動速度與身體行動力，但平面剪裁製作的衫襖長裙，「適身合體」所導引出的卻是「緊窄」的不便與束縛。於是昔日寬衣大袖的衫襖，長可及膝，沒有曲線，沒有三圍，今日的「文明新裝」卻在號稱現代化的「緊窄」過程中，讓中國女人的腰部出現，此腰部的出現，既是視覺焦點的移轉（上衣下裳的視覺交接點，由昔日的衣長過膝，逐漸往上提升到腰節處相會），也是視覺障礙的移除（不再被過長的衫襖掩蓋遮蔽），而隨著腰部出現的，還有露在喇叭袖外的手肘與露在衣裙之下的足踝與小腿。但十分弔詭的是，「文明新裝」真正最大的問題，卻不在「緊窄」所暴露出來的部分（露腰、露肘、露脛），而在於「緊窄」所未能暴露出來的部分。對保守衛道之士而言，露腰、露肘、露脛當屬極度不雅，但「文明新裝」的不露胸，卻在二〇年代成為國族論述與時尚論述的衝突角力場。

為何「緊窄」的「文明新裝」只露腰不露胸，而變得非常不文明、甚至反文明呢？為什麼看得見的「腰部」不是「文明新裝」真正的爭議焦點，反倒是看不見的「胸部」成為眾矢之的？難道彼時的中國社會如此開放，已然要求女人盡情展現上半身的胸部曲線了嗎？要回答這些問題，就必須回到搭配「文明新裝」的內衣「小馬甲」身上一探究竟。然何謂「小馬甲」？

> 民國初年的婦女內衣，由「捆身子」演變而成。民國天笑《六十年來妝服志》：「抹胸倒也實緊隨意，並不束縛雙乳，自流行了小馬甲，……是以戕害人體天然生理。小馬甲多半以絲織品為主（小家則用布），對胸有密密的鈕扣，把人捆住，因以前的年輕女子，以胸前雙峰高聳為羞，故百計掩護之。」（周汛，高春明 235）

昔日寬衣大袖的漢族婦女服飾，多搭配「抹胸」為內衣，「一種束於貼身的短小內服，質料夏季用紗，冬季用綢，繡以花並以錦為緣，似用鈕扣或用橫帶束之，有夾的和棉的，圍在婦女胸背部分」，鬆緊隨意（朱睿根 210）。然而「文明新裝」的出現，雖然符合了現代化國族論述對樸素簡單「去裝飾」的需求，但其「緊窄」的服飾身體流行趨勢，卻也同時強化了「束胸」的美學觀與生活實踐。

但「束胸」究竟有多罪大惡極？「我們中國的婦女，還有一種最大的惡習，就是當青春發育的時候，以乳頭的突出為羞，往往穿一件緊身的馬甲，或用布緊縛胸膛。這個害處，足使胸部不便舒氣，肺臟就要從此衰弱」（徐鹿坡 50）。翻看二〇年代的報章雜誌，處處可見對「束胸」的抨擊：有人視其為中國傳統「病態美」的苟延殘喘；有人延續五四打倒禮教的精神，將「束胸」當成吃人禮教對女性身體的束縛；有人甚至不用「束胸」，而改用「纏胸」、「纏乳」更為聳動的字眼稱呼之，讓小馬甲的「流行時髦」，頓時產生有如「纏足」一般腐敗落伍的聯想，成為「創傷現代性」鬼影幢幢的「中間物」。而所有攻擊的焦點，又往往集中於象徵中國新希望的女學生身上，希望當時引領時尚風潮的女學生，能夠以身作則，在衣著簡單樸素、廢除奢侈品的同時，放棄有礙身體發育、束縛肺部的「小馬甲」。

然而這一波波懇求、勸諫到語帶威脅恐嚇的反束胸論述，正凸顯出二〇年代束胸之普遍流行，莫之能禦，就連魯迅都忍不住要跳出來講話：

今年廣州在禁女學生束胸，違者罰洋五十元，報章稱之曰：「天乳運動」。……我曾經也有過「杞天之慮」，以為將來中國學生出身的女性，恐怕要失去哺乳的能力，家家須僱乳娘。但僅只攻擊束胸是無效的。第一，要改良社會思想，對於乳房要為大方；第二，要改良衣裝，將上衣繫進裙裡去。旗袍和中國的短衣，都不適於乳的解放，因為其時即胸部以下掀起，不便，也不好看的。

（468）

在這篇一九二七年〈憂「天乳」〉的文章中，魯迅語重心長地勸說女學生不要束胸，並具體提出思想改良與服裝改良的兩大回應方向。向來憎惡「東亞病夫」之惡名的魯迅，曾不惜以「野蠻其體魄」來抗衡，而此篇文章中對中國女學生「乳的解放」之主張，自然仍是在「強國強種」的國族論述脈絡中進行。從清末的尚武精神到二〇年代的婦女解放，中國婦女（尤其是女學生）乃保國育兒的生力軍，怎可因為束胸之惡習，而失去餵哺下一代的能力。換言之，此處「乳之解放」乃「國族健康美」的必然，所謂的「健康美」，乃以「健」為「美」，強調女子精神與身體的健康，脫離嬌弱纖細為美的「病態美」傳統，發展出自然健康的體格，舉止活潑、體質強壯並且胸部發達。也只有在「國族健康美」的大纛之下，二〇年代的女子體育可以風光推廣，年輕女學生可以穿著連身裙式的四角泳衣，自由自在地在泳池邊展露身體曲線。

然魯迅以「國族健康美」為出發，要求女學生的思想改造，在義正詞嚴的同時，卻也暴露出魯迅對女子時裝的重大無知。魯迅所建議的「服裝改良」，並沒有放在寬／窄、平面／立體、直線／曲線上考量，反而將問題的核心，放到了胸部下方的困境，兩截穿衣的上衣下裙與一截穿衣的旗袍都有同樣的問題，都會造成「胸部以下掀起」的不雅與不便，故魯迅天真地相信只要改良衣裝，將上衣繫進裙裡，一切問題便能迎刃而解。顯然魯迅只看到了胸部下方掀起的至為不便，而看不到彼時流行「苗條平胸」的「身體曲線」，不在於一截或兩截穿衣，也不在於上衣放在外面還是繫進裡面，而在於「平」即是「美」，越平越美，無有凹凸。但在這天真的背後，還是暴露出中國服飾身體「直線進步史觀」所潛藏的困惑與矛盾：「文明新裝」可以如此不文明，以束胸召喚出纏足的恥辱記憶；「文明新裝」也可以如此文明反禮教，以「乳的解放」達到強國強種的健康美。此處「乳的解放」在於不壓迫束縛胸部，但過於強化的胸部線條，不是一樣頻遭衛道之士的圍剿、好色之徒的窺淫嗎？此處「乳的解放」有「國族健康美」的合理化與正當化，但「胸圍」、「腰圍」、「臀圍」的出現，也一樣可由「國族健康美」背書嗎？魯迅的短文當然不足以回答這一連串的問題，但「束胸」所引發的激烈社會爭議，卻正是「國族健康美」與「苗條平胸」的時尚流行間之衝突所在。民國初年的「束胸」被衛道之士斥為「病態美」、「吃人禮教」的延續，而無法面對「束胸」就某種程度而言乃清末民初時裝演變的必然結果：外衣「緊窄」後，內衣也必然「緊窄」。而「國族健康美」的義正詞嚴，也未能敵得過「文明新裝」平胸美學的廣泛流行。見腰不見胸的「文明新裝」，確實讓魯迅等有心之士，只見傳統「病態美」的死灰復燃，不見「平胸美學」在身體曲線上的「重複引述」、「重複表意」，「小馬甲」不是「抹胸」，「小馬甲」是民初「翻新行勢」所給出的新「時尚形式」，不是進入了民國還沿用「抹胸」，而是「小馬甲」讓民國之新立成為身體—時裝具體而微的「身體曲線」。

而如果說「文明新裝」對國外人士而言，因「束胸」而不甚文明，那「文明新裝」對國內人士而言，卻正因「束胸」而特別顯得時髦流行。與二〇年代中國「小馬甲」遙相對應的，乃是西方二〇年代的「窄奶罩」（*bandeau*）。「二〇年代是史上少數幾波平胸風潮之一，初入社交界的女孩努力使身材平扁如紙板，好讓長串珍珠項鍊可以完美地順著連身長衣直直垂下。服裝界順勢推出窄奶罩，將女人的乳房壓縮成男孩般平板」（瑪莉蓮．亞隆 228-29）。在「小馬甲」與「窄奶罩」的排排坐中，不再是中國／西方對應到傳統／現代、落伍／文明的必然。「文明新裝」對上衣下裳的「重複引述」，啟動了平胸美學的「重新表意」，讓「時尚摩登美」與「國族健康美」之間，產生了微妙細緻的內爆衝突，也更進一步讓進步流行的「平胸美」取代了回歸傳統的「病態美」。而時尚現代性的「縐摺曲線」，乃同時給出了「小馬甲」與「窄奶罩」的「時尚形式」，重點不在誰先誰後、誰影響誰或誰抄襲誰，重點在彼此不期而然的「微偏」，相互彎曲包捲，不是形制意義上的相仿，而是跳脫由點線面（中國服飾史／西方服飾史）所決定的格線秩序與移動方向，讓「小馬甲」作為中國內衣發展史上的「尋常點」，讓「窄奶罩」作為西方內衣發展史上的「尋常點」，因「縐摺曲線」而產生貼擠，而彎曲包摺，成為「特異點」系列的發射，成功爆破原本各自作為「尋常點」所歸屬的服裝體制、條紋空間與「線性」發展。

## 四．流線摩登與旗袍

看過了上衣下裳、兩截穿衣的「文明新裝」之流變與爭議，接下來就讓我們看看上下連體、一截穿衣的「旗袍」在二十世紀上半葉的變化易動。辛亥革命後，作為滿清封建服飾的「旗袍」，銷聲匿跡了一段時間，但就在「文明新裝」的風潮之後，「旗袍」卻在一九二〇年代中期悄悄捲土重來，並在一九三〇年代形成全國上下的大流行。原本屬於滿族婦女的「旗袍」，為何可以敗部復活，成為二十世紀上半葉中國婦女的代表服飾？有人認為是因為西化服飾的強力影響，使得中國服飾失去民族特色，而旗袍的及時出現，正是結合西化服飾與民族服飾的最佳代表。有人則認為旗袍的復出江湖，乃在於旗袍的「去滿族化」。張愛玲則是認為旗袍的出線乃源於二十世紀男女平權的進步思想：

五族共和之後，全國婦女突然一致採用旗袍，倒不是為了效忠於滿清，提倡復辟運動，而是因為女子蓄意要模仿男子。在中國，自古以來女人的代名詞是「三綹梳頭，兩截穿衣。」一截穿衣與兩截穿衣是很細微的區別，似乎沒有什麼不公平之處，可是一九二〇年的女人很容易地就多了心。她們初受西方文化的薰陶，醉心於男女平權之說，可是四週的實際情況與理想相差太遠了，羞憤之下，她們排斥女性化的一切，恨不得將女人的根性斬盡殺絕。因此初興的旗袍是嚴冷方正的，具有清教徒的風格。（〈更衣記〉73）

姑且不論二〇年代的旗袍是否都嚴冷方正、呆板平直，張愛玲在此處指出的「一截穿衣」與「中性化」傾向，卻微妙點出旗袍在二〇年代文化易界—譯介—易介的重點之所在。旗袍之所以可以取代「文明新裝」的關鍵，就在於旗袍乃一截穿衣的連身裙形制，以及此形制所隱含的中性化美感，而與二〇年代的「流線摩登」（Streamlined *Moderne*）產生「微偏」。或二〇年代全球「微偏」出的「流線摩登」，讓旗袍的出現與出線成為可能。

在此就讓我們來看看當時西方同樣標榜一截穿衣、標榜女生男相的二〇年代。本章第二節所提及S型女裝與直線型女裝的出現，重新改變了西方傳統上下身分離、前凸（或平）後翹的人工輪廓曲線造型，開始強調「身體形式的視覺整體感」

（a visual unity of bodily form）（Wilson 127），而身體線條意識也由橫向的誇張，轉變為直向的強調，由人工的僵硬，轉變為「自然」的流暢。到了一九二〇年代管狀直筒型連身裝出現，腰線更降低至臀圍，平胸平臀，完全沒有腰身曲線可言。而此直筒型連身裝的整體搭配，還包括剪短髮，戴鐘形帽，穿肉色襪子等象徵現代女性輕便簡潔的造型。莫怪乎這種不強調三圍曲線，而以平胸、鬆腰、束臀的中性化外觀為尚的流行風潮，在當時被稱為「男孩相」（*comme des garçons*）。此無胸、無臀、無腰、無緊身內衣的連身裝，不再是「身體曲線」橫向的加寬（裙撐）或凸出（臀墊），而是「身體曲線」循垂直軸往上往下拉長；此處的「苗條」不是腰的細小，而是身體的修長，而此修長流線型的服飾身體，正是時髦、活力與功能性的最佳表徵。若論一九二〇年代管狀直筒型連身裝與「男孩相」的最佳代表，則非法國設計師香奈兒（Gabrielle Chanel）莫屬。她所設計的「黑色小禮服」（the little black dress）被一九二六年五月號美國 *Vogue* 流行時尚雜誌重新命名為「福特」，正凸顯出「流線摩登」所標榜「速度」與「線條」在服飾身體意識上的結合，福特汽車黑亮的流線型車體，呼應的正是二〇年代女子連身裝所代表的苗條、年輕、自由、簡潔。

故若以二〇年代作為「身體曲線」的觀察座標象限，西方時尚現代性的「身體曲線」乃是由「曲」變「直」，相對而言，中國時尚現代性的「身體曲線」，則是由「寬大」的「直」變為「緊窄」的「直」，而「文明新裝」上衣下裳的「直」自然又敵不過旗袍一截穿衣的「直」。旗袍在二〇年代的「重複引述」，呼應的不只是西化服飾與民族服飾的內在張力，也不只是婦女解放思想與時尚潮流的互通款曲，更是旗袍作為「流線摩登」的「重新表意」。然而這種服飾身體線條的「重新表意」，並不會停在原地踏步，以民國旗袍的形制變化觀之，以「直線」而雀屏中選的旗袍，接下來也變得越來越有「曲線」變化，而旗袍作為「流線摩登」的現代性進步想像，也隨著旗袍的曲線化而變得曖昧可疑。¹¹ 但正如張愛玲在〈更衣記〉中所言，除了「去裝飾」外，中國現代服飾的特色乃在「腰身的大小盈虧」。二〇年代的旗袍仍與「文明新裝」一樣，強調「平胸美學」，但三〇、四〇年代的旗袍則隨現代胸罩的研發而出現較為明顯的胸部曲線，但也絕非西方四〇、五〇年代出現／出線的誇大胸部曲線。看來旗袍的現代性與「文明新裝」的現代性一樣，皆在腰不在胸。

首先讓我們來回顧旗袍的「曲直寬窄」在二十世紀上半葉的變化。二〇年代早期的旗袍寬大平直，下長蓋腳，但隨著流行的推廣，旗袍在領型高低與袖型寬窄上不斷出現變化，更在袖長與衣長上不斷產生調整，整體而言，民國旗袍乃朝衣長縮短、腰身縮緊、曲線明顯的方向逐漸轉變。故旗袍在二十世紀出現了兩種「減」／「剪」法。第一種「減」法，乃是將多餘的裝飾品與點綴物一一除去，鑲邊滾邊的廢除，衣袖的廢除，衣領變矮，袍身變短，「剩下的只有一件緊身背心，露出頸項、兩臂與小腿」（張愛玲，〈更衣記〉74）。但旗袍形制更大的改頭換面，則來自於另一種「剪」法。如鄭嶸與張浩在《旗袍傳統工藝與現代設計》中的詳盡解說，早期的旗袍仍保有平面化的結構，「一種只有外緣結構線的平面，平面內空出一個領窩，開一條襟位線，結構線採用平直線條，只在袖身相接處稍有彎勢」。到了二〇年代末，由於「受到歐美服飾造型和西洋裁縫技藝的影響，旗袍一改自唐朝以來延續使用的直線剪裁方法，開始強調腰身，並追隨西方服飾的流行趨向，領、袖以及細節處理等方面也出現了多樣的變化，比以前更為稱身合體，邁出了中國服裝表現立體造型的第一步」。到了三〇年代，旗袍在款式與造型變化上更趨成熟，「全面進入了立體造型時代。衣身有了前後分片，以間縫縫綴，衣片上出現了省道，腰部更為適身合體，並配上了西式的裝袖」（10-13）。此貌似客觀中性的文字描繪，不僅讓我們看到鉅細靡遺的旗袍工藝製作過程，也讓我們再次看到由直線到曲線，由寬衣到窄衣，由平面到立體的「線性進步史觀」。於是在旗袍的雙重「減／剪」法之下，不僅「減」去裝飾，「剪」出曲線，還「減」出了服飾身體的線條意識，「剪」出了中國現代女性的主體性：「現在要緊的是人，旗袍的作用不外乎烘雲托月忠實地將人體輪廓曲曲勾出」（張愛玲，〈更衣記〉74）。

然而「曲曲勾出」女性身體輪廓、展現女性主體性的旗袍，在衛道之士的眼中，依舊成為現代女性「以肉體示人」的眾矢之的。如果「文明新裝」引爆出國族論述中的內在衝突，要素樸的同時不要束胸，要簡單的同時不要緊窄，那旗袍的由直而曲、由寬而窄，也同樣引爆「現代」之為「摩登」、「摩登」之為「現代」的內在衝突：「陽性現代」是中國意圖脫離喪權辱國近現代史而高高舉起的理想投射，而性別化（女性化）、流行化了的「陰性摩登」則太容易淪為世風日下、人心不古的都會墮落。「現代」的旗袍，以簡潔流線的一截穿衣，去除封建服飾的繁複裝飾，但「摩登」的旗袍，卻因暴露而非解放女人的身體招致非議，前者象徵進步，後者象徵墮落，而進步與墮落的「一線之隔」，便在於「身體曲線」的顯隱方式。然而，旗袍到底有多暴露？林語堂在〈裁縫的道德〉短文中，以嬉笑怒罵的口吻，一語道破衛道之士將國家興亡置於女人肘與膝的荒謬：肘露則國亡，肘藏則國興，膝見則世衰，膝隱則世盛（不禁令人想起魯迅類似的推論，不要再讓男人的辮子負擔國家興亡的重責大任）。此處的嘲諷點出了旗袍對「身體部位」的暴露，原本封閉包裹在寬衣大袖裡的身體部位，因旗袍領型、袖長與衣長的改變而漸次露出衣服之外。所以旗袍的露頸、露肘、露臂、露踝、露脛、露大腿（開高衩），乃旗袍「以肉體示人」的第一項罪名。

但旗袍「以肉體示人」的第二項罪名，更形罪大惡極，此時暴露的重點不再只是「身體部位」而已，此時暴露的乃是女人的「身體曲線」。「最近流行之式樣，其兩腰之曲線凹入於腰裡，市俗效顰，更小之如束帛。其腰與股間之曲線，乃完全裸露。是為苗條之式樣，多宜於初成年女子」（寓一 64）。「文明新裝」的腰身，多來自緊窄的短上衣，既無胸腰之間的曲線，也無腰臀之間的曲線，而「剪」出曲線的旗袍，則是讓腰與臀之間的曲線出現，達到「束腰」不束胸的苗條視覺效果。而往往旗袍的暴露，乃是雙重的暴露，又露身體部位，又露身體線條：「一九二九年以後，婦女服裝以長旗袍最為風靡一時，在提倡健康美與肉體美的聲浪中，摩登女子迎合時代，衣服切合著全身的曲線，緊緊貼在身上，……穿肉色絲襪，旗袍的開衩一直到大腿」（張靜如 275）。而這種雙重暴露到了三〇、四〇年代更為變本加厲，原有的西方立體剪裁技術之上，又加上了「斜裁」（bias cut）的裁製技術，讓旗袍線條更服貼流暢，而在旗袍衣料的選擇上，也朝「薄、露、透」的研發方向前進。但我們也不要忘記，旗袍的雙重暴露，乃是相對於中國千年以來寬衣大袖的服飾形制與平面直裁的傳統工藝而言，以今日的觀點視之，旗袍在腰不在胸或臀的「線」代性，還是相當委婉含蓄。衛道之士筆下前凸後翹的城市浪女或美女月份牌中「蟬薄之衣，緊裹肉體」的現代尤物，自有其保守的道德預設或物化女體的商業考量隱身其後，並不足以呈現三〇、四〇年代旗袍作為女性常服的生活面向。「文明新裝」讓「國族健康美」與「時尚摩登美」時而大打出手，而旗袍則是時時擺盪在「陽性現代」與「陰性摩登」、「現代建國論」與「摩登亡國論」之間，時而躍升為新時代的象徵，時而淪落成時尚的盲從。

本章以二十世紀初中國女性服飾身體的線條演變為切入點，探討性別化的「身體曲線」如何可以是虛擬「縐摺曲線」所不斷給出的變動形式。這兩種「線」代性的「曲線」，一從實現化的「時尚形式」言之，一從虛擬化的「翻新行勢」言之，故此兩種「曲線」，既非對立，亦非相仿，而是一實一虛的虛實相生，其「曲率法則」與偶然「微偏」，讓所有中西比較服飾史的統合整體成為不可能，讓線性因果決定論成為不可能，讓直線進步史觀成為不可能，也才有可能去鬆動傳統／現代、落伍／文明的權力位階。故不論是從醇親王福晉身上的「旗裝」到外國駐華官員夫人身上的「洋裝」，還是從上衣下裳、兩截穿衣的「文明新裝」到上下連體、一截穿衣的旗袍，我們不僅看到了「曲直寬窄」作為「身體曲線」上的盈虧變化，更看到了「曲直寬窄」作為「縐摺曲線」的摺曲扭轉動勢，讓所有的「介於其間」，都是縐摺接著縐摺的「摺摺連動」，不再是線性進步史觀中／西、傳統／現代、寬衣／窄衣、直線／曲線、平面／立體的二元對立與斷裂，而是由「縐摺曲線」所帶動永不止歇的彎曲、扭轉、岔離與出軌運動，給出「曲直寬窄」的無窮變化。

**注釋**

1 此種「寬衣／窄衣」跨文化服飾比較研究的論述方式相當普遍，可參見張競瓊、蔡毅主編的《中外服裝史對覽》、臧迎春編著的《中西方女裝造型比較》等書。

2 此處 *clinamen* 的中文翻譯，乃參照朱元鴻在〈微偏：筆記的一個祕密連結〉中所作的精彩演繹，強調「中譯『微偏』的理解不能靜止於二維平面或三維空間所呈現的偏向，而必須也包括運動與時間上最小瞬間的『微動』」。該文亦提及德勒茲對「微偏」概念之援引，不在以原子作為最小的分隔獨立單位，而在「微偏」作為一種「微分」可能的概念發展。

3 一九一五年一月《婦女雜誌》創刊於上海，由商務印書館印行，至一九三一年十二月停刊，連續出刊十七年，為中國婦女報刊史上第一份歷史最久的刊物。其發行面極廣，以上海商務為總發行所，分售處有北京、天津、奉天、雲南、澳門、香港等全國二十八個城市。

4 就傳統中國服飾發展史的研究而言，常會舉例受「胡服騎射」等影響下較為「窄身合體」的朝代服裝（如唐朝）或直接由邊疆少數民族所建立的皇朝（如元、清）統治下之服飾，但這些相對於「寬衣博帶」傳統下較為「窄身合體」的服飾本身，並無相對於現代身體概念的胸圍、腰圍與臀圍，亦主要是以「平面剪裁」為主體，並未發展出西方立體剪裁以及用「省」、「死摺」（dart）來塑造身體─服飾相應的曲線變化。以清朝滿族婦女的旗袍為例，其在對比之下，顯然要比清朝漢族婦女的寬衣大袖來得「窄身合體」，但仍是直筒無腰身曲線的「平面剪裁」。

5 就外套形式而言，照片中的「洋裝」可能是一九〇〇至一九一〇年間西方女性外出時慣於穿著的「淑女外套套裝」（Lady Coat Suit），包括上衣下裙與蓋過臀部的長外套。而我們此處的分析，則是希望能穿透長外套，看到外套裡面的身體─服飾線條。

6 波黑的「東方服飾風格」涵蓋面極廣，包括阿拉伯、土耳其、俄國、中國、印度與日本。他的作品裡出現紅、綠、紫、橙、藍等大量的東方式華麗色彩，採用日本紋樣和新藝術紋樣的面料，並將波斯織錦、金銀線繡、俄羅斯民間刺繡、印度佛珠等運用在服飾設計之上，其「東方服飾風格」的代表作品，包括中國袍服式風格的女性外套「孔子」與一九一三年創作的一系列「穆斯林風」服裝（鄭巨欣 162）。

7 對波黑而言，此處的「身體解放」更具體確切的說法乃是「腰部解放」，不束腰，不以腰部為支點，而波黑後來的一些服裝設計，反倒出現了與「身體解放」改革理念背道而馳的現象，像是「霍布裙」（hobble

skirt）又名「蹣跚裙」的推出，就被嘲笑為有礙行動、束縛女性腿部的倒退作風。

8 第一章楔子「林則徐的褲子」已就「省道縫摺」的相關界定進行說明。而包括「省道縫摺」在內的整體「立體剪裁」技巧，不僅讓十九世紀的英國男性展現修長合身的線條，更在西方女裝服飾史中扮演舉足輕重的角色，朝向緊身收腰的人工雕塑造型發展，不同歷史時段有不同的強化重點，或用緊身胸衣來塑造上半身形體，或用裙撐、臀墊或襯裙來擴大下半身形體。

9 有關平面剪裁與立體剪裁之間的差異，有助於我們理解清末服飾西化時的一些「怪現象」。「到了晚清，帝國主義侵入以後，袍衫又改成緊腰窄袖的式樣，因其窄幾纏身，長可覆足，袖僅容臂，偶然蹲下，即至破裂。所以〈京華竹枝詞〉載：『新式衣裳誇有根，極長極窄太難倫，洋人著服圖靈便，幾見纏躬不可蹲』」（朱睿根 200）。這正說明了為何穿著緊腰窄袖「西裝」的洋人可以行動靈便，而穿著緊腰窄袖「袍衫」的中國人，卻連彎腰屈膝都困難重重。其中潛在的矛盾，恐怕還是得回到平面剪裁與立體剪裁在衣飾結構上的差異，比較平面的「窄」與立體的「窄」在服飾身體活動能力上的大不同。

10 此處有關日本對文明新裝的影響，究竟是指服飾形制部分（緊窄修長的「西化」）還是服飾精神部分（去裝飾的現代化），學者並未深入探討，而研究中國近代服裝史的日籍學者山內智惠美甚至反向指出，「日本的文明新裝的樣子，可能是很早從中國穿來的服裝的演變結果」（83）。

11 張愛玲在〈更衣記〉一文中對「旗袍」一截穿衣所展現男女性別平權意識的肯定，乃是針對二〇年代中後期寬大平直的旗袍樣式而言，並非三〇、四〇年代越來越強調身體玲瓏曲線的旗袍樣式。因而旗袍所展現的「時尚現代性」，正如同文明新裝所展現的「時尚現代性」一樣，皆非單向式地凸顯開明進步的新時代精神，或強化女性身體自我意識的進步，而是恆常擺盪於國族論述與性別論述的合流與分歧之間，亦即本章所一再論述的「國族健康美」／「時尚摩登美」、「現代建國論」／「摩登亡國論」之衝突矛盾。有關三〇、四〇年代旗袍身體曲線的負面表列，請參見本章結尾有關「以肉體示人」的保守反動論述。而本章開頭有關《婦女雜誌》徵文對女子服飾越趨「緊窄」的強烈道德抨擊（乃主要針對文明新裝），亦是跨越性別分界，男性與女性評論者皆然。

第七章

# 旗袍的微縐摺

在傳統的服飾研究中，「縐摺」（the fold）多指「服飾或布塊上的翻轉折疊，有無造成折疊線均可」（《圖解服飾辭典》361），如「翻領」、「摺邊」或「摺裙」。在當代哲學思考中，「縐摺」則被凸顯為重新理論化歷史流變與世界生成的關鍵操作概念。誠如本書第一章〈時尚的歷史摺學〉所做的理論會通，不論是班雅明談論十九世紀物質文化的《拱廊街計畫》，或是德勒茲談論十七世紀歐洲巴洛克文化的《摺子》，皆成功展開「縐摺」作為探討歷史哲學與主體化的基本概念。而本章便是循班雅明與德勒茲的縐摺理論出發，再次概念化「合摺行勢」（folding forces）之差異化微分運動（微分）與「開摺形式」（unfolded forms）之差異區分（差分），如何讓歷史成為「合摺，開摺，再合摺」的縐摺運動本身。而本章對此概念化的具體操作，將圍繞在「旗袍」作為「微縐摺」的動勢，視其「時尚形式」的變動不居，如何在二十世紀二〇、三〇與四〇年代，得以穿歷史、穿性別、穿國族、穿文化之姿生成流變。

故本章論述的開展將主要分為三個部分。第一節將以一九四〇年代殖民地台灣《本島婦人服の改善》計畫中「旗袍縐摺成洋裝」之歷史案例為理論思考出發點，來展開時尚的縐摺分析與操作演練，企圖跨越既有性別與帝國殖民主義意識形態批判的框架。第二節將進入中／西服飾史的論述脈絡，爬梳一九二〇年代上海平直旗袍與巴黎直筒洋裝，如何在性別現代性作為縐摺之力的摺曲運動中，以極大化身體速度與極小化性別差異的拓撲連結，開摺出不同形制的服裝幾何解。第三節則將以時尚歷史摺學的概念，與當前的中西服飾比較史與殖民現代性研究展開對話，進行後設性的反思與批判，並嘗試提出「中西合襞」的縐摺概念，取代殖民現代性時尚論述中最為常見的封閉套式「中西合璧」，並提出當代時尚研究以「拓撲思考」取代「類型思考」在美學、政治與理論上的迫切必要性，以期為當前的時尚研究與殖民現代性論述帶來差異分析與「縐摺思考」的可能。

## 一・殖民地台灣的「旗袍」

首先讓我們從一個具體的歷史案例切入，看看在台灣的殖民服裝史中，「旗袍」如何有可能「縐摺」成為「洋裝」。在傳統的服飾史研究中，「旗袍」廣義而言乃指「旗人之袍」，為滿族傳統服飾，涵蓋男女，狹義而言乃指一九二〇年以降以上海都會為中心所發展出的中式女性連身裙，立領、斜襟、收腰、兩側開衩。而「洋裝」廣義而言，乃洋人之服裝，不分男女，狹義而言，則指現代西式女性裙裝，包括兩件式的上衣下裙與一件式的連衣裙。故在傳統的服飾史研究中，尤其是在前章所示由線性進步史觀所建立的「中西服飾史」，「旗袍」與「洋裝」從發展歷

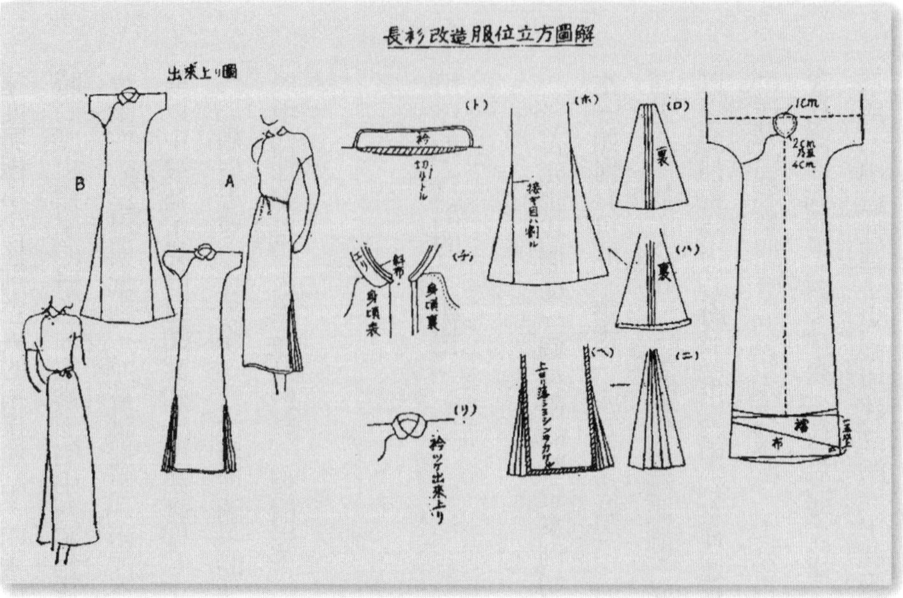

《本島婦人服の改善》

史到型款外貌，皆被視為分屬兩個獨立不相連屬的服飾系統（「區別且分離」），一中一西、涇渭分明。而在以下本章所聚焦的歷史案例分析中，乃是以狹義的「旗袍」與狹義的「洋裝」為對象，兩者皆為「一件式連衣裙」（one-piece dress）的基本形制。

然而在一九四〇年由「國民精神總動員」台北州支部出版的《本島婦人服の改善》中，卻以明確的圖示步驟，教導殖民地台灣婦女如何將原本一中一西、涇渭分明的「旗袍」（中式女性連衣裙）改良為「洋裝」（西式女性連衣裙）（6）。其主要的「改裝」步驟有三：(1)將原本旗袍的中式立領改為摺平式的西式翻領；(2)將旗袍長度改短，並將裁下的旗袍下襬作成褶子，縫接回旗袍兩側的開衩處當作布襠，變成兩側不開衩的西式連身洋裝；(3)腰部中央繫上細腰帶。[1]

此將旗袍「縐摺」成洋裝的圖文解說，清楚反映了彼時殖民地情境與戰爭情境下台灣女性服飾流變的特殊歷史狀態。「旗袍」在日治時期多稱「長衫」，一九三〇年代起因受中國大陸時尚流行之影響，台灣中上層年輕女性開始穿著以上海為中心、象徵摩登形象、強調女性身體曲線的新式旗袍。[2]但後在殖民地戰爭動員的大纛之下，「旗袍」頓時成為日本殖民者眼中可疑可議的視覺服碼，一在其與中國作為國族認同的想像連結，二在其與都會摩登時尚流行的頹靡連結，皆不符彼時迫在眉睫的戰爭動員，但為物資節約之故（沒有新的布料製作新衣），卻又不宜全面禁制，遂成為亟需重新「改良」的本島服飾重點項目。

而洋裝在台灣的流行，也與日本殖民現代化的服飾政策息息相關。日治初期僅著力於解纏剪辮，對台灣本島在延續清朝男女服飾的穿著傳統上，多採綏撫放任政策，日治中期則相繼展開「兼具同化及現代化雙重取向的殖民施政」（葉立誠67）。一九二〇年代摩登女郎風行，西式洋裝逐漸普及，一九三〇年代在既有洋裝之外，更開始流行旗袍，而上衣下褲或上衣下裙的傳統漢服或稱「本島服」，則淪為中老年婦女或鄉村婦女的穿著打扮。誠如服裝學者蘇旭珺所描繪：

女性服裝於一九二〇年後流行寬袖短上衣，下襬成圓弧狀，搭配長度縮短到小腿中的西式裙；到了一九三〇年代以後，穿著傳統服裝的人越來越少，年輕女性逐漸穿著洋裝，少數知識女性因為受到大陸影響，也開始穿長衫（旗袍），只有較傳統守舊的中年婦人，仍穿著傳統漢族衫、裙或衫、褲。（52）

爾後在戰爭動員的催化之下，象徵日本殖民現代性的洋裝，遂優先取代隱含曖昧中國國族認同的旗袍，成為殖民政府主導下服飾改良過程中的範式，即便洋裝與旗袍同為彼時都會摩登文化的視覺服碼，且兩者皆與戰爭想像格格不入，但鑑於日本和服精緻昂貴又不利女性勞動力的戰時動員，故洋裝還是能階段性勝出（後乃有更為符合戰時國民精神與動員的婦人「標準服」之制定與推行）。

故這則台灣戰時服裝改良的歷史案例，從傳統服飾史研究與政治意識形態批判的角度觀之，乃具體而微呈現出殖民權力與戰爭衝突下國族認同的傾軋與摩登時尚的張力（此正為當代時尚研究的重點項目之一），於是旗袍「縐摺」成了洋裝（中式立領縐摺成西式翻領，下襬縐摺成開衩處的布襠），或更精準地說，一件式中式連衣裙「縐摺」成了一件式西式連衣裙（依此案例的特殊性，本章以下所討論的洋裝，基本上以一件式連衣裙為主）。然此殖民服飾改良卻非表面上的主旨明確、步驟分明，而是可以導向三種不同的「縐摺」思考可能：第一種「縐摺」指向服飾細節的「字面意義」（literal meaning），乃是透過織品面料去實際操作折疊動作，凸顯服飾細節改良的實質功效與服飾形制彼此轉換互通的具體操作。第二種「縐摺」則可被視為歷史運動的「譬喻」（figurative meaning），巧妙傳達殖民文化認同與戰爭動員在身體—服飾政治上所造成的改變。此兩種「縐摺」正是本章開頭處所嘗試提供的詮釋模式，結合服飾文化研究與意識形態批判，然此詮釋模式的相關發展與操作方式，已太過普及也太可預期，因而無法提出更為基進的差異思考。

故本章真正希冀的著力點，乃是企圖理論化在既有字義與譬喻之外的第三種「縐摺」：一種能凸顯歷史「運動」本身乃不同施力之間的傾軋貼擠（特異點的力量布置）、凸顯「旗袍—洋裝」的「縐摺」乃「力場」（the field of forces）之表達，一種能取代確定僵固的殖民、反殖民、後殖民「立場」與意識形態批判的「縐摺」思考。前兩種「縐摺」所預設的，乃傳統的「折衷」邏輯：旗袍與洋裝作為兩種不同服裝「形式」的轉化融合，讓旗袍「折衷」成了洋裝，一種A加B除以二的「折衷」（雖然在殖民者眼中，改良後的旗袍乃洋裝，而非「折衷」的旗袍洋裝）。但第三種「縐摺」所預設的，乃是一種更為基進的「摺中」：視所有形式乃縐摺與縐摺之間的暫時開摺，而「中」成為永遠的介於其間，成為恆常處於過程之中的進行式動量，而非旗袍所慣於表稱的中國國族符號。故旗袍與洋裝的「折衷」，指向兩種服裝「形式」的結合轉換，旗袍與洋裝的「摺中」，則指向一種力量的匯集、衝突與布置（性別之力、速度之力、戰爭之力、殖民之力、都會之力、摩登之力等複數力量）。前者可視、可見、可辨別、甚至可拆解或重組為個別組成元素，正如《本島婦人服の改善》之圖文解說所明示，旗袍如何折衷為洋裝。而後者則不僅只是化「虛擬」（the virtual）為「實現」（the actual），將不可視見、無法辨別的「行勢」（force），轉化為可識可見、可觀察辨識的「形式」（form），更是「去實現化」、「去畛域化」，在不同形式之間創造「不可區辨區」，不斷回到「行勢」的虛擬之力。故第三種「縐摺」思考所欲導向的，乃是在旗袍或洋裝的「形式」之「中」（介於其間的中，進行過程的中，而非單獨個體的內在空間想像或特定國族指涉），尋覓開摺出旗袍形式與洋裝形式的「合摺行勢」。

故本章以此日治台灣的歷史案例為開場，卻非僅僅意欲進行「時尚的歷史研究」，而是希冀以此開展出「時尚的歷史摺學研究」。如果「時尚的歷史研究」囿限於服飾史、殖民史或物質文化史的分析範疇，那「時尚的歷史摺學研究」則是希冀在歷史史料、政治詮釋、意識形態分析之外，更進一步基進質疑歷史本身作為「摺學」概念的可能。如果旗袍與洋裝在傳統視覺形式分析上，被視為一中一西、涇渭分明，而《本島婦人服の改善》的圖文則讓我們目睹旗袍「縐摺」成洋裝的可能，那這個歷史案例豐富精彩的特異性，不只在於縐摺作為服裝細節的「字義」，不只在於縐摺作為殖民政治的「隱喻」，而更在於指向縐摺作為一種無法視見的「事件」，如何總已（always already）將旗袍「縐摺」成洋裝，此「縐摺」事件發生在《本島婦人服の改善》之前，亦發生在《本島婦人服の改善》之後，此亦即本章之所以可以從「縐摺」作為一種服飾細節的改造，推向「縐摺」作為歷史即「力」史、哲學即「摺」學概念分析的關鍵。

## 二・旗袍與洋裝的拓撲連結

本章第一節企圖透過殖民時期台灣「旗袍如何縐摺成洋裝」的歷史服飾案例，來開展「力」史「摺」學的概念，以便能隨時靈活進出「縐摺」的字意與譬喻，不再局限於以同質空洞時間所建構出的傳統服飾史研究，亦不再僅僅局限於以殖民權力為主宰的政令宣導或以國族認同為立場的意識形態批判，而讓如何提出新的分析概念與新的歷史認識論成為可能：旗袍與洋裝的「差分」（實現化後的差異區分）為何？旗袍與洋裝的「微分」（虛擬連續體中的差異化運動）為何？如何在旗袍與洋裝的「分摺形式」中，尋覓旗袍—洋裝的「合摺行勢」？

在傳統服飾史研究中，旗袍／洋裝兩者慣以「／」斜槓相連，用以表示彼此之間的二元對立（一中一西、涇渭分明），而本章以下將採用的旗袍—洋裝，則嘗試以作為流變（becoming）符號的「—」短槓連接二者，以凸顯二者彼此之間的創造轉化、分而不離，亦即在旗袍／洋裝的「分摺形式」之中，尋覓旗袍—洋裝的「合摺行勢」。首先就服裝的視覺形式而言，旗袍／洋裝在形制上的差異清楚可辨，兩者雖皆為「一件式連衣裙」，但旗袍的立領、斜襟、兩側開衩，明顯不同於洋裝的多種領形、袖形變化、裙側不開衩、可繫腰帶等，而前引四〇年代日治時期《本島婦人服の改善》將旗袍「縐摺」成洋裝的圖文，正能有效幫助我們視覺化此兩種服裝形式之差異，以及如何在戰爭動員中產生具體轉化不同服飾形制的可能施做步驟。故當我們企圖開始概念化「現代性縐摺之力」中旗袍—洋裝的現代性「拓撲連結」時，必須先行打破「視覺中心主義」（ocularcentrism）的掌控，以及「視覺中心主義」強化可見「形式」而壓抑不可見「行勢」的傾向。

因而在正式進入旗袍—洋裝的縐摺分析之前，我們先來看看兩組有趣的例子，一組是晶鹽—皂沫，一組是蘭花—胡蜂。這兩組例子都以流變符號「—」連結，但流變符號的兩端，皆明顯在視覺形式上截然不同，晶鹽的「剛體度量屬性」（rigid metric properties）絕非皂沫，蘭花也不是胡蜂。但這兩組例子皆有助於我們將「視覺中心主義」下的旗袍／洋裝（以對立符號相隔），翻轉成以不可見「行勢」取代可見「形式」的旗袍—洋裝（以流變符號相連）。第一組例子出現在德蘭達（Manuel Delanda）的《強度科學與虛擬哲學》（*Intensive Science & Virtual Philosophy*），他以鹽結晶與肥皂泡沫來說明何謂「拓撲連結」，以便進一步闡釋德勒茲哲學與當代強度科學的連結。他指出鹽結晶的立方體結構與肥皂泡沫的球體結構，乃視覺形式上的大不同，但鹽結晶的立方體乃是最有效「極小化」鏈結能量的結構，而肥皂泡沫的球體亦為最有效「極小化」表面張力的結構。換言之，鹽結晶與肥皂泡沫的「拓撲連結」，不在視覺外觀形式的相似，而在「能量流失極小化」的「特異點」（singular point）貼擠：「一個拓撲形式（多形體中的一個特異點）導引著一個產生多種不同物質形式的過程，包括球體與立方體，每一個擁有不同的幾何屬性」（15-16）。故從「能量流失極小化」的「特異點」，開展出或開摺出（unfold）在物質屬性與幾何形式上截然不同的晶鹽與皂沫，「能量流失極小化」乃晶鹽—皂沫的「拓撲連結」，而晶鹽與皂沫則為「能量流失極小化」過程中所分別開摺出來的兩個不同形式幾何解。就「開摺形式」（unfolded forms）而言，晶鹽是晶鹽，皂沫是皂沫，絕不相似，互不隸屬，但就「合摺行勢」（folding force）而言，晶鹽—皂沫的「拓撲連結」，正在於彼此緊密貼擠出「能量流失極小化」的「特異點」。

正如德勒茲與瓜達希在《千高原》中所言，「特異點」的潛在形式乃是拓撲，而非幾何（48），也唯有在非度量的拓撲內在性平面（non-metric, topological plane of immanence），才能談論萬事萬物貼擠交織而成的「虛擬多摺性」（virtual multiplicities）與萬事萬物彼此之間的「毗鄰不可分辨區」（293）。而相較於德蘭達的晶鹽—皂沫，德勒茲與瓜達希在《千高原》中最著名的例子之一，則是蘭花—胡蜂的「流變三角」。他們指出自然界有某種蘭花，其外型類似母蜂，常吸引公蜂前來交配達到高潮，而當公蜂飛往下一朵蘭花時，便同時傳遞了蘭花的花粉，助其達成繁殖作用。此例的重點不在蘭花與母胡蜂外型上的「相似」，而在蘭花與胡蜂作為兩個不相隸屬或毫無類同的點，卻因「生物學縐摺」（亦稱曲線、流變線、抽象線、彈性線、逃逸線、縐摺線），讓蘭花與胡蜂相互貼擠，形成「特異點」，既形成蘭花—胡蜂的「毗鄰不可分辨區」（zones of proximity and indiscernibility），既讓蘭花從原本的植物系統中「解畛域化」，也讓胡蜂從原本的昆蟲系統中「解畛域化」，既是蘭花的流變—胡蜂，也是胡蜂的流變—蘭花，兩者皆從既有認知架構下互不隸屬的生殖規範系統中解放或逃逸而出，發生（非）關係、產生（拓撲）連結（293）。德勒茲與瓜達希並在該段的註解部分，提供了更為淺顯易懂的圖示，來說明直線AB與縐摺AB的不同，左圖展示流變之線如何垂直穿過AB（虛點）連線的中域，右圖展示原本鄰近卻以固定距離加以清晰區隔分離的A點與B點，如何因流變之線的穿越通過，而被貼擠為特異點（544-45）。正如作為植物的蘭花與作為動物的胡蜂，經由流變之線（生物學縐摺）而產生「拓撲連結」，形成「流變團塊」（bloc of becoming），而「縐摺」即是流變之線（域外之力）通過所摺曲造成的特異點系列，「縐摺」即是（產出）特異點的力量布置。

但蘭花—胡蜂與晶鹽—皂沫的例子，究竟將如何幫助我們概念化旗袍—洋裝的「拓撲連結」呢？如何將「視覺中心主義」下的旗袍／洋裝（以對立符號相連），翻轉成以不可見「行勢」取代可見「形式」的旗袍—洋裝（以流變符號相連）呢？或如何更進一步以歷史作為「合摺，開摺，再合摺」的摺曲運動本身，來基進化時尚本身作為一種流變存有論或過程存有論（ontology of becoming, ontology of process）的可能呢？首先，旗袍與洋裝作為「同一律」主宰下固定形制的預設（旗袍永遠是旗袍，洋裝終究是洋裝）必須被打破，一如蘭花與胡蜂、晶鹽與皂沫，旗袍與洋裝都僅是時尚流變過程中暫時開摺出的物質形式幾何解，都將隨不同的「行勢」（曲線、流變線、抽象線、彈性線、逃逸線、縐摺線）再合摺成新的連結、新的布置、新的流變，也將隨即再開摺成新的物質形式幾何解。故重點不在於由殖民政權所主導的服裝改良，如何要求將旗袍縐摺成洋裝；重點也不在於此旗袍與洋裝的「折衷」改良形式有何新穎或獨特之處；重點在於旗袍與洋裝的「縐摺」總已發生，旗袍與洋裝皆為此縐摺運動所開摺出的新物質形式幾何解，旗袍與洋裝皆為此「創形理論」（theory of morphogenesis）下的「強度差異」（intensive difference）之展現。而此處所謂的「強度差異」，並非在幾何解的物質形式上去做論斷（蘭花不同於胡蜂、晶鹽不同於皂沫、旗袍不同於洋裝的外型差異），而是在拓撲連結的過程中被表達被展現（不在相似與否，而在如何啟動動態的差異化過程）。此之所以為「強度差異」，正在於其無法被切割為彼此獨立、相互無涉的剛體顆粒（rigid particles），正在於旗袍—洋裝所形成的「虛擬連續體」不斷發生、不斷啟動臨界點的「相變」（phase transition），永遠無法楚河漢界、涇渭分明。

故《本島婦人服の改善》的關鍵，不單指向殖民現代性當下由殖民政權所宣導的旗袍如何「縐摺」成洋裝，更指向殖民現代性中時尚作為「虛擬多摺性」，如何總已將旗袍與洋裝「縐摺」成旗袍—洋裝的「虛擬連續體」。用德勒茲在《差異與重複》一書中所言，萬事萬物的「虛擬多摺性」，貼擠交織著「微分」（to be differentiated）的力量與「差分」（to be differenciated）的力量：前者的 differentiated 指的是非度量化拓撲空間中由虛擬多摺性所形構的連續體，而後者的 differenciated 指的則是斷裂分離的度量化幾何空間。前者為強度差異，而後者為度量化、視覺化的物質形式差異（187），前者合摺，後者開摺，而歷史的流變正來自此非度量化、拓撲內在平面上的「合摺，開摺，再合摺」，無始無終。

因此就歷史流變的過程而言，旗袍與洋裝一如晶鹽與皂沫，都是虛擬連續體所開摺出來的不同幾何解，但如果晶鹽—皂沫在「能量流失極小化」的「特異點」上不分彼此，那什麼會是旗袍—洋裝的「特異點力量布置」？如果蘭花—胡蜂的流變來自「生物學縐摺」，那什麼會是旗袍—洋裝的「縐摺線」？在此本節必須從四〇年代殖民地台灣「旗袍如何縐摺成洋裝」的歷史時空，往前推到一九二〇年代上海平直旗袍與巴黎直筒洋裝的歷史「蹦現」時刻，以說明為何旗袍與洋裝「總已」發生歷史的縐摺運動，並藉以凸顯「現代性縐摺之力」為何可以是本章概念化旗袍—洋裝「拓樸連結」的關鍵所在。根據當代英國時尚研究學者威爾蓀（Elizabeth Wilson）在《夢想裝飾：時尚與現代性》（*Adorned in Dreams: Fashion and Modernity*）中的陳述，西方二十世紀現代女裝之所以現代，正在於以「剪裁與合身」（cut and fit），取代了昔日傳統女裝的繁複裝飾、妍麗色彩與其所隱含的靜態身體景觀展示性。而其中「現代性」所標榜的移動速度，更扮演了舉足輕重的角色：「工業革命的來臨，世界第一次由機器掌控，改變了所有事物。『所有堅固的都煙消雲散』。工業資本主義將土地連根拔起，『消解所有定置、牢固、凍結的關係』，創造了一個速度、移動與變易的新騷亂世界」（60）。[3] 而現代性作為身體—時裝縐摺之力所強調的「速度、移動與變易」（speed, mobility and mutability），具體而微展現在二十世紀初現代女裝的出現，包括二〇年代放棄緊身胸衣、真正進入現代的「男孩相」直筒洋裝（tubular dress）、三〇年代的細長形女裝與二次世界大戰期間的「實用女裝」（utility dress）等。這些放棄緊身胸衣、除去繁複裝飾而簡單舒適、剪裁合身、實用便捷的現代女裝，直接呼應著十九世紀末所啟動女性社會性別角色的大轉變，不僅大規模爭取婦女參政權與教育權，更積極開始參與各項運動競技與戶外活動，追求身體移動的便捷性與速度感，並於二十世紀初大舉進入公領域與職場。

也只有在此時尚現代性作為「速度、移動與變易」與「極大化身體移動力」的特異點布置中，我們才可以理解為何當知名法國網球女將南格蘭（Susanne Lenglen）在一九二二年英國溫布敦網球公開賽中，以法國設計師巴圖（Jean Patou）的網球裝共開亮相時會如此震驚全場。她一改往昔網球女將內穿緊身胸衣、外著裙撐長裙的笨重裝扮，展現V領短袖上衣、百摺裙與白色長筒襪的現代球場穿著。而此驚世駭俗網球裝的運動表達與速度表達，更在四年後由法國設計師香奈兒在一九二六年五月所發表的經典「黑色小禮服」達到高峰。一如前章第四節所言，此一件式連衣裙不僅揚棄了緊身胸衣，揚棄了繁複裝飾與妍麗色彩，更以簡潔合身的直筒造型，取代了傳統女裝所強調的胸線、腰線與臀線，迅速被彼時的時尚雜誌暱稱為「福特」，以凸顯其不僅在黑亮光滑的流線外型上呼應福特汽車，更在概念上與福特汽車相貼合，完美連結時尚現代性所強調的「速度、移動與變易」。[4]

但如果二〇年代由巴黎都會時尚所帶動的一件式直筒女裝，以輕便簡潔、移動迅速的造型，體現了「現代性縐摺之力」的「速度、移動與變易」，那為何一向被當成中國現代女性國族符碼的旗袍，也可以被視為「現代性縐摺之力」所開摺出的一種新物質形式幾何解呢？旗袍與「速度、移動與變易」的關連何在？為何一件式旗袍與一件式洋裝「總已」因現代性的縐摺之力而產生了「拓撲連結」？而二〇年代出現的早期平直旗袍，究竟有何「新」或「翻新」之有？原本兩截穿衣的上衣下裳，乃中國最傳統的服裝形制，而清朝漢族婦女慣穿的大襟右衽襖裙，一直延續到一九一一年辛亥革命後的民國時期，而一九一二年七月由參議院頒布的女子禮服，仍採清末襖裙樣式。「上衣長與膝齊，有領。對襟式，左右及后下端開衩，周身加錦繡，下著裙子，前後中幅（即裙門，也稱馬面）平，左右打襉，上緣兩端用帶」（李楠，〈文明新裝的衣裳制度與設計思考〉67-68）。故對許多人而言，廢除帝制後女性服飾的因循守舊，完全不符創建民國新時代的基進想像。而後來的五四新文化運動，雖倡導男女平權，開始出現女子去長裙改穿男子長袍的呼聲，但仍以兩截穿衣為主，以去繁從簡（廢紋飾去鑲滾）、由寬變窄、上衣下裙的「文明新裝」領航（亦即前章所強調的雙重「減／剪」法）。

那為何平直旗袍會在一九二〇年代的上海都會突然「蹦現」？誠如張愛玲在〈更衣記〉中所言，近現代的中國時裝史，充滿了對速度的想像與焦慮，從火車所代表的時代速度，到商港所代表的貿易速度，更具現為在內地迅速傳播的時新款式速度：

第一個嚴重的變化發生在光緒三十二三年。鐵路已經不那麼稀罕了，火車開始在中國人的生活裡占一重要位置。諸大商港的時新款式迅速地傳入內地。衣褲漸漸縮小，「闌干」與闊滾條過了時，單剩下一條極窄的。扁的是「韭菜邊」，圓的是「燈果邊」，又稱「線香滾」。在政治動亂與社會不靖的時期——譬如歐洲的文藝復興時代——時髦的衣服永遠是緊匝在身上，輕捷俐落，容許劇烈的活動。（70）

張愛玲的〈更衣記〉在此精準帶出中國「改朝換代」與「改頭換面」的速度感，其精彩處不僅在於凸顯「現代」時尚乃點綴品作為累贅的逐漸減去，更在於成功點出「服」裝如何變為了「時」裝（「過了時就一文不值」）。而本段引文以「時裝」的興替，展現「時代」的「感性分享」，更將清末服裝的「輕捷俐落」，同時放置在火車、商港與政治變動之中觀察，為現代性作為「極大化身體移動力」的思考，提供了更為繁複的歷史面向。換言之，火車、商港與十九世紀末中國女性的時新窄衣，皆成為「速度表達」作為「合摺行勢」下所產生的不同「開摺形式」，一如班雅明筆下的十九世紀末工廠、汽車與女性腳踏車裝，皆為「運動表達」的不同開摺形式。而〈更衣記〉文中最為敏銳的時尚觀察，更出現在以「一件式」旗袍的出線，來具體說明中國一九二〇年代「一截穿衣」的性別縐摺之力。如前已述，民國之後傳統封建社會的女性角色開始轉變，女性不再安於「三綹梳頭，兩截穿衣」（73）的傳統裝扮，而「一截穿衣」的旗袍脫穎而出、開始流行，正是女性決心以具體而微的時尚外觀，作為表達男女平權的視覺訴求。

然而我們亦不可不察，張愛玲在此的反諷口吻甚為明顯，不僅表示對「醉心於男女平權之說」者的保留，更在開頭處即點出清朝統治時期女子尚有旗裝／漢服之別，而今辛亥革命五族共和後，反倒大一統地穿起旗女長袍。雖眾多服飾學者歷來一再強調清朝的旗女長袍與民國旗袍之差異，但顯然張愛玲此處的反諷，乃是建立在清朝旗女長袍與民國旗袍的連續滑動之上。但若以「歷史摺學」的概念審視之，此處的初興旗袍或可被基進地視為一種時尚的「虎躍過往」，初興旗袍以其現代女裝形式所貼擠的，與其說是滿人入關「後」建立清帝國的旗女長袍，不如說是數百年前滿人入關「前」窄身合體利於騎射、男女皆同一截穿衣的袍服樣式（入關後男女形制與裝飾逐漸分立，旗女長袍更受漢服影響而日漸寬博）。但若循班雅明對時尚作為政治前瞻先導性的革命動量而言，此一九二〇年初興「嚴冷方正」平直旗袍的「虎躍過往」，更可是以基進的姿態，貼擠數十年前清末婦女解放思潮「女著男裝」的革命實踐，如秋瑾、張竹君等女性革命黨人的換裝。一如換上男子長衫的鑑湖女俠秋瑾（一八七五—一九〇七）就曾清楚表明，其對男裝的興趣，乃在於中國通行著男子強女子弱的觀念來壓迫女性，在外型上換穿男子長袍，乃是以此鍛鍊心智的堅強。秋瑾作為發起中國第一個婦女反清團體「共愛會」、作為在上海創辦中國公學、《中國女報》的第一人，其「女著男裝」乃是將民族革命與婦女解放冶於一爐。[5]

故張愛玲此處「女子蓄意要模仿男子」、「醉心於男女平權之說」的譏諷，反倒帶出初興旗袍在性別政治上的基進性。故若以倡議男女平權、反清革命分子的「女著男裝」，作為一九二〇年代初興平直旗袍「一截穿衣」的「前—歷史」（前摺），正可爆破民國旗袍乃由旗女之袍演進而來的線性時間預設，視其為性別革命的「質變」，而非服裝形制演進的「量變」。而即使是在初興旗袍「蹦現」的一九二〇年代，亦不乏學者以「女著男裝」作為消弭性別差異的具體社會實踐方式。如新文學家許地山在〈女子的服飾〉一文中所強調，「女子斷髮男裝不僅可以節省時間、金錢，還可以更好的勝任社會工作」（5），而女著男裝的益處更多，「一來可以泯滅性的區別；二來可以等級服從的記號；三來可以節省許多無益的費用；四來可以得著許多有用的光陰」（8）。顯然對這位曾撰〈近三百年來的中國女裝〉並在香港大學以英文開授「中國服飾史」的學者（曾為張愛玲的老師）而言，女著男裝的進步性，不僅在於女性可省下梳妝打扮的時間與金錢，更在於消弭性別甚至階級區分的服飾印記。而新興旗袍正是讓原本「女著男裝」的男女之別一掃而散，讓一截穿衣的「長衫」變成了男女共通的服飾穿著。

但更有趣的是，這些「嚴冷方正」的初興平直旗袍，卻似乎與「輕佻浪漫」的歐洲直筒形洋裝，同樣來自於時尚現代性縐摺的性別之力，同樣成為「極小化男女差異」的性別表達。西方二〇年代流行的連身女裝，乃一件式寬低腰身的直筒形或管狀形女裝，「壓平胸凸、腰節下移、臀部束緊的平直女裝，呈H狀廓型，直筒形女裝刻意避免了胸、腰、臀的自然落差」（李楠，《現代女裝之源》64），一改往昔西方女裝靠著緊身胸衣與裙撐、臀撐所誇示的豐胸、束腰、美臀，不再強調女性曲線美的外觀造型。而此平胸骨感，沒有腰身的直線造型，甚至被視為否定女性特徵，遂被暱稱為向男生看齊的「男孩相」。而中國二〇年代流行的平直旗袍乃是雙重的直線，既是中國傳統的平面直線剪裁（無胸省、無腰省），更是整體造型的平直，腰身寬鬆，袖口寬大，衣長較長，歷經暖袍、馬甲旗袍、倒大袖旗袍的先後出現（劉瑜 76-80），而漸趨合身，衣長漸短，但皆不凸顯任何女性身體性徵。[6] 如果在中國五四運動所倡導科學、民主、愛國與自由的風潮後，都會或知識女性開始以「一截穿衣」的旗袍來表達追求男女平權，那在西方戰後昇平的「爵士年代」，年輕的 flapper（飛女、花女郎、飛波姊兒）則是以便於活動、符合快節奏現代生活的一件式連身洋裝登場亮相。故「嚴冷方正」的平直旗袍與「輕佻浪漫」的直筒洋裝之所以可被視為「區別且連續」的「縐摺」而非「區別且分離」的「點」，就必須在其特異點的「拓撲連結」中去探尋，而非僅在其個別的服裝形式發展或社會文化脈絡中去爬梳。

故對一九二〇年代現代性速度之力作為「極大化身體移動力」與現代性別之力作為「極小化男女差異」而言，平直旗袍與直筒洋裝的異與同、合與分，或許就如同晶鹽—皂沫、蘭花—胡蜂一般，既是時尚「虛擬連續體」之中充滿「強度差異」的「拓撲連結」，亦是在「合摺，開摺，再合摺」過程中所展現視覺物質形式的大不同。若純粹只就「極大化身體移動力」而言，二〇年代的運動休閒裝或長褲，可能都比直筒洋裝更符合所需；若純粹只就「極小化性別差異」而言，女著男裝或女著褲裝，也都可能比平直旗袍更能達成男女平權效果，故此處沒有必然的因果論與決定論。而也只有在時尚現代性的「極大化身體移動力」與「極小化性別差異」作為偶然機遇與生成流變的「微偏」之中，我們才可以理解為何旗袍與洋裝都可以是「現代性縐摺之力」所「開摺」出來的不同服裝形式幾何解，「形式」（服裝形制）雖有不同，但「行勢」（「速度、移動與變易」與消弭差異）卻連成一氣。旗袍—洋裝的「拓撲連結」，正是要我們在看得見的視覺形式靜態差異中，概念化那看不見、無法感知的「強度差異」，那給出旗袍、給出洋裝的「強度差異」。

## 三·從「中西合璧」到「中西合襞」

然而在傳統的服飾史詮釋架構中，一九二〇年代平直旗袍與直筒洋裝，雖然在服裝輪廓的直線形式與上下連屬的一件式形式上多有類同，可做表面的比較或影響分析，但主要仍會被分別鑲嵌在中國與歐美各自「區別且分離」的服裝史脈絡中去理解：像中式平直旗袍如何脫胎於清朝旗女之袍，西式直筒洋裝如何脫胎於S型女裝與直線型女裝；像中式平直旗袍與清末女權思想和民國五四愛國運動的連結，西式直筒洋裝與歐美爭取投票權運動（suffrage movement）的連結，或其美學形式與二十世紀初裝飾藝術運動、現代主義設計或機械美學的連結等。這分爐冶之的中／西雙軌服飾史脈絡，既提供了在「歷時軸」的中／西個別服裝形式（「區別且分離」）的發展與演進，也提供了在「共時軸」（一九二〇年代）中／西個別服裝形式（「區別且分離」）的差異比較。

除了此「區別且分離」的詮釋框架之外，傳統服飾史研究另一個可能的限制，乃在於因果律的框限。例如視直筒洋裝的輕捷便利，乃是受一戰軍裝機能性的影響，由「繁複、奢華、束縛、阻礙活動的重型服飾，轉換為簡潔、樸素、方便、機能性強的輕型服飾」（李楠，《現代女裝之源》152）。又如將直筒洋裝之所以放棄緊身胸衣，回溯至十九世紀末的服飾改革，或二十世紀初倡導取消僵硬魚骨做支條的緊身胸衣、取消腰線的個別時尚設計師之努力，但卻往往無法進一步說明為何針對殘害女性身體健康之緊身胸衣大加撻伐的「理性服裝學社」（Rational Dress Society），其對女性身體解放的訴求終究無疾而終，為何法國時尚設計師波黑（Paul Poiret）回歸東方而放鬆腰身的直線型女裝或西班牙設計師佛都尼（Mariano

Fortuny）回歸古希臘、由肩部自然懸垂的平直禮服，皆未造成普遍的流行。故本章並不嘗試以洋裝或旗袍的「源起」為切入點，亦不問為何洋裝或旗袍的特定形式會出現／出線（為何不直接是女著男裝而是「男孩相」，或為何不直接是男子長衫而是女子旗袍），而問如何在直筒洋裝與平直旗袍的「蹦現」或「時間節點」中（質變而非量變，事件而非因果，機遇而非必然），找出其「區別且連續」的「拓撲連結」之可能。

而此「時尚的歷史摺學」觀點，自是與現行的服裝史研究框架大相逕庭。雖在傳統的服飾研究中，旗袍與洋裝多被處理為分屬中／西兩個不同的服裝體系，但還是有認真投入的服裝史學者，企圖找出兩者之間在彼此服裝形制發展上的歷史「關連」，然此歷史「關連」並非本章前段以「現代性」作為「合摺行勢」所嘗試鋪陳出旗袍—洋裝的拓撲連結，此「關連」乃是建構在中／西服飾比較史（先預設兩套獨立分離的服飾發展史，再進行比較分析）的「影響研究」之上，而此「關連」所最終導向的乃是「中西合璧」的一言以蔽之。本書上一章已經嘗試從「縐摺曲線」的角度，解構中／西服飾史由直線到曲線、平面到立體、寬衣到窄衣的「線性進步史觀」，以及此「線性進步史觀」所誇大古／今、傳統／現代、落伍／文明的區隔斷裂與優勝劣敗。而建立在「中西合璧」概念上的「影響研究」，好像在表面上創造出平分秋色的均衡態勢，彼此相互影響、相互改寫、相互創造，似無權力的傾軋或恥辱／欽羨的糾葛，但其所預設的形制區隔與文化區隔，仍是以「剛性顆粒」的「點」作為最小單位，故亦充滿由點到「直線」的潛在危機，更讓穿文化的譯─異─易動漸趨僵化與固著。故本章的最後一節將再就「同音譯字」的政治美學，提出「中西合褻」的概念，以同音異字的「璧」與「褻」（衣飾上的摺子），讓原本「中西合璧」的堅實剛硬，轉換成「中西合褻」的柔軟摺疊，並以「後設思考」的方式，回顧中／西服飾比較史中的「影響研究」模式，再次鋪陳旗袍─洋裝作為「拓撲思考」與旗袍／洋裝作為「類型思考」的差異，以細緻說明為何傳統研究中的「中西合璧」，總已是歷史作為綴摺運動下的「中西合褻」。

先以旗袍為例。傳統著重旗袍形制發展的服飾史研究，多將其形制發展「框限」在所謂「中國」服飾史的脈絡中加以分析觀察。最常見的模式乃是將「旗袍」上溯到清朝滿族（旗人）的「衣介」長袍，原本男女同制，後分化演變為強調領袖衣襟的鑲滾裝飾、兩側開衩、寬大平直、衣長至足的女性「旗袍」。另一種則是傾向將「旗袍」的形制發展，更源遠流長地上溯到中國古代「深衣」形制的袍服，強調旗袍乃「褀」袍（漢人之袍），而非「旗」袍（旗人之袍）。[7] 但這兩種「溯源」式的「衣」以貫之詮釋模式，顯然皆無法處理在二〇年代所出現「現代」旗袍之何以「現代」。故有另一批服飾學者，嘗試從近現代中西文化互動的角度，將旗袍的現代「相變」放在「西方影響」的脈絡下解讀。他們先是觀察二〇年代現代旗袍出現之前，中國上衣下裙（褲）形制在西方時尚影響下的改變，如何由寬大轉向苗條：

> 這個時期正是中西服裝互相交叉的時代，外國勢力在中國建立了大批洋行，通過洋行，大批的歐美服飾傾銷中國市場。中國的民族服裝受到影響，西服、學生服、連衣裙等一時成為時尚，中國的上衣下裙首先受到影響。那種衣長至膝、寬衣大袖、裙長至足的款式，逐漸以衣長至腰，裙長至膝下的款式代替，由寬鬆的直筒形向苗條形演變。（安毓英、金庚榮 51）

這當然又是我們再熟悉不過的「由寬變窄」的「線性進化論」，循此觀點三〇年代直接穿著歐美收腰服飾與女性化服飾的中國都會摩登女性，其身體—時裝線條自是變得更為修長緊身。

> 當時的上海，是上流社會名媛的樂園，她們的奢華生活和追趕時髦，在中國歷史上是空前絕後的。她們熱衷游泳、打高爾夫、學習飛行術、騎馬，非常崇尚西式服裝的合體與便利，加之三〇年代歐美服裝流行趨向收腰和女性化，這就注定了旗袍會變得長而緊身和高衩，從而符合三〇年代精緻玲瓏、開放活潑的理想形象。以前那種女學生式的倒大袖和平直的腰身也就逐漸消失了。（包

銘新、馬黎 29）

但在這兩段文字的敘述中，顯然出現了一個內在矛盾，一九二〇年代初期上衣下裳（尤指文明新裝）的漸趨苗條，與一九三〇、四〇年代一件式旗袍的漸趨合體，都是受到來自歐美服飾的影響，但「介於其間」的卻是比二〇年初上衣下裳文明新裝更寬鬆、比三〇年代後緊身旗袍更平直的「初興旗袍」。而現今服裝史學者一再強調旗袍的「中西合璧」，主要指的亦是在開襟、剪裁、縫製技術上「吸收西式服裝造型」的三〇、四〇年代旗袍，尤其是大量採用省道（胸省、腰省）、肩縫、裝袖、墊肩（美人肩）與拉鍊（置換原有的盤香扣或直角鈕扣）的三〇、四〇年代旗袍，這些「改良」旗袍不僅「去繁就剪（西式剪裁）」，更在領形（圓領、方領、元寶領、鳳仙領、V型領、荷葉領、西式翻領、開衩領等）、袖形（荷葉袖、開衩袖等）、面料（喬其紗、印花綢、絲絨、呢絨、蕾絲等）與搭配（配西式外套、大衣、絨線衫、毛線背心等）上變化多端。[8] 其花俏活潑、性感多變的形制，截然不同於二〇年代中下期出現「嚴冷方正」（張愛玲語）的「初興旗袍」。

在此我們必須總結區分兩種不同的時尚論述取徑，一種著重在「形式」（服裝形制）的「相互影響」，一種則著重在「行勢」的「縐摺運動」，前者偏重「類型思考」（typological thinking），後者傾向「拓撲思考」（topological thinking）。以「形式」

為核心的時尚論述，多先以歷時軸的服裝形制來建立獨立分離的服裝發展史（如中國服裝史、歐洲服裝史等），再以共時軸的比較分析來凸顯彼此之間的對立差異（如寬／窄，平面／立體、直／曲等）或彼此之間相互影響所造成的改變（如歐美服飾傾軋，文明新裝由直筒形向苗條形演變）。若是聚焦於西式洋裝對中國旗袍之影響，就像前段所提及的傳統「中西合璧」時尚論述，一再凸顯的重點便是現代旗袍從服裝面料、裁製方式到穿著搭配上，無一不可見西式洋裝的強烈影響（去政治化的研究多僅凸顯形制改變的影響，而政治化的研究則擴及帝國殖民主義的權力與慾望批判）。反向而言，若是聚焦於中國旗袍對西式洋裝的影響，則多強調二十世紀歐洲服飾的「質變」，來自東方服飾的影響，不僅自此揚棄幾世紀以來雕塑西方女性身體曲線（尤其是胸部、腰部、臀部曲線）的緊身束衣，更將東方式結構簡單、線條優美的自然線形，成功融入西方女性服飾的設計，尤其喜歡以二十世紀初法國設計師波黑為例，說明其服裝設計乃成功吸取希臘羅馬袍、日本和服、中國旗袍、印度紗麗和阿拉伯長裙等東方服飾的特點與風格。[9] 莫怪學者慣於直指一九一五至一九二七年間西方女性對寬鬆服裝線條的接受，乃是受惠於中國服裝的圓領、寬袖、寬鬆腰線與管狀輪廓（Kim and DeLong）。[10] 故在這些中／西服飾文化的「比較」研究或「影響」研究中，往往乍看之下矛盾不解，為何「現代」中國服飾的影響來自西方，而「現代」西方服飾的影響又來自中國，雖然這種矛盾不解，似乎還是可以經由某種細緻化歷史分期的方式去闡釋（例如強調西方一九二〇年代的現代直筒形女裝，來自中國的影響，而中國一九三〇年代後的合身旗袍，來自西方的影響），但皆流於粗略簡化或單向化，而由緊變寬、一件式連身裙當道的二〇年代，正是我們此處嘗試從「形式」時尚研究，轉向「行勢」時尚研究的一個「力」史「摺」學關鍵。

故當部分中國服裝史學者不再墨守中國服裝史的框架陳規，而指出旗袍「已不是傳統意義上的那種『旗人所穿之袍』，而實際上是一種具備了西式造型特徵的現代意義上的上下連體的一段式服裝」（張競瓊 6）或直接將旗袍讀為二〇年代「中國式的 ONE PIECE DRESS」。¹¹那「行勢」時尚研究便是要我們從「一件式」連身裙的歷史發生做切入，不先預設旗袍是旗袍、洋裝是洋裝的形制分立，而是企圖找出二十世紀二〇年代的「感性分享」，如何讓「一件式」的旗袍與「一件式」的洋裝出線，而非誰先誰後誰影響誰的線性思考與因果關係。如果傳統服飾研究最常慣用的「中西合璧」，乃是先建立在各自分離獨立的「中／西」兩個服裝體系，再以一加一等於二的方式來定義「合璧」：「服裝款式的『中西合璧』，即將原屬中方或西方的局部的樣式揉合在同一件服裝上，在同一件服裝上，『參合東西』的折衷方案是這種設計的最大特點」（張競瓊 6），那本章所欲凸顯的「中西合襞」，則是企圖以「一即多摺（multiple）」的方式來定義「合襞」：在現代性的歷史縐摺中產生拓撲連結與強度差異，由合摺「行勢」（一即多摺）開摺出不同的幾何解「形式」。唯有當「拓撲思考」再次鬆動傳統慣性的「類型思考」，我們才有可能在旗袍的「中西合璧」（洋裝如何影響旗袍）與洋裝的「中西合璧」（旗袍如何影響洋裝）裡，也同時看到旗袍—洋裝的「中西合襞」，那具體展現都會現代性綴摺之力與性別身體綴摺之力的「中西合襞」。

而與此同時，「時尚的歷史摺學」作為後設的方法論批判，亦能對當前方興未艾的「環球摩登女郎」研究提供可能的理論化思考。此研究取徑為時下時尚消費與現代性研究中一個重點項目，由跨國學術研究團隊（主要以美國華盛頓大學與日本「摩登女郎與東亞殖民現代性」研究群為核心）組成，研究成果以《摩登女郎環球行》（*The Modern Girl around the World: Consumption, Modernity, and Globalization*）一書為代表。此研究取徑希冀彰顯的，乃是一九二〇與一九三〇年代短髮、紅唇、修長體態、入時裝扮的摩登女郎，幾乎同時出現在全球各地，從北京到孟買、東京到柏林、約翰尼斯堡到紐約，比比皆是。雖然其在世界各地發展出不同的稱謂，如英文的 flappers，法文的 *garçonnes*，日文的 *moga*（*modan garu* 的縮寫），中文的「摩登小姐」（*modeng xiaojie*），印度的 *kallege ladki*（女大學生）等等，但這些散居全球各大城市的摩登女郎，不約而同分享著十分類似的穿著打扮、商品消費、浪漫愛情觀與身體情慾展示。面對此摩登女郎的「環球化」現象，如何在眾多個別不同的地理位置與文化脈絡中，找出其「連接性」，便成了此跨國研究計畫之重點所在。

然在當前「環球摩登女郎」研究所標示的方法論，主要乃是以「摩登女郎」作為「探索裝置」（heuristic device），強調水平軸的「連接比較」（connective comparison），以避開垂直軸歷時性研究所可能攜帶的線性因果預設（4-7）。雖然此「連接比較」的方法論預設，似能有效凸顯環球商品資本主義（跨國與在地企業的廣告行銷）的暢行，視覺科技所造成商品與影像的流通、消費與相互引述，並以此來詮釋環球摩登女郎的大同小異，但整體而言仍相當自限於當前時尚現代性或消費現代性研究所可能導向的理論困境：即對「普世性」的猶豫，努力小心避免任何潛在的「同一律」詮釋暴力，深恐重蹈過去主流「現代性」研究的重大失誤，亦即一逕將「現代」等同於「西方」，並以「西方現代模式」為尊、為中心，去分析其如何被傳播到世界各地、如何被複製模仿等。然「環球摩登女郎」研究所提出的「連接比較」，在尊重「另類現代性」、「殖民現代性」等不同現代性語境中平行、對話、相互引述可能的同時，僅僅只能或只欲凸顯現代主義美學或商品經濟的「橫向且同時」（lateral and simultaneous）或「多面向引述」（multidirectional citation）——即相互影響，包含不對等的權力關係與交換迴路，圖像、商品與觀念的流通，讓不同地點產生類同的現象——的複雜網絡（4-6）。換言之，乃是企圖在「去中心」化「西方現代性」論述的同時，又要「再連接」另類或殖民現代性。此方法論的困境，恐正在於自我囿限於「開摺形式」的「連接比較」，而未能對「合摺行勢」所給出的「拓撲連結」進行理論概念化。就時尚現代性的「歷史摺學」與「拓撲思考」而言，巴黎街頭穿著直筒洋裝的花女郎，與上海街頭穿著初興旗袍的女學生，恐怕不會只是兩「點」之間的連接比較，否則只能看到「開摺形式」的「差分」，而看不到「合摺行勢」的「微分」。

而本章以一九四〇年代《本島婦人服の改善》的「旗袍縐摺成洋裝」之歷史案例為出發點，以一九二〇年代平直形旗袍與直筒形洋裝的分析為結，旨在透過「旗袍—洋裝」持續發生的「拓撲連結」，鋪展虛擬「行勢」如何流變為物質「形式」的幾何解，以凸顯歷史哲學作為「力」史「摺」學的可能，亦即概念化歷史作為「合摺，開摺，再合摺」的縐摺運動本身。而本章貫穿服飾歷史案例之間的思考動量，正是班雅明與德勒茲所啟動的「時尚歷史摺學」。而循此縐摺分析與拓撲思考所開展出的「行勢」時尚論述，其重點就不會只是固定服裝形制的差異比較、不會只是奠基於線性觀與因果律的影響溯源，也不會只是裹足不前劃地自限的「連接比較」。「行勢」時尚論述所迫出的，乃是時代的「感性分享」與「一即多摺」的力量，亦即時尚現代性作為縐摺之力所產出的各種特異點布置，才能將「服裝系統學」翻轉為「時尚拓撲學」，讓所有服飾史上的遠親近鄰或八竿子打不著的異類他者，讓巴黎的花女郎與上海的摩登小姐，都有可能形構出「毗鄰不可區辨區」並再次啟動「創形」過程，開摺出「歷史摺學」繁華似錦的新物質形式幾何解。

**注釋**

1 在《本島婦人服の改善》中亦有對「短衫」或「短衿」的改良，將寬大的衣身改成較為合體，長度改短，亦將中式豎領改為西式摺平翻領，相關圖文可參見該文頁44。

2 學者洪郁如在其針對戰爭時期台灣女性服裝的精彩研究中指出，旗袍的流行不僅及於中國與台灣，更在一九三二至三三年間開始流行於日本都會摩登女性之中（35）。她並敏銳點出旗袍在戰爭時期的曖昧處境：「皇民化運動中呈現日本化與去中國化兩個重要方向，具體實踐上一方面是積極提倡和服，另一方面則對旗袍加以排除否定」（35）。但與此同時剪裁簡單的旗袍，不僅擁有節省布料的優點、利於應對戰爭時期的物資短缺，更在稍後「改良」成「大東亞帝國」意識形態下的「興亞服」，成功結合「滿洲」與「支那」服裝與歐式洋裝（39-40）。

3 在〈時尚與現代性〉（"Fashion and Modernity"）的專文中，威爾蓀雖表示「現代性」一辭界定模糊，幾乎無所不包，從工業革命與法國大革命至今的所有事物或心智、意識，都可囊括在「現代性」的大傘之下，但她還是特別強調，「現代性」不由「理性」來界定，而是由「速度、移動與變易」來界定（9）。

4 在歐洲女裝現代化的過程中，香奈兒曾扮演關鍵的角色，她成功將原本專屬於騎馬、開車、打網球、駕帆船等戶外運動的運動服飾，轉化為日常生活服飾，推動了所謂「男性時尚的女性化」。

5 現今傳世的秋瑾男裝照，同時包括中式長衫與西式西裝，如長衫配鴨舌帽、長衫持手杖或西式西裝配鴨舌帽等。然清末民初「女著男裝」的風潮，並不局限於革命進步分子，彼時的時髦女子亦往往不喜紅妝喜戎裝，直接穿著西式男士獵裝，搭配馬褲長靴與鴨舌帽，更有「男裝小影」（女著長衫或西裝）流行於戲曲名伶之間，二〇年代後更有女演員殷明珠、楊耐梅等，直接模仿西方好萊塢女星的「西裝革履」。可參見李楠，《現代女裝之源》100-02。

6 然此「極小化性別差異」的直筒旗袍，卻也在後續的演變中再度由「直線」變為「曲線」：三〇年代旗袍的全盛時期，衣袖窄小，腰身收緊，強調西式立體剪裁，前後身片的省道、裝袖與肩縫等的先後出現，讓旗袍更為合體性感，再搭配上燙髮、透明絲襪與高跟鞋等，成為凸顯而非消弭性別差異的裝飾打扮，成為性別二元對立思考中「由方挺、肅穆的男性化直線狀態，一變而為圓渾、柔美的女性味弧線狀態」（袁杰英 110）。

7 服裝史學者王宇清在《國服史學鉤沉》中，特別強調「中國自服裝有史，貴婦的禮服都是用『袍』，或作『深衣制』。如此歷史承傳，直到明亡，從無例外」（下冊 266），故亦曾發起「祺袍正名運動」，將「旗袍」（滿人之袍服）改為「祺袍」（中國歷代承傳的袍服）。

8 旗袍與西式外套的混搭，最生動傳神且具衝突張力的案例，莫過於張愛玲〈更衣記〉中的描繪：「當時歐美流行著的雙排扣的軍人式的外套正和中國人淒厲的心情一拍即合。然而恪遵中庸之道的中國女人在那雄糾糾的大衣底下穿著拂地的絲絨長袍，袍衩開到大腿上」（74）。

9 一九〇九年波黑曾將中國寬大的袍衫改為直線型女性外套，並以「孔子」加以命名。可參見李楠，《現代女裝之源》134。

10 在 Kim and DeLong 的相關研究中，嘗試區分「東方異國服飾」概念下「日本」與「中國」對現代西方服飾的不同階段影響。他們指出十九世紀末起西方女性的「東方風格」服飾，多以日本和服風貌的「家居袍」（house gown）為主，而中國服裝則後來居上，多以寬鬆罩衫（slip）形式成為西方女性的室內居家服。

11 包銘新，〈收藏旗袍〉，《上海服飾》一九九五（四），頁一九，引自張競瓊《西「服」東漸：二十世紀中外服飾交流史》6。

第八章

# 陰丹士林藍

化學染料分子如何有可能改寫歷史？

《拿破崙的鈕釦》（*Napoleon's Buttons*）是一本相當有趣、引人入勝的書，企圖在化學與歷史之間勾勒出某種創造性連結的可能。作者拉古德（Penny Le Couteur）與布勒森（Jay Burreson）從十九世紀初拿破崙大軍軍服上的鈕釦切入，追溯其如何在遠征俄國途中，因嚴寒惡劣氣候造成「錫質」鈕釦崩解為粉末而潰不成軍，並因此牽動整個歐洲版圖的消長。循此「微物／唯物」歷史線索，拉古德與布勒森更積極找出了十七個他們認為足以改變歷史的化學「分子」（molecules）案例，包括香料、維生素、葡萄糖、纖維素、尼龍、橡膠、抗生素、奎寧等，一一探究其化學結構的微小變化如何驅動世界歷史的演進與地理政治的重新布局。而該書的第九章〈靛青、茜素、番紅花〉聚焦於天然染料到合成染料的變遷過程，讓我們看到此變遷如何改寫了全球生產勞動力的布局，以及如何開啟了現代化學科技從染料工業到軍火工業的競局。然而《拿破崙的鈕釦》以化學分子為出發的「微物／唯物」史觀，仍隱然囿限於歷史的因果決定論（因錫質料鈕釦崩解，而造成軍服解體、軍心渙散、戰爭敗北），即便貌似以化學分子染料的「微觀」切入，其所最終回歸與鞏固的，仍是以資本民族國家為基礎運作單元的歷史地理「宏觀」政治版圖之權力消長。

## 德勒茲：質量化與分子化

而本章則是企圖更具體而「微」聚焦於單一合成染料 indanthrene（中文音譯「陰丹士林」），探討其如何進入中國，並成為一九三〇與一九四〇年代最具代表性流行色彩的「微歷史」（microhistory）與「微政治」（micropolitics）。然此以化學染料分子具體而「微」的切入角度，不僅在於凸顯「微物」與「唯物」的瑣碎政治與物質文化，更在於感受「微」所啟動的流變之力（而非歷史的因果決定論），如何能突圍「宏觀」政治、經濟、文化的編碼，而能帶出「微觀」分子化運動的無限可能。此處的「微」不在於尺度的迷你袖珍，而在於能給出創造變化、「移動與非局部定位的連結」（"mobile and non-localizable connection"）（Deleuze, *Foucault* 74）。故本章的 Indanthrene 作為染料「分子」，不再只是標明其化學元素的固定分子結構，而是希冀以更基進的方式連結到當代哲學的「分子化」概念。誠如德勒茲與瓜達希在《千高原：資本主義與精神分裂》中所作的概念區分，「質量化」（the molar）與「分子化」（the molecular）之差異，正在於前者作為已然成形的主體形式與後者作為快慢動靜與強度的關係變化：「質量化主體、客體、形式乃我們從外在知曉、經由經驗、科學或習慣去確認」（275），而「分子化」則是「由移動與停歇關係、由速度與緩慢關係、由原子的組合、粒子的發射所界定」（276）。[1] 故「質量體」

作為實現化（actualized）過程所開展出並可由外在加以辨識的主體、客體與形式，乃來自「分子化」作為虛擬威力（the force of virtuality）在關係變化中的不斷組成、連結與發射。當「質量體」之「已然」淪為固定的認同形式之時，亦同時是「分子化」之「未然」持續開展流變之刻。故本章的陰丹士林染料「分子」，不僅僅指向「分子」作為某種特定的化學元素與摩爾質量，如何在上一個世紀之交的歐洲實驗室裡被發現、被定位、被複製，而開啟了號稱二次工業革命先導的現代化學染料工業，更同時指向「分子化」作為當代哲學概念的微運動與解畛域化。換言之，陰丹士林合成染料的化學「分子」結構，即使再精微細小，仍是宏觀界定下的「質量體」，故化學「分子」也必須「流變—分子」（becoming-molecular），才能轉換到歷史作為「力史」的觀看方式，由宏觀「形式」的再現機制與權力部署，掉轉到微觀「行勢」的動靜快慢與強度的關係變化。2

## 翻新行勢與時尚形式

而與此「質量體」（質量化之主體、客體與形式）與「分子化」（動靜快慢與強度的關係變化）概念相交織的，則是本章在染料—面料—服飾連結過程中，所將啟動之「時尚」與「翻新」在概念上的差異微分。就如同 modern 一詞的兩種不同翻譯（翻譯作為一種倍增），可以開啟「現代」（意譯）與「摩登」（音譯）的差異微分與性別編碼（陽性—現代—進步與陰性—摩登—消費），fashion一詞也將在本章繼續開展出翻譯作為語言倍增與概念微分的可能：一邊是作為「形式」的「時尚」，一邊是作為「行勢」的「翻新」。在當代華文世界對fashion一詞的中文翻譯，最廣為接受的乃「時尚」、「流行時尚」的「意譯」，而「翻新」則指向fashion一詞最早進入華文世界時的一種「音譯」，一如第二章第二節所言，刊登於一九二九年十一月七日《民國日報》的〈翻新小識〉一文，便公開肯定此音譯所傳達的妥切譯意。[3]本章在fashion中文翻譯上的一分為二，則是第一步先讓「時尚」與「形式」在概念上去作連結，而讓「翻新」（由名詞帶出動詞想像）與「行勢」相連結；第二步則是讓「質量體」與「時尚形式」相連結，而讓「分子化運動」與「翻新行勢」相連結，讓宏觀的「質量體」與微觀的「分子化運動」得以相互轉換，在「質量體」之中看到「分子化運動」，在「時尚形式」之中看到「翻新行勢」的合摺開摺。

## 翻新的「流變—分子」

故一方面我們看到的是質量體的形式與組織（從民族國家、資本企業體到時裝款式、化學合成染料分子結構皆是），其所啟動的「形變」（transformation）乃是建立在「解碼、製碼、再製碼」（decoding, encoding, recoding）的過程；另一方面（指不同尺度、狀態與變化而非二元對立）我們探索的則是歷史作為「力史」、翻新作為「行勢」的分子化運動，作為非形式、非物質的「永恆回歸」，如何不斷竄動湧現、翻捲摺疊，其所表達的「流變」乃是「解畛域化、再畛域化、再解畛域化」（deterritorializing, reterritorializing, redeterritorializing）的無限過程。此分子化運動的無人稱「解畛域化」過程，雖與質量體所發動的「製碼」過程有極為相似的運動態勢、更時時交相摺疊、難以分割，但本章仍努力凸顯其在概念上做差異分別之必要：質量體的「製碼」傾向阻截物質與符號的自由流動，將什麼都不是（沒有本質沒有實體）、什麼都可以製碼（在新的關係組態中被說明）的物質「抽象」為商品，將符號轉換為象徵，以便讓轉換所生產的剩餘價值（surplus value）得以成功回歸並鞏固特定質量體的權力結構與資本積累，以追求最大利益，故「解碼」所最終導向的乃是能夠生產剩餘價值的「製碼」與「重新解碼再製碼」。而分子化運動的解畛域化過程，則無利益與利潤作為最終導向，逃逸於既有質量體的形式與組織，以「域」作為「群集合」（關係連動）與「鄰域」（相互滲透影響、交疊摺曲的不可區辨）的想像，來打破「碼」作為符號意義生產衍異變動關係中結構系統本身的不流變，與來自特定質量體的意識形態主動操作。質量體的「製碼」強調將流動的物質與符號，嵌入權力與資本體系，「解碼」乃是為了讓「重新製碼」成為可能，讓剩餘價值的生產成為可能。而分子化運動的「解畛域化」則是事件與生命的隨機發生，以及被質量體（尤其是本章所將凸顯的資本民族國家）「再製碼」時的隨機再發生、再縐摺、再解畛域化，不斷給出世界作為可感變動的「翻新」。此「翻新」不再局限於分離獨立的質量體本身之有限排列組合，或分離獨立的時裝形制本身之混搭（例如：中西合璧），也不再是抽象語言符號的多重編碼，而是歷史作為「力史」的「虛擬威力」，如何不斷給出群集合觸受關係中，動靜快慢的不同強度與運動，發生在「情動力」（affect）強度被質量體阻截為個人或群體「情感結構」、編碼為國家或社會「線性未來」之任何時刻，無有終始。

而此以「翻新」作為「流變—分子」、作為情動力強度解畛域化的概念連結，將幫助我們重新理論化「陰丹士林」，讓其不僅只是「宏觀」層次的運作（作為質量體的化學染料與所牽動的資本與民族國家權力部署），更有其「微觀」層次的運作（作為身體觸受關係中所展開動靜快慢的微分子運動），以及「宏觀」與「微觀」在尺度、狀態與變化轉換間的複雜層疊。故本章的第一部分將先爬梳化學合成染料「陰丹士林」如何出現在上一個世紀之交的歐洲實驗室，如何成功解畛域化染料—植物、染料—動物、染料—礦物的既有連結，而創造出染料—實驗室試管—時尚感性的新流變團塊，以及如何重新編碼民族國家與化學工業集團的配置經營模式，讓

「陰丹士林」得以「更新更快」的科學進步性與生產速度，成為享譽國際的「德國靛青」。第二部分與第三部分，則是在此全球歷史脈絡之下，進一步聚焦「陰丹士林藍」如何進入中國成為一九三〇、一九四〇年代最具代表性流行色彩的「微歷史」與「微政治」，從戰爭作為「惘惘的威脅」到對日抗戰的爆發與結束，從抵制（日本）帝國主義商品的「國貨運動」到身體軍國化的「新生活運動」。一方面從「宏觀」層次看陰丹士林染料分子如何進入中國，如何壟斷市場，如何連結兵戰與商戰，如何建構現代視覺政體與國民身體，更如何成功集結出各種時尚現代性的資本與國族編碼，諸如洋行─月份牌─現代性消費的編碼，陰丹士林─藍布─旗袍─愛國主義的編碼，學生制服─戰爭時尚的編碼等。另一方面從「微觀」層次看陰丹士林染料分子如何滲透浸染棉紗棉布，如何給出鮮豔明亮的情動力強度，讓慣常聚焦於時裝面料（陰丹士林色布作為愛國布）與時裝款式（旗袍作為國族象徵）的「宏觀」尺度（即便傳統歷史研究仍慣於將時尚研究視為「微觀」，雖具體而微但微不足道），掉轉為身體膚表─染色面料─視網膜─大腦皮質界面觸受的變化異動，亦掉轉為顏色（藍色）在彩度（更為鮮豔）與明度（更為明亮）上的差異微分，讓「翻新」不再只是資本主義時尚工業推陳出新的靈活動態（民國時期流行服飾變遷），也不再只是國族主義在建構新服制、新國民、新軍民的權力布局，而能真正回到「陰丹士林藍」作為分子化運動在身體觸受關係中的動靜快慢與強度變化，如何給出歷史作為「力史」的流變動量與情動感受。

## 一・染料分子的解畛域化與再畛域化

陰丹士林的化學分子式（molecular formula）為 $C_{28}H_{14}N_2O_4$，摩爾質量為 442.422（"Substance: Indanthrene Blue RS"），乃人工合成之蒽醌類系列染料（Gordon and Gregory 201），包括藍、紅、綠等多個色調，而其中最著名的陰丹士林藍 RS，又稱顏料藍 60、還原藍 4、蒽醌藍、士林藍（"Indanthrene Blue RS"），乃第一個人造的「還原染料」，於一九〇一年由德國化學家雷納・邦恩（Rene Bohn）在實驗室中合成並註冊專利（Gordon and Gregory 202）。但在此合成化學史的「中性」陳述裡，如何有可能從陰丹士林的「分子式」中，釋出陰丹士林「分子化」的連動變化，如何有可能從「染料分子的戰爭」中，讀出「染料的分子戰爭（分子運動）」，便是本章第一部分的重點所在。我們將嘗試從十九世紀合成染料的發明切入，看其如何解畛域化染料—植物、染料—動物、染料—礦物的既有連結，如何創造染料—實驗室試管的新流變團塊，如何給出合成顏色作為情動強度的新美學感受性；再帶入十九世紀下到二十世紀初歐洲化學工業興起的「宏觀」歷史，看其如何重新編碼合成染料「更新更快」的科學進步性與生產速度，如何重新編碼合成染料顏色光澤的時尚流行感，如何重新編碼染料與工廠大量生產、（托辣斯）化學工業集團的配置經營模式；然後再進一步聚焦於異軍突起、後來居上的德國化學染料工業，看其如何透過專利權打敗英、法對手而得以壟斷全球染料市場，讓陰丹士林以「德國靛青」的名號享譽世界，以及如何在二次世界大戰期間，成功啟動軸心國染料工業與軍火工業的轉換支援。

## 從苯胺紫到陰丹士林藍

一八五六年英國年輕化學家柏金（William Henry Perkin）從工業廢棄物煤焦油中，提煉出第一種化學合成染料「苯胺紫」（mauveine, aniline purple）。此紫色合成染料的出現純屬巧合意外：柏金原先的構想乃是計畫從煤焦油的碳氫化合物苯與苯胺中，提煉能治療痢疾的奎寧。煤焦油又黑又臭又毒，乃是煤蒸餾取得煤氣後所殘留下的黑褐色黏稠液體，然而柏金在反覆實驗的過程中，一次隨手將黑色沉澱物瀝乾後加入酒精，竟在試管底部出現鮮豔的紫色液體。他試著放入小塊絲綢，此紫色液體乃緊密附著於絲綢的纖維之中，因而意外啟動了實驗室—工業廢棄物—染料—面料的流變，讓原本染料—植物、染料—動物、染料—礦物的連結，經由現代科學實驗的物質貼擠與化學變化而出現解畛域化的可能契機。4

不讓英國化學染料「苯胺紫」專美於前，德國化學家格雷貝（Carl Graebe）與利伯曼（Carl Liebermann）隨即於一八六八年揭示天然茜素的化學結構，並順利在實驗室中加以複製合成。一八八〇年德國科學家拜耳（Johann Friedrich Wilhelm Adolf von Baeyer）亦在實驗室中透過七種不同的化學反應，首次合成了「靛藍」染料，成功攻克此號稱天然染料的最後堡壘。而合成靛藍染料的出現，更預告了「陰丹士林」染料的異軍突起。一九〇一年隸屬於德國 BASF 巴斯夫公司的化學家邦恩，在製造靛藍衍生物的過程中，意外發現了另一種還原染料，並成功為之命名：

> 他用胺基萘醌為原料，使之與氯乙酸縮合，然後用苛性鈉處理，結果得到一種藍色染料。邦恩稱之為陰丹士林（indanthrene）。這是由靛藍（indigo）和蒽（anthracene）兩個字構成的。蒽是合成這類染料的基礎物質。邦恩不久發現這類染料並不是靛藍染料的衍生物，而是蒽醌還原染料。（劉立 129）

於是從「苯胺紫」到「陰丹士林藍」，化學染料分子的各種實驗前仆後繼，成就了上千種合成染料的研發，全面啟動實驗室與工廠取代土地與小型作坊，化學原料置換植物動物礦物，徹底改寫了數千年人類文明的天然染料歷史。

故若就質量體的宏觀尺度觀之，此化學合成染料的發明與推廣，自是得力於歐洲資本民族國家科學發展的推波助瀾。發明「苯胺紫」的化學家柏金，不僅立即為其發明申請專利註冊，並在隔年於英國親自創立了第一家合成染料工廠（化學家—資本家的快速連結），開啟了合成染料的商機，以及其後近半個世紀英、法、德等國在合成染料專利權的爭奪戰。而發明「陰丹士林」的邦恩，本就是德國 BASF 巴斯夫公司重金投資所成立之化學實驗室的一員，而繼其發明後另兩家德國化學公司赫市斯特（Hoechst）與拜耳（Bayer），亦隨即推出一系列類似的蒽醌還原染料，此後三家德國化學公司相互結盟，統一使用最初發明者邦恩所命名的「陰丹士林」為註冊商標名稱，並採用相同的橢圓圖案設計，中間紅色大寫的字母 I（Indanthrene 之縮寫），右邊雲雨圖案，左邊太陽圖案，象徵不怕日曬雨淋的優良品質，讓「陰丹士林」商標逐步順利成為「世界最著名的染料商標」（劉立 3）。

## 亮：身體觸受關係的強度變化

但如何有可能從分子運動的微觀尺度，去掌握化學合成染料的「情動」強度呢？「苯胺紫」之所以一鳴驚人，「陰丹士林」之所以享譽全球，終將回到「合成染料」最初所給出的「情動」強度，一種屬於服裝面料—合成顏色的新美學感受性。

合成染料的發明，一向標榜其色彩鮮豔，性能卓越，耐洗、耐磨、耐漂、耐燙，不僅是色布最初的「色彩鮮豔」，更是經過洗、磨、漂、燙等重複動作、加以日曬雨淋之後依舊不變的「色彩鮮豔」，故其著色堅固不褪色的「性能卓越」，乃是建立在最初「色彩鮮豔」的持續維護之上。但難道天然染料染出的色布，色彩就不夠鮮豔嗎？用天然染料染布與用合成染料染布，究竟在「顏色」的感受性上帶來怎樣的變化？天然靛藍的藍與合成靛藍的藍，藍得如何不一樣？天然茜紅的紅與合成茜紅的紅，又紅得如何不一樣？

我們可用十九世紀末合成靛藍發明後一則英國《時報》上的讀者投書（來自專門辦理專利權申請的律師事務所）為例來說明。該文嘗試以具體實驗證明合成靛藍著色、持色、不褪色的特點，乃在於能產生「更純淨、美麗而明亮」的染色效果。該文分析傳統天然染料的靛藍微帶淺綠（純粹度或飽和度不夠），色調顯得灰濛，而經洗滌曝曬後，則更顯晦暗；而合成染料「更純淨、美麗而明亮」的靛藍，則在反覆洗滌曝曬後，雖明度稍降，但依舊遠比天然靛藍要來得鮮豔明亮（Mewburn and Ellis）。而此經反覆洗滌曝曬後彩度稍降的瑕疵，自是在「陰丹士林」染料發明後得以克服。陰丹士林藍不僅比天然靛藍來得更為鮮豔明亮，也比一般的合成靛藍來得更為持色堅牢、耐光持久。故同樣都是靛藍，但陰丹士林藍卻給出不一樣的「色彩強度」，在「彩度」上藍得更純粹更飽和更鮮豔，不似天然靛藍微帶淺綠，色調灰濛，且在「明度」上藍得更明亮更持久，而此「彩度」與「明度」所給出的雙重強度，遂讓陰丹士林藍得以出類拔萃，風靡全中國。[5]

然此陰丹士林藍所給出的「色彩強度」，不僅只是顏色本身的物理現象（光線強弱與不同波長的強度分布）或染料分子與面料纖維的著色速度，而是視網膜、大腦皮質與經驗世界的嶄新連結，更是物理—生理—心理—文化色域的「解畛域化」。以歐洲文化色域為例，在封建社會服色與階級的連結中，不僅慣於透過各種相關法令與成規，去規範限制服色的使用範疇，更透過經濟力（天然染料的成本）去阻擋平民百姓對王孫貴族的服色模仿，而其中的重要關鍵之一，便在於服飾面料顏色的「色彩強度」區分：勞動階級多深色暗沉，對比於貴族階級的耀眼亮麗（即使十六世紀歐洲尚黑，也是黑得色澤飽滿亮麗）。故染料顏色的「色彩強度」，同時包括了彩度、明度與文化階級的觸受關係，而合成染料的大量生產，正是以「更純淨、美麗而明亮」的顏色，一改數千年階級與服色的連結方式。

## 化學合成染料的「流行色製碼」

我們更可以用合成染料化學史上最早出現的「苯胺紫」為例，來說明合成染料在「色彩強度」上的情動力，如何「翻新」面料—染料的美學感受，讓人倍感新異、趨之若鶩，不僅成就了歐洲時尚「流行色」的出現，更被後代史家以「淡紫十年」（the Mauve Decade）來命名「苯胺紫」從化學實驗室到萬國博覽會、從皇家到平民、從工廠到市場的風靡程度。[6] 然而我們無法否認的，乃是「苯胺紫」的風靡全歐，不僅來自於其所給出的「色彩強度」與新美學感受性（「新」來自於既定階級服色的解畛域化），更在於此新美學感受性如何立即被資本主義與民族國家體制重新「製碼」（「新」作為剩餘價值的再編碼），成功嵌入商品交易與政治權力的結構體系之中。以下就讓我們從顏色與科學進步性、顏色與民主化、顏色與生產消費速度三個面向，一探「淡紫十年」所啟動的資本民族國家解碼與再製碼的動態過程。

首先，化學染料的實驗室合成，本就已在染料的顏色中摺進「白色」（啟蒙、理性、純淨）科學的想像。若棉紡織工業所啟動的第一次工業革命，其關鍵在於工業與「技術」（新式機器與新式能源）的新連結，那染料工業所啟動的第二次工業革命，其關鍵便在於工業與「科學」的新連結。在實驗室的試管裡，第一次工業革命的殘餘物「煤焦油」，給出了開啟第二次工業革命的「苯胺紫」合成染料，其點石成金的關鍵，便是現代科學（化學）的突飛猛進。而此「白色」科學的想像，更在結合工業科技文明、資本主義商品崇拜與民族國家國力展示的「萬國博覽會」中被凸顯強化。一八六二年「倫敦世界博覽會」的重點之一，便是公開展示英國化學家暨企業家柏金所發明且量產的「苯胺紫」：展示台上布滿各種色彩妍麗的絲綢與棉布，而放置在中央的則是散發出惡臭的煤焦油，以此強烈對比去凸顯彼時化學工業之鬼斧神工、點石成金，如何能從工業垃圾煤焦油中，提煉出五彩繽紛、鮮豔明亮的合成染料。「萬國博覽會」的光環，結合了科學進步性與商品時尚感，將昔日充滿神祕色彩的「煉金術」想像，重新製碼為化腐朽為神奇的現代科學，更讓「苯胺紫」的展示以最直接的視覺方式，驗證彼時英國在合成染料研發上傲視全球的領先地位（劉立7）。

而與煤焦油／苯胺紫同時亮相的，還有在博覽會開幕典禮上以一襲「木槿紫」禮服出現在眾人面前的英國維多利亞女王，不僅宣告合成染料時代的來臨，更為「時尚民主化」揭開序幕（拉古德與布勒森 187-188）。[7] 但為何「淡紫十年」最足以說明合成染料的發明以及其所號稱的「時尚民主化」呢？如前所述，在天然染料統領一切的年代，「服色」與階級有著明顯的劃分，一般平民百姓不能穿（服色等第、禁奢律令）也穿不起（染料珍稀、面料昂貴）王孫貴族色彩華麗之服飾。而「苯胺紫」的發明與隨即量產，徹底改變了傳統的染料產業結構與服飾消費模式。在產業結構的供需調整上，合成染料工業之興起，不僅緊密配合十九世紀突飛猛進的紡織工業，徹底解決原本天然染料不足的問題，更讓歐洲的時尚出現了所謂的「流行色」，各種合成染料的相繼推陳出新、獨領風騷（劉立11）。此染料產業結構的改變，亦牽動了十九世紀中後期歐洲時尚工業的發展，而「流行色」的出現，乃是徹底打破往昔受限於珍稀天然染料所建構的階級區隔（特定色彩的昂貴面料專屬於特定尊貴階級）。例如，昔日的「泰爾紫」（Tyrian purple），極為昂貴稀有，最早發源於古代腓尼基王國的地中海沿岸城市泰爾（Tyre），彼時每生產一公克的泰爾紫，約需使用環地中海沿岸九千多個貝類動物（骨螺 Murex），因而自古只有帝王或皇室才得以使用此珍稀天然染料，故又多稱為「帝王紫」（royal purple）（拉古德與布勒森 177-178）。而一八六〇年代起風行歐洲、更在一八九〇年代造成時尚大流行的「苯胺紫」（常美其名為充滿植物與法國浪漫想像的「木槿紫」），則是直接在染料工廠合成並大量生產，而其「更純淨、美麗而明亮」的顏色，乃不斷透過「萬國博覽會」等商品與國力展示機制，強化其科技現代感與流行性，自是讓歐洲從皇室貴族到平民百姓皆因其新異而驚為天人、趨之若鶩。

雖然從質量體的宏觀尺度，合成染料的生產模式成功創造了十九世紀時尚工業的「流行色」，鬆動既有依階級劃分所建構的服飾色彩系統。然與此同時，我們亦不可不察此「解碼」過程所同時啟動的「製碼」：此時尚（偽）民主不是建立在階級的徹底泯除，而是建立在重新編碼染料與面料的位階等第，其最上層與最下層仍為天然染料。最上層階級採勞力最密集價值最高的天然染料，例如依舊強調特定天然染料顏色優於其合成染料顏色（珊瑚蟲的紅色色澤比合成茜紅更濃烈），也依舊強調皇家紫的物以稀為貴（即便「苯胺紫」比植物靛藍來得鮮豔明亮，但價廉物美太易取得而不顯尊貴）。而最下層階級採勞力價值最低的天然染料，如著色持色皆差的天然靛藍，且此下層位階的天然染料亦已被重新製碼為「土染」（充滿大地、在地、老土、土氣、陳舊落伍的想像）。其尊貴與卑劣之分更呈現在與染料相互貼擠的面料等第之上：最昂貴的天然染料浸染最尊貴的面料，最廉價的天然染料浸染最粗劣的面料，依舊反映經濟力上的界限森嚴。

## 化學合成染料的「速度製碼」

而若從消費端回到生產端，化學合成染料所牽動的解畛域化與再畛域化的幅員亦甚為驚人。就土地使用與勞動力集結的宏觀角度觀之，合成染料工業的興起，自是改寫了原本的人工種植業，其所造成的產業結構遞變與死亡人數，甚至不下於戰爭。[8] 例如合成茜素的出現，重擊了法國與荷蘭的茜草種植業。就連馬克思在《資本論》中亦以此為例，說明現代染料工業發展對傳統染料種植業的巨大殺傷力：「由煤焦油提煉茜素和茜紅染料的方法，利用現有的生產煤焦油染料的設備，已經可以在幾週之內，得到以前需要幾年才得到的結果。茜草生長需要一年，然後還需要讓茜根長幾年，等茜根成熟，才能製成染料」。[9] 進步現代工業所象徵的生產速度與機械規模，成功縮短生產時間（由數年到數週），此「速度」之快，遂能徹底取代傳統勞力密集、耗時費工的天然染料生產模式。而合成靛藍的出現，則更是對印度藍草種植業的致命性打擊，藍草種植面積由一八九六年的一五八萬公頃，銳減到一九一二年的二萬公頃，造成印度一百萬農業勞動者因而餓死（劉立 15）。這些由化學實驗室合成染料所牽動的大規模土地變更使用與大規模傳統勞動力凋零，可以讓我們看到傳統／現代、舊／新、農業／工業模式之「形變」，以及此「形變」過程所涉及的種種權力—身體布置（包括殖民主義、城鄉流動等），也可以讓我們看到資本主義解碼（勞動力從土地連結中釋放）與再製碼（被釋放的勞動力重新收編到工廠）的動態過程。

故此處我們可以進一步概念化兩種速度的微分差異。一種速度指向微分子運動的「流變—速度」，凸顯的乃是分子「群」（流變團塊）動靜快慢關係的「共變」，植物—染料的動靜快慢關係與試管—染料的動靜快慢關係之不同（而非植物作為單一質量體與煤焦油作為單一質量體之不同，亦非單一質量體在空間中移動速度之不同），亦即天然染料與合成染料在「流變—顏色」上所給出情動強度的差異。而另一種速度則是凸顯資本民族國家的解碼與編碼，其「速度製碼」乃是以量化時間作為計量單位上的變化測量，將「數年」到「數週」所給出的時空壓縮速度，重新製碼為線性時間與資本積累上的「加速度」，而展開大規模土地與勞動力的重新編組。故資本民族國家所啟動的「速度製碼」，乃是將微分子運動所給出的新感覺團塊（新的「色彩強度」）製碼為「染料商品」，並循此重新編碼天然染料與合成染料的新位階，重新編碼海外殖民地與歐洲工廠的流動模式，重新編碼「染料商品」的科學進步性與時尚流行感，更強力締結出專利申請、註冊商標與集團企業體的緊密連結。

於是此資本民族國家的「速度製碼」，乃是在「色彩強度」中摺進量化時間的「加速度」時空壓縮。十九世紀相繼發明的合成染料，之所以能在二十世紀初一舉取代數千年來由植物、礦物、動物萃取的天然染料，不僅來自於合成染料從化學實驗室到工廠的科學工業生產模式（相對於天然染料耗時費工的生產模式）與其色彩鮮麗、性能卓越、品質穩定不褪色的特質（相對於天然染料的不耐曝曬與洗滌），更來自於被摺進合成染料中的現代科學與現代工業所表稱的進步性，以及整體西歐現代性所表稱的速度想像，由生產速度「數年」到「數週」的時空壓縮，擴展到染料—面料—現代服裝的速度連結。即便英國維多利亞女王在倫敦萬國博覽會中亮相的「木槿紫」禮服，在服裝形制上仍屬傳統，但禮服面料中的「木槿紫」已然啟動「時尚現代性」的化學—文化反應。故質量體「染料商品」的「速度製碼」，乃是將速度抽象化為「更新」的科學進步性，「更快」的生產速度與消費速度、「更多」的資本獲利，以貫徹資本主義與近現代民族國家所奠基的「線性」時間觀與進步想像，而其中最獨占鼇頭的，非德國化學染料工業莫屬。二十世紀初德國化學工業的崛起，奠基於有機化學成果轉化而成的合成染料工業，成功打敗最早發明合成染料的英國，以及染料技術最先進的法國。一九〇〇年德國染料工業幾乎壟斷全球市場，市占率高達八十％到九十％，一九一三年占八十七％，生產合成染料近三億磅，價值六千萬美元，其中八十％出口，而同年英國合成染料的生產已銳減到世界總量的三％，法國則不到一％，合成染料工業遂成為「德意志帝國最偉大的工業成就」（Landes 276；劉立 61, 46）。

## 化學合成染料的「軍火製碼」

爾後此染料分子的「商戰」更進一步擴展到染料分子的「兵戰」：德、日化學工業的壯大，不僅提供了政治經濟軍事擴張的國力基礎，更直接以龐大的染料工業為侵略戰爭提供軍火儲備。以德國為例，壟斷全球合成染料市場的三家德國化學公司巴斯夫、赫市斯特與拜耳，更於一九二五年聯合成立「染料工業合作企業聯盟」（Interessengemeinschaft Farbenindustrie Aktiengesellschaft）的超大型化學工業集團，或稱 I G 法本（IG Farben）工業公司，總部設於法蘭克福，總資本額超過六億帝國馬克。而此化學帝國最惡名昭彰之歷史紀錄，莫過於二戰期間直接為納粹提供各種軍事用品，參與各種戰爭機器之研發，並生產德國國內九十五%的毒氣與八十四%的炸藥（拉古德與布勒森 192；劉立 197）。或以日本為例，其乃遠東唯一的染料生產與輸出國家。在二戰前日本染料工業的生產量，居世界第四或第五位，二戰期間推進為第二位，僅次於德國，即便當時日本染料廠的大部分機械設備及技術人員已轉移到軍火工業（據估計三分之一的合成染料廠轉為炸藥生產）（曹振宇 169-170）。

故從「質量商戰」與「質量兵戰」的宏觀角度觀之，合成染料的「流行色製碼」與「速度製碼」，與兩次世界大戰期間合成染料的「軍火製碼」，皆是以資本企業體與殖民帝國主義民族國家的利益與利潤為依歸，儘管表面上合成染料啟動了物質材料的解畛域化（階級解體，勞動力重組，染料與軍火的「不可分辨」），最終乃是阻截，而非開放物質與符號的自由流動。而其中自是以合成染料的「軍火製碼」最具毀滅殺傷力。

首先，從原料來看，製備染料的原料主要來自芳香族化合物，即苯、甲苯、二甲苯等，而凡是能製造染料的原料，也都能用來製造三硝基甲苯（T.N.T）及苦味酸；而苦味酸本身就是毛與絲的黃色染料；作為染料原料的雙甲苯胺及二硝基氯苯均易製成高性能爆炸物。其次，從製造技術來看，染料與炸藥幾乎完全雷同。諸如硝化、磺化、氯化、水解、廢酸回收等技術環節和工藝流程等，凡是製造軍火用的技術工藝及設備，在染料廠也都具備。由此我們可以看出：染料與炸藥、染料工業與軍火工業是非常接近，甚至一致。（曹振宇 169）

於是德國染料工廠在戰時順利轉化為軍火工廠，讓化學工業托拉斯集團直接參與炸藥與毒氣的生產。染料工業與軍火工業之所以被並稱為「近代有機化學的孿生子」（曹振宇 169），不僅只是窮兵黷武野心家之刻意操弄，也是有機化學科技與戰爭之力所創造出的綴摺，讓染料得以順利製碼為軍火，讓軍火得以成功製碼為染料。而此「染料分子的戰爭」論述模式，在闡釋染料工業與戰爭（商戰與兵戰）的關係架構時，凸顯強化的正是國家資本與國家資本彼此之間的緊張對立關係，與競逐牟利甚至發動戰爭的宏觀歷史（即使已具體而微聚焦於合成染料），其論述的基本預設乃是質量體（國族共同體、資本企業體）與質量體之間的相互對立與合縱連橫。故「染料分子的戰爭」涉及以資本民族國家為主體的「商戰」與「兵戰」，即便能暫時鬆動既有的階層與分類，創造出「不可分辨區」，讓階級製碼為顏色，讓顏色製碼為速度，讓染料工業與軍火工業彼此毗鄰，其最終所導向的仍是特定質量體的權力與資本結構之強化再強化，而非在其前與其後不斷展開的無人稱、具虛擬威力之微分子運動。

## 二・「流變─藍色」的美學感受性

本章的第一部分回顧了近現代合成染料「質量化戰爭」與「分子化運動」之間的起承轉合，「歷史」中「力史」的「複雜層疊」，讓我們看到合成染料所給出的新感覺團塊，如何被進一步製碼為合成染料─現代科學、合成染料─流行時尚色、合成染料─現代資本民族國家擴張的連結。接下來就讓我們聚焦於單一合成染料「陰丹士林」，看其如何進入中國，如何構連中國既有的物質文化色域與民國時期商戰兵戰的政治資本流動，看「陰丹士林」如何由各種顏色濃縮為「陰丹士林藍」的「創造性配置」，並得以成為中國一九三〇年代的時尚流行色與一九四〇年代的愛國流行色。此部分我們將先回溯「土靛」在中國千年的悠久歷史，再爬梳「洋靛」進入中國的商業歷史與所涉及民族國家的權力結構，才得以細膩鋪陳「陰丹士林─藍─布」的新配置，如何產生身體情動觸受關係的「色彩強度」，而此「色彩強度」又如何被後續的「國貨運動」、「新生活運動」與抗日戰爭加以動員並予以製碼，不僅創造出「洋靛─土布」作為簡樸實用的「愛國布」，更讓「陰丹士林─藍─布─旗袍」的創造性配置，成為愛國時尚最終依歸的國族性別象徵。

### 土靛與洋靛

中國作為世界上最早使用天然染料之地，歷史悠久，綿延千年，染料的萃取與備置甚至可回溯至西元前三千年（拉古德與布勒森 175），而中國歷代王朝皆設有官方的染色機構。「在周朝，掌染職之官，稱為『染人』，漢隋時設『司染署』，唐宋設『染院』，明清設『藍靛所』等」（張燕風 38），可見其重要性。但中國傳統的舊式漂染方式，主要乃是採集植物的根、葉等不同部位進行萃取，其中又以來自藍草莖葉的「藍靛」染料為大宗，如明代宋應星《天工開物》所載：「凡造澱，葉與莖多者入窖，少者入桶與缸。水浸七日，其汁自來。每水漿壹石，下石灰五升，攪衝數十下，澱信即結。水性定時，澱澄於底」（引自潘吉星 343）。但此以植物莖葉汁液與石灰攪拌而成的舊式藍靛，自是耗工費時（藍草的種植、收割、浸泡）並且工序繁複（煮洗染多次反覆）。

而化學合成染料（「西顏料」）在十九世紀末開始大量輸入中國，可染各種絲質綢緞紗羅、毛質呢絨嗶嘰、棉質布匹，品質穩定，一次即可染成（張燕風 39）。西式染坊或洋色染坊遂逐漸取代舊式染坊，漂染印整行業開始發達，專營合成染料的商號紛紛成立，其中又以外商洋行為主導。而兩次世界大戰更催化且複雜化合成染料在中國市場所牽動的商戰與兵戰。歐美資本民族國家在中國染料市場所進行的各種壟斷、抵制、競銷、包銷、聯額、聯價等競爭手法，更是層出不窮。

一九一四年第一次世界大戰爆發，德商回國時將滬地存貨悉數售予中國商家。戰爭期間，日、美商人因本國需求來滬抬價收購德國染料，染料價格狂漲十多倍，滬地染料商大發其財。一九一八年大戰結束後，因德國居於戰敗國，英、美、法、日等國趁機來華傾銷染料。一九二一年德商捲土重來，並且改變策略，於一九二六（一九二四）年由八大化工廠組成法爾本集團在滬建立銷售機構，稱「德孚洋行上海總行」。總行所屬廣豐化學廠專司染料拼混改裝，經銷獅馬牌染料。以「陰丹士林」、「晴雨」為商標的不褪色染料廣告遍及中國城鄉各地，很快占領中國市場。（姚鶴年）

顯見德國染料在中國市場的獨大，雖曾因一戰戰敗而稍受挫，但旋踵捲土重來，一九二四年在上海成立「德孚洋行」（Deutsche Farben Handelsgesellschaft Waibel & Co.），總理經銷德國染料，所售染料品種齊全，質量穩定，更戮力於品牌商標的經營方式，並採取德國技師指導和結算貸款等優惠方案（姚鶴年）。而其中最引人注目的，正是陰丹士林染料市場的扶搖直上：「洋行壟斷進口染色顏料：如德國謙信、愛禮司、加薩勒、柏林、克立、德美、億禮登、拜爾等名牌靛水顏染，全歸德孚洋行進口。德孚洋行並壟斷在中國銷路最多的陰丹士林染料市場」（引自張燕風 46）。

## 陰丹士林一九〇號藍布

故「德孚洋行」在一戰前的「德國靛青」（「德國青」）搖身一變為一戰後的「陰丹士林」之過程中，扮演了舉足輕重的關鍵，以「在地化」的中文音譯打頭陣，將原本結合外文字母 indigo（靛藍）和 anthracene（蒽）而成的 indanthrene，翻譯成既有時髦洋味（現代科學術語的直接音譯），又連結到中國文化文人知識分子的優雅飄逸（陰陽的陰，丹青的丹，喻士大夫知識分子的士林），成功打響此合成染料在中國的名號。雖說上海自一八五〇年後就陸續出現專業合成染料的外商洋行與華商經營的染料商號，但從未出現「德孚洋行」的壟斷規模與行銷手法，能一舉將「陰丹士林」品牌名號與其「晴雨註冊商標」推廣到全中國。而在德孚洋行所壟斷的陰丹士林染料市場中，又以「陰丹士林一九〇號藍布」的出現最為關鍵，一枝獨秀，所向披靡。根據《上海紡織工業志》的記載：

> 民國十七年（一九二八年），上海的仁豐染織廠選用 23×21 支「龍頭」市布坯，在卷染機上煮漂，使用德國生產的還原染料陰丹士林藍 RSN 染製本光一九〇號士林藍布，創牌「蘭亭圖」。上市後，由於服用性廣，耐洗、耐曬、不褪色，成為旗袍和罩衣的特色面料，深受城鄉消費者的喜愛。

民國十九年，仁豐染織廠廠長許庭鈺用絲光白布試染一九〇號藍小樣，發現色澤較本光坯更豔亮，且得色深。這一發現被當時控制染料的德孚洋行所掌握，進一步用少量士林青蓮2R拼色，使色澤更見鮮豔。在色卡上補上絲光一九〇色號，並嚴格控制處方。民國二十年，光華機器染織廠率先用龍船牌商標生產此產品，並按德孚洋行規定貼上「陰丹士林一九〇號藍布」和「晴雨」標貼，以此識別產品的真偽。因其鮮豔度、光澤度優於本光一九〇號，再配以廣告宣傳，產品一問世，銷量迅速擴大。至民國三十四年時，絲光一九〇號士林藍布的生產廠有十五家左右。按當時染料月耗量推算，月產量近七十萬匹。（325）

此段引文清楚告訴我們，彼時不論是蘭亭圖或龍船牌等國產品牌商標，其所採用的皆是德國生產的合成染料陰丹士林藍，而在合成染料—棉布面料的連結過程中，顯然「絲光」一九〇號士林藍布比「本光」一九〇號士林藍布，更受中國消費者「青睞」。而「絲光」與「本光」之差別，不僅在面料織線的細密度，更在面料染色效果的鮮豔度與光澤度：絲光士林藍布的「豔亮」，自是比本光士林藍布更勝一籌。此「豔亮」不僅僅來自還原染料陰丹士林藍RS的物理特性（藍色針狀，帶金屬光澤的晶體）與面料抽紗細密度，更來自染料—面料與中國文化色域的連結，給出嶄新

「藍」的色彩強度。

## 陰丹士林藍布的色彩強度

而「豔亮」作為陰丹士林藍布的關鍵詞，正可幫助我們暫時脫離質量體宏觀歷史的商戰與兵戰，回到合成染料在微分子運動的動靜快慢與強度變化。讓我們先從文學文本所能帶出的新美學感受性做切入。在老舍《駱駝祥子》的第二回，人力車伕祥子連人帶車被軍閥亂兵搶走，後雖從軍營倉皇逃出，然其一路念茲在茲的乃是原本身上穿著、而今被搶不可復得的那套陰丹士林藍布夾褲褂：

雖然已到妙峰山開廟進香的時節，夜裡的寒氣可還不是一件單衫所能擋得住的。祥子的身上沒有任何累贅，除了一件灰色單軍服上身，和一條藍布軍褲，都被汗漚得奇臭——自從還沒到他身上的時候已經如此。由這身破軍衣，他想起自己原來穿著的白布小褂與那套陰丹士林藍的夾褲褂；那是多麼乾淨體面！是的，世界上還有許多比陰丹士林藍更體面的東西，可是祥子知道自己混到那麼乾淨利落已經是怎樣的不容易。聞著現在身上的臭汗味，他把以前的掙扎與成功看得分外光榮，比原來的光榮放大了十倍。（15-16）

藍染棉布作為中國平民百姓最常使用的服色，自然出現在人力車伕祥子以上衣下褲作為「短打」的服裝形式之上。但相對於祥子此時身上的灰色軍服配藍布軍褲，昔日的白布小褂與陰丹士林藍夾褲褂，便益發顯得乾淨體面、乾淨俐落。此處的乾淨不僅對比於藍色軍褲的汗臭污穢，亦是對比於陰丹士林藍布在身體情動觸受關係上色彩強度的「更純淨、美麗而明亮」，以及祥子在此新美學感受性上所進一步投射的階級攀升想望，但隨著車與衣的丟失而徹底挫敗幻滅。

而林海音的〈藍布褂〉則是將陰丹士林藍布推往性別與階級的擴展，不談上下分截的勞動階級褲褂，而談北京市民階級一截穿衣的長衫、旗袍與大褂。

陰丹士林布出世以後，女學生更是如狂地喜愛它。陰丹士林本是人造染料的一種名稱，原有各種顏色，但是人們嘴裡常常說的「陰丹士林色」多是指的青藍色。它的顏色比其他布，更為鮮亮，穿一件陰丹士林大褂，令人覺得特別乾淨，平整。比深藍淺些的「毛藍」色，我最喜歡，夏秋或春夏之交，總是穿這個顏色的。

在林海音的眼中，藍布本就是淳樸的北方服裝特色，不分男女老少、職業或階級，每人一年四季都有幾件藍布服裝，但顯然陰丹士林色藍布的問世，改寫了藍的強度。陰丹士林藍布不僅比傳統藍布來得「更為鮮亮」，也比其他的合成靛藍在彩度、耐光度與堅牢度上更勝一籌。不論是青藍色（色深而鮮亮）或毛藍色（色淺亦鮮亮），非傳統的土染毛藍布）的陰丹士林色布，都給出「乾淨平整」的新異身體—服飾感，讓包括林海音在內的女學生們趨之若鶩。一如駱駝祥子對「乾淨體面」陰丹士林藍布夾褲褂的依戀，女學生對「乾淨」、「平整」、「更為鮮亮」陰丹士林藍布褂顏色的喜愛，既是質量層級的染料商品促銷與流行時尚感，也是分子層級觸受關係的微觀變化，給出皮膚體表—面料—染料所配置的新感覺團塊，以「色彩強度」穿越橫貫視網膜—大腦皮質—文化色域。[11]

## 資本民族國家的二元製碼

但陰丹士林藍究竟能給出怎樣文化色域的動靜快慢與強度變化？藍色在中國本就是最能代表平民百姓的色彩，而舊式的傳統漂染本就以「藍靛」或「靛青」為大宗。但在民國時期「土靛」與「洋靛」的轉換過程中，舊式的「靛青毛藍布」與新式的「陰丹士林藍布」（或簡稱為「士林藍布」）給出了不同強度的藍，不同染料—面料的配置，不同身體觸受的關係：前者色濁暗沉，後者鮮亮乾淨；前者日曬皂洗褪色泛白，後者「日日如新」、「年年如新」。而此藍色文化色域的動靜快慢與強度變化，隨即便被資本民族國家進一步製碼為城／鄉、進步／落伍、洋靛／土靛的二元差異區分，並藉此強化以線性時間與資本積累為主導的進步現代性。我們可以用汪曾祺的短篇小說〈八千歲〉為例，小說中的主人翁以八千錢（不到三塊銀元）起家做米店生意，勤儉本分，但他的一身穿著打扮，卻準確傳達出其不識「時」務、不合「時」宜的生活方式：

他如果不是一年到頭穿了那樣一身衣裳，也許大家就不會叫他八千歲了。他這身衣裳，全城無二。無冬歷夏，總是一身老藍布。這種老藍布是本地土織，本地的染坊用藍靛染的。染得了，還要由一個師傅雙腳分叉，站在一個U字形的石碾上，來回晃動，加以碾研，然後攤在河邊空場上曬乾。自從有了陰丹士林，這種老藍布已經不再生產，鄉下還有時能夠見到，城裡幾乎沒有人穿了。藍布長衫，藍布夾袍，藍布棉袍，他似乎做得了這幾套衣服，就沒有再添置過。年復一年，老是這幾套。有些地方已經洗得露了白色的經緯，而且打了許多補丁。衣服的款式也很特別，長度一律離腳面一尺。這種才能蓋住膝蓋的長衫，從前倒是有過，叫做「二馬裾」。這些年長衫興長，穿著拖齊腳面的鐵灰洋縐時式長衫的年輕的「油兒」，看了八千歲的這身二馬裾，覺得太奇怪了。八千歲有八千歲的道理，衣取蔽體，下面的一截沒有用處，要那麼長幹什麼？八千

歲生得大頭大臉，大鼻子大嘴，大手大腳，終年穿著二馬裾，任人觀看，心安理得。（398-399）

此處八千歲身上的「老藍布」，指的正是傳統「藍靛」所手工染製的「土織」（本地染坊、人工石碾、河邊曬場的工序配置），而「老藍布」的落伍與落魄，正在於「陰丹士林」的出現與一統江湖，終結了「老藍布」跟不上時代的生產方式。而時興的長衫不僅用的是「陰丹士林」合成染料，更在衣襬長度上以拖齊腳面為時尚形制。相形之下，八千歲的雙重落伍，正在於一身的老藍布二馬裾，又老又舊又短又褪色又打補丁，「土靛」手染藍布與「洋靛」機染藍布在新／舊、城／鄉、洋／土、現代／傳統上的位階，當下立判。[12]

而八千歲身上的「老藍布」，指向的正是土靛土染土織的中國傳統藍布，其中又以「靛青毛藍布」最為著稱，其在中國的歷史久遠，創始於宋代，成熟於明清，分色布與花布，布身多粗鬆耐磨，色澤則藍裡透青，木機織布與手工染坊更為其最基本的產製模式：

清末民初，江浙農民進入上海，在南市陸家濱一帶開設染坊，經營加工毛藍布。其實，毛藍布有闊、狹幅之分。闊幅為機織市布，狹幅仍叫土布。坯布由江蘇南通、上海寶山、羅店、月浦一帶農民用木機織成。其中有一種門幅僅為一尺一寸五分的布，稱「尺一五」小布。染坊設備簡陋，以陶土製的「七石缸」為染具，靛藍作染料，用棉籽殼、木屑作燃料加熱進行染色。染作深藏青色的布稱「毛寶」，稍淺的稱「靛月藍」，也叫「毛藍」。（《上海紡織工業志》324-325）[13]

故不論是狹幅手織或闊幅機織的靛青毛藍布，其所連結的手工勞力操作（農民）與生產模式（簡陋染坊），如何能敵現代化學合成染料所挾帶的科學進步性、工廠量產與跨國企業壟斷？二十世紀從「德國青」到「陰丹士林（一九〇號）藍布」，自是以舶來染料的現代性（化學）科技和機器大量織染的新式生產方式，以其日曬不褪，雨淋不褪，皂洗不褪的堅實耐用，攻城掠地，徹底改寫了由褪色、補釘老藍布所代表的傳統中國「藍」。

## 藍色的羨恥感

誠如張愛玲在〈中國的日夜〉中所言，「至於藍布的藍，那是中國的『國色』。不過街上一般人穿的藍布衫大都經過補綴，深深淺淺，都像雨洗出來的，青翠醒目。

我們中國本來是補釘的國家，連天都是女媧補過的」（〈中國的日夜〉240）。

對比於陰丹士林藍布所給出充滿「鮮亮」情動力強度的「藍」，張愛玲筆下深深淺淺、既褪色又補釘的「藍」，則已被編碼進中國近現代身體—服飾觸受歷史的「羨恥感」（shamesation）。[14] 若「鮮亮」作為身體與世界觸受關係中所直接給出的新感覺團塊，那陰丹士林藍布後續啟動的「羨恥感」，則是將此無人稱的「鮮亮」製碼為中國「國色」的由舊到新、除舊布新，從個人情感到國族認同，成功形構出「新藍」為羨／「舊藍」為恥的二元對立（雖此二元對立乃是建立在羨—恥作為情感結構的一體兩面）。像張愛玲在〈桂花蒸 阿小悲秋〉中的描繪：「剛才在三等電車上，她被擠得站立不牢，臉貼著一個高個子人的藍布長衫，那深藍布因為骯髒到極點，有一種奇異的柔軟，簡直沒有布的勁道；從那藍布的深處一蓬一蓬慢慢發出它內在的熱氣。這天氣的氣味也就像那袍子——而且絕對不是自己的衣服，自己的髒又還髒得好些」（6）。此處女傭阿小在上海三等電車上所貼擠的深藍布長衫，與《駱駝祥子》從軍營倉皇逃生時身上的那件藍布軍褲一般，皆是骯髒漚臭至極，其在氣味、熱度到布料解體的連結上，自是與駱駝祥子原本身上「乾淨體面」的陰丹士林夾褲褂高下立判。雖此二例本有其在階級（市民階級與勞動階級）、地域（上海與北京）與服裝形制（一截穿衣與上下分截）之差異，然其卻有共同的凸顯點：髒臭的不僅只是經年未洗的深藍布長衫或軍褲，髒臭的更是深藍布長衫或軍褲所指向不耐洗不耐曬的「土藍」、「舊藍」，即便是八千歲身上那件既不髒也不臭的老藍布二馬裾，依舊充滿「舊藍」的「羡恥感」。

而即使將性別由男性轉換到女性，張愛玲筆下仍多是一群受困於經濟條件而對深藍布罩袍充滿「羡恥感」的都會女子。〈創世紀〉中因物質匱乏而難掩自卑的女主角瀠珠，「禮拜天，他又約她看電影。因為那天剛巧下雨，瀠珠很高興她有機會穿她的雨衣，便答應了。米色的斗篷，紅藍格子嵌線，連著風兜，遮蓋了裡面的深藍布罩袍，泛了花白的」（36）。或是像《半生緣》裡的曼楨，「她在戶內也圍著一條紅藍格子的小圍巾，襯著深藍布罩袍，倒像個高小女生的打扮。藍布罩袍已經洗得絨兜兜地泛了灰白」（73）。顯然這些起毛球又泛灰白的深藍布罩袍，皆非「鮮亮」的陰丹士林藍布所裁製而成，而其寒磣難堪的身體穿著經驗，截然對比於林海音在〈藍布褂〉中所述「穿一件陰丹士林大褂，令人覺得特別乾淨，平整」。張愛玲筆下褪色補釘的「舊藍」，即便偶爾深深淺淺如雨後的青翠醒目，或成為極度黯淡世界中唯一的明亮耀眼，最終亦難逃寒磣難堪的「羡恥感」：「隆冬的下午，因為這世界太黯淡了，一點點顏色就顯得赤裸裸的，分外鮮豔。來來往往的男女老少，有許多都穿了藍布罩袍，明亮耀眼的，寒磣磣粉撲撲的藍色」（〈創世紀〉12）。藍作為中國的「國色」，至此徹底二分，一邊是充滿身體觸受強度變化的「鮮亮」，一邊是充滿個人到國族情感挫敗的「寒磣」，前者由陰丹士林藍布表達，後者則由傳統土織或土染、起毛泛花白的傳統藍布表達。而陰丹士林藍作為動靜快慢關係變化的「色彩強度」，亦在（德孚）洋行—商品行銷的配置關係中，不斷以廣告術語與左右對照圖示，重新製碼「鮮亮」的色彩強度與「寒磣」的身體—服飾「羨恥感」：圖畫中的一男一女，路上淋雨後返家分別晾乾溼衣，生之陰丹士林藍布長衫「煥然如新」，而女之一般藍布長衫「暗淡若舊」，一喜一悲，一體面一丟臉，再次以二元對比的方式，鮮活告知陰丹士林藍布煥然如新的「鮮亮」，乃是現代中國「新藍」的唯一象徵與最佳選擇。[15]

## 三・陰丹士林愛國布的時尚弔詭

陰丹士林藍的「鮮亮」作為染料—面料在身體觸受關係上的強度變化，顯然已依循中國近現代的歷史創傷經驗，由非人稱的情動威力轉為個人與國族的情感結構，更被進一步製碼為身體—服飾的「羨恥感」，以西為新，以中為舊，以新為羨，以舊為恥。而此以西方殖民帝國與現代資本民族國家作為質量主體的製碼行動，不僅將「色彩強度」（情動）製碼為「羨恥感」（情感），更透過各種民族資本與政治權力的滲透，讓「羨恥感」更進一步與反帝、抗日的「愛國主義」產生更形複雜幽微的排比連結方式，錯亂原本以西為羨、以中為恥的單純對應模式。故本章的第三部分，將分別以「國貨運動」與「新生活運動」為例，看其如何以「陰丹士林藍布」作為愛國表徵，以啟動更大規模的資本國族製碼。此處有兩種有關運動的描繪：一種運動指向資本主義與國族主義的意識形態操作，或是以經濟力結合政治力的民族主義訴求（「國貨運動」），或是以政治力主導的集體主義國家監控（「新生活運動」）；而另一種運動則指向動靜快慢與強度變化，如何在觸受關係中給出新的色彩強度與感覺團塊，如何以其無形式、無人稱的虛擬威力，不斷逃逸也不斷被前者作為質量體的社會政治運動所獵捕。此兩種運動不僅給出歷史作為「力史」在尺度（宏觀與微觀）與觀看（一為可見之形式，一為不可見之行勢）上的恆常掉轉，也讓本章在論述的政治性上能兼顧「質量化運動」的意識形態「批判」與「分子化運動」作為無限潛力的「創造」。

## 商品國籍曖昧的國貨運動

首先，讓我們一探採用德國陰丹士林染料的藍布，如何有可能成為中國「國貨運動」中所標榜的民族商品？清末與民國時期相繼發動的數波國貨運動（尤以一九〇五至一九一九、一九二三至一九三七為著），乃是以民族工業的存亡興滅為由，提倡國貨以抵抗帝國主義剝削並喚起民族意識，意圖建立國貨—愛國與洋貨—賣國的愛國主義消費觀，而陰丹士林藍布便是在此愛國訴求中，以「洋靛—土布」的曖昧身分認證，登堂入室為民族商品。但在「陰丹士林藍布」作為民族商品的製碼運動中，我們卻無法從先前所鋪展的「土靛／洋靛」對立關係，推論到當前後殖民時尚研究最常處理「土布／洋布」的對立關係。其關鍵點便在民國以來相繼推動的「國貨運動」，其雖以救亡圖存、保護民族工業的存續為號召，但在商品「國籍」的身分認同上，卻給出了相當曖昧處理的轉圜空間。這種現象係肇因於中國長期在關稅自主權上的被打壓，遂只能採行較為寬鬆的「國貨」認定，因而不時出現「愛國傘」可以不愛國，因為採用日本傘骨，或「愛國布」可以不愛國，因為採用日本棉紗（而非德國染料）等控訴案例。故被「國貨運動」捧為愛國主義消費的「陰丹士林藍布」，指向的往往正是德國染料及日本棉紗在中國織染（包括民族工業或以外資為主的織染廠）的複雜矛盾性。證諸一九五九年之前，中國無成熟且具企業規模的合成還原染料生產體。[16]「陰丹士林藍布」之所以為「洋靛—土布」，乃指採用德國染料，但在中國境內以機器織染而成，並非舶來進口布疋，即便其使用的綿紗本身可能來自日本。[17] 此處的「土」指向的乃是「本土」（中國境內），已非昔日「舊藍」土布所指向的「土染」與手工小作坊。

於是「在中國織染」遂成為「陰丹士林藍布」作為「國貨」的主要判準，既服膺「國貨運動」所凸顯的國貨／洋貨、半殖民國／帝國列強、中／日對立關係的「兵戰」，亦凸顯中、日、德相互交織毗鄰的「商戰」——前者在戰場上「壁壘分明」，後者在商品上「敵我不分」。雖說德國合成染料的雄霸全球，即使與其對峙的英、法軍服上亦採用「敵國」（德國）染料（劉立2），但「陰丹士林藍布」在中國所牽動從民族工業到文化想像、從戰爭動員到愛國實踐的幅員廣闊，顯然遠遠超過目前所知任何合成染料與面料織品之連結，誠然是國族主義與資本主義相互製碼、解碼、再製碼過程中，最具體而微也最劇烈變動的戰場。

一九三七年抗日戰爭爆發，尤其是一九四一年太平洋戰爭後，美英貨中斷，日商以「軍配組合」名義輸入染料，不納關稅，大量傾銷。後又在滬開設硫化元廠，獨霸中國市場。日軍進駐租界後，曾規定染料為統製物資，非正常商號一律不准堆存染料。然而在大戰期間，日貨和德貨仍源源而來，於是不少囤戶和跨業經營者紛紛新設商號，一九四二年滬地經營染料商號為八十多家，至一九四五年前最多時達五百多家。（姚鶴年）

雖說一九三〇年代所謂的「民族染料工業」，乃是以抵制日貨，抵抗列強聯合壟斷為出發點，但顯然難敵德國染料、日本染料甚至美國染料的傾銷壟斷，遂只能退而求其次，以「在中國織染」（即使採用的是德國染料、日本紗線）作為底線。也只有在這樣的經濟—工業脈絡中，陰丹士林藍布才能一舉成為二戰期間風行全中國的「國貨」。[18]

## 新生活布衣運動

而一九三四年啟動的「新生活運動」，則是將陰丹士林藍布作為「愛國布」的表徵更往前大大推進。號稱結合中國新儒家思想，德義法西斯獨裁政權與日本士官學校軍事規範的「新生活運動」（Dirlik），將民族國家的救亡圖存，直接扣連到個人的生活行為規範，而如何「糾正國民衣著」便成為運動的執行要項之一。新生活必須從「扣扣子」的生活小處細節做起，延伸到戴帽子、穿鞋子、繫帶子，以達國民穿衣的「整齊劃一」（吳昊 291, 294）。而此整齊劃一、集體主義服飾訴求的最終目的，不僅在於象徵層次上，以利凸顯國家的團結精進，更在於實際操作層次上，以利戰爭動員的迅速確實。而陰丹士林藍布正是此整齊清潔、簡單樸素的「國民衣著」訴求中作為「實用時尚」的最佳表徵。

但為何是陰丹士林藍布？三〇年代陰丹士林合成染料的廣告訴求中，早已見「實用」與「時尚」的巧妙結合。各式美女月份牌，不論時裝款式（洋裝或旗袍），不論各種顏色，只要標榜陰丹士林色布者，必定一再強調其染色品質牢固，色澤鮮豔明亮，並且日曬雨淋絕不褪色，就如同其「晴雨商標」所示，烈日曬之，暴雨淋之，還是「永不褪色」。但陰丹士林色布的實用性，也同時是與洋行—美女月份牌配置所強調的摩登性相互呼應。月份牌上可以是陳霓裳等上海當紅女明星的玉照，搭配「世有『陰丹士林』色布，而後有漂亮經濟之服裝」（標點後加）的文字，也可以是捧花的短髮女學生，搭配「閨閣名媛均愛穿一百九十號顏色之陰丹士林藍布，因為最漂亮最鮮豔」（標點後加）或「顏色最最鮮豔耐久堅牢無比」等文字。[19]於是實用與時尚、漂亮與經濟、時髦與實惠相互貼擠，給出一種「實用時尚」的新表達方式與配置關係。[20]

而此實用時尚雖在視覺再現層次上，主以摩登女體（知名女明星或新式女學生）來凸顯其「時尚感」，但其實用性卻絲毫不局限於都會女子的時裝。陰丹士林色布廣告的訴求，更多的時候乃是與市井生活緊密相連結，標榜貨真價實、價廉物美、老少皆宜、男女可穿，更耳提面命教導消費者如何辨別商標、如何指定選購布邊印有金印晴雨，以確保買到色彩鮮豔真正不褪色的陰丹士林色布，才能「日日如新」、「年年如新」、「使君節省金錢」。而此摩登時髦、經濟實惠、品質優異、體面大方的「實用時尚」，更標榜能展現共體國艱的消費行動：「處今節約時期，製衣首重耐久，故請用『陰丹士林』色布，蓋此布雖經炎日曝曬、長期皂洗，顏色不退」（標點後加）。

然而新生活運動對陰丹士林藍布作為「實用時尚」的挪用，顯然是「經濟實惠」大過「漂亮鮮豔」，更是標榜以「布衣」取代「華服」，身體力行新生活運動的整齊清潔簡單樸素，而其中又以蔣宋美齡的陰丹士林藍布旗袍，順利成為整個運動在「衣」食住行上最高的政治象徵符（服）碼：「你們看到的，我們中華民國的第一夫人——蔣夫人，身穿陰丹士林布旗袍，足履布鞋，這在當今世界各國的元首夫人中，是絕無僅有的」（引自劉瑜 87-88）。[21] 誠如服飾史學者王宇清所言：

> 民國二十三年（公元一九三四年），政府提倡新生活運動，衣食住行，概求整齊、清潔簡單、樸素。上行下效，群情怡洽，一時人人以華服美食為不宜，布衣最為普遍，婦女「陰丹士林」牌細布藍色長衫最流行，秋冬之衣，亦布多於綢，甚至布面綢裡，綢裡在求光滑方便。（《歷代婦女袍服考實》102）

在此棉布／絲綢作為簡樸／奢華的對比之下，新生活運動標榜的正是陰丹士林藍「布」的重要，即便秋冬之時亦以布為尊，即便以綢為裡（以增加光滑舒適感）也必須以布為表。而陰丹士林藍布之「藍」，更直接完美呼應國民黨黨旗的象徵顏色與民國服制條例所歷來規範的「色藍」。

## 「摩登破壞團」的性別暴力

更有甚者，陰丹士林藍布做成的男子長衫與陰丹士林藍布做成的女子旗袍，在此乃依性別—國族象徵而徹底分道揚鑣：長衫就只是日常生活簡樸穿著的長衫，旗袍卻成為愛國與叛國決戰點的眾矢之的。而其最具體的引爆高潮點，正是一九三四年集結國貨運動與新生活運動的「婦女國貨年」。就如彼時《國貨月報》第一卷第一期（一九三四年五月）上的「掌上時髦」漫畫所示，燙髮打扮入時的都會女性，身著斜條紋面料長旗袍，腳踩高跟鞋，旗袍外罩波浪袖短衫一件，上書有「中國」二字，而摩登女子立於一大手掌之上，由其掌握，而手的大拇指處則書有「外國經濟勢力」六字（葛凱 302）。這個沿用中國傳統表達（逃不出如來佛的手掌心）的淺白漫畫，顯然是以最粗淺直捷的方式，將「陰性摩登」與「拜金賣國」相連結，再次強化國貨運動中的兩大原型：「叛國的女性消費者」與「愛國的男性生產者」（葛凱 21），亦即「陰性摩登」與「陽性現代」在消費／生產上的性別再製碼。然此以摩登華麗旗袍為主要視覺訴求的漫畫，顯然是建立在旗袍面料（而非旗袍形制）所隱含的雙重差異：棉布與絲綢的區分，國貨與洋貨的區分。而陰丹士林藍布作為被民族主義與極權主義認可的旗袍「面料」，既是以布衣取代華服，亦是以國貨（「在中國織染」）取代舶來品的表徵。

因而國貨運動與新生活運動，強化了新一波民國女子服飾面料的「羨恥感」，在其營造的民族主義消費語境中，「穿外國生產的衣服是缺乏羞恥的表現」或官方標語直接警示「以服用外貨為華貴，為漂亮，那是一種最可恥的心理！」（葛凱 295, 297）原本陰丹士林藍布的「羨恥感」集中在「新藍」的鮮豔、整齊、乾淨、體面，對比於「舊藍」的褪色、補釘、髒污、寒磣，其運作邏輯乃是以西為羨，以中為恥，以新為羨，以舊為恥。但國貨運動與新生活運動則將陰丹士林藍布的「羨恥感」重新編碼，仍然以新（生活）為羨，以舊（習慣）為恥，但斬斷新與西、舊與中的連結，而以國貨為羨，以洋貨為恥。[22] 因而在運動高潮期間，不時傳出北京、上海、南京、天津、漢口等大城市中短暫出現所謂的「摩登破壞團」，聚眾巡街且當街剪破太過現代或西式的女子服飾，即便其媒體傳播的恫嚇效果，顯然遠大於實際施行範圍。如彼時報刊所載，「杭州曾有過所謂的摩登破壞團的無聊舉動的出現，他們的手段和目的，是用鏹水來毀損婦女的『摩登衣服』，這種野蠻行為，旋遭禁止」（引自吳昊 292-293）。[23] 一九三五年北京亦出現由軍警直接執行禁令的摩登破壞行動，「下令凡薄如蟬翼，裸腿不穿襪之一般摩登婦女一律出園，不准聽戲，俟換衣後再來」（引自吳昊 292-293）。換言之，陰丹士林藍布既為實用「時尚」，亦是「反時尚」，既是摩登新解，也是解構摩登。在要求女性共體時艱，不准燙髮，不准搽指甲油，不准穿著摩登新款，連「衣長袖短」都成為國家監控的準戰爭時期，經濟實惠、簡樸耐用的陰丹士林藍布自是最佳表徵，成為新生活運動上行（監控）下效（仿效）最具代表性的愛國面料。[24]

## 旗袍的「流變—陰丹士林藍」

而真正讓陰丹士林藍布旗袍成為中國時尚現代性主要視覺符碼的關鍵，則是中日戰爭正式開打後的八年抗戰時期。如前所述，我們已鋪陳了陰丹士林與藍色的「染料—顏色」配置，鋪陳了陰丹士林藍與棉布的「染料—面料」配置，而本章的最後將回到陰丹士林—藍—布—旗袍的「染料—顏色—面料—服裝形制」配置，看如何有可能給出旗袍「服制形式」的「翻新行勢」。故若從單一質量體的觀點切入，「旗袍」自有其在服飾歷史嬗替過程中的形制改變，但旗袍所可能連結與開出的微分子運動，則必須跳脫旗袍作為單一質量體的視覺形制與細節元素，在（鄰）「域」（關係連結與強度變化）而非在（符）「碼」（意義建構與價值積累）上去說明，端倪其如何在「力史」的場域中不斷被表達，而對日抗戰所帶動的，正在旗袍與長衫的再次不分、旗袍與制服的再次不分，讓原本已趨穩定「女旗袍」／「男長衫」、「都會旗袍」／「高校長衫」的類型區別，出現性別、年齡、社會身分的曖昧貼擠。

那究竟何謂旗袍的「流變—陰丹士林藍」？三〇年代以降旗袍形制的顏色選

擇五彩繽紛，一如旗袍形制的面料選擇五花八門，從未定於一色一款。雖然上海美女月份牌所再現的陰丹士林藍布旗袍，亦曾出現在手持書本或捧花的清純女學生身上，但主要的時尚焦點絕對落在時髦摩登、搭配紅色高跟鞋、由女明星化身的「快樂小姐」身上。然在國貨運動與新生活運動的推波助瀾之下，陰丹士林藍布旗袍逐漸單一化為民族認同與愛國消費的表徵，而戰爭的綯摺之力，則更進一步讓「陰丹士林藍—布—旗袍」的配置，翻新為以素樸取代華麗、以校園置換都會的「制服長衫」。誠如齊邦媛教授在《巨流河》一書中的追憶，一九四〇年由南開初中直升高中，在母親的陪伴下到鎮上訂做了幾件淺藍與「洗一輩子也不褪色」的陰丹士林布「制服長衫」：

升上高中後，脫下童子軍制服，換上長旗袍；春夏淺藍，秋冬則是陰丹士林布。心理上似乎也頗受影響，連走路都不一樣，自知是個女子，十六歲了。（129）

此處的陰丹士林藍布旗袍，回歸到最素樸、最整齊劃一的高校女生制服，象徵著從女孩到女子的性別身分轉換儀式。

## 陰丹士林藍的「流變—制服」

而若回到民國制服史，陰丹士林色布本就與學校制服相關連，雖並非其市場的主力訴求。早年的陰丹士林廣告，不少強調其用於製作學校制服的實用合宜，不僅直接在年曆廣告上做文字推銷（「如以舉世無雙之陰丹士林藍色布作為一校全體學生之制服，觀瞻最壯」），更以免費贈送中小學生印有晴雨商標的精美書皮紙，或透過老師訓話的各種管道，教導學生要求父母採購制服面料時，必須指明選購陰丹士林色布（〈陰丹士林老廣告〉）。廣告強調以陰丹士林色布裁製制服，不僅經濟實惠耐洗耐用，更直接被視為「節儉愛國」的行為。而陰丹士林「藍」布所裁製的長衫，更是與高校女生制服（齊邦媛教授筆下的「制服長衫」）有著深厚的歷史連結。民國以來逐漸出現以藍布旗袍作為女校校服的趨勢（劉瑜 162），取代了早先以月白布衫搭配黑色綢裙的裝扮，而其採用的面料主要便是以藍色為基調的陰丹士林布。而對日抗戰前的統一校服運動，更是朝愛國主義與集體主義的備戰意識前進：「一九三四年，國民政府開始在全國轟轟烈烈地推動『新生活運動』，這場運動以學校成為中心和基地，統一校服成了一個能迅速改變學生面貌的舉措，既兼思想教育又兼國貨宣傳，遂被重視起來」（趙玉成）。以當時江蘇省立上海中學為例，「學生的制服都嶄齊一律，高中生全體是草黃色學生軍制服，女生全體是『青一色』

的旗袍；初中則全體童子軍制服」。[25] 此處的「青一色」旗袍，自然便是已然成為高校女生象徵的藍布旗袍。

但正如前所述，雖然陰丹士林色布有各種顏色，能裁製各種服裝形制，而陰丹士林藍布長衫或長袍乃是男女高等學校師生最具代表的共同服裝，但在愛國主義與集體主義高漲的準戰爭與戰爭時期，「愛國時尚」的表徵終將縮限聚焦於高校女生的「陰丹士林藍布旗袍」，不僅既愛國又時尚、既實用又實惠，更是以其純淨整潔（從女學生純潔的身體意象連結到染料的純淨、面料的樸實），象徵著全國軍民的一心一德。

> 其時，女袍的身長稍短，袖長因季節的需要或長或短，但腰身仍較寬舒，同於北伐前後。袖口市尺四五寸左右，最短的袖仍在肩下十公分以上。此一時期，盛行「陰丹士林」牌不褪色細藍布（色有深淺），作為「祺袍」的製材。無分貴賤老幼，幾乎人各有之。中上女校師生，並多以此為制服。其盛興之狀，不難想見。（王宇清，《歷代婦女袍服考實》26）

歷經國貨運動、新生活運動直到抗戰軍興，陰丹士林藍布旗袍以其實惠耐用、質樸可風的染料—面料—形制的配置成為大後方最具象徵性的「愛國時尚」與全民抗日、抵禦外侮的「抗戰象徵」。然「愛國時尚」一如「實用時尚」，不可避免地都隱含著一種潛在的對立與張力關係：愛國 vs. 時尚，實用 vs. 時尚。陰丹士林藍布旗袍顯然正是踩在此雙重的時尚弔詭之上，同時被製碼為「愛國時尚」與「實用時尚」，正如汪曾祺在〈釣人的孩子〉中的描繪：

> 系裡有個女同學名叫柳曦，長得很漂亮。然而天然不俗，落落大方，不像那些漂亮的或自以為漂亮的女同學整天濃妝豔抹，有明星氣、少奶奶氣或教會氣。她並不怎樣著意打扮，總是一件藍陰丹士林旗袍，——天涼了則加一件玫瑰紅的毛衣。她走起路來微微偏著一點腦袋，兩隻腳幾乎走在一條線上，有一種說不出來的風致，真是一株風前柳。（383）

此處表面上「不怎麼在意打扮」的女學生，正是走在「愛國時尚」與「實用時尚」的風口浪尖，以一襲陰丹士林藍布旗袍，搭配玫瑰紅毛衣，而得到眾人的矚目與讚賞，既表徵抗日戰爭的神聖，又帶動服飾色彩與款式的絕妙搭配。陰丹士林藍最初所啟動的身體「情動力」（「鮮亮」的「色彩強度」），至此已完全重新編碼為陰丹士林藍布旗袍的「愛國時尚」，而此「愛國時尚」更是與民族資本主義緊密連結，聚焦於女性性別—身體服飾的國族象徵化，既抗日愛國，又時髦流行，更實用實惠，即使彼時多數男大學生身上穿的亦是（陰丹士林）藍布長衫。戰爭的縐摺之力貼擠出「制服長衫」的不分，但民族資本主義與父權權力結構的「製碼」，卻重新再次劃定性別、年齡與社會身分的界限，讓三〇年代象徵都會摩登的陰丹士林藍布旗袍，順利轉型為四〇年代兼具愛國時尚與實用時尚的陰丹士林藍布旗袍，給出「大歷史」、「大敘事」空洞同質線性時間的同一連續感，而看不見也不准看見「力史」持續發生的摺曲、流變與解畛域化可能。

發明於二十世紀初的陰丹士林合成染料，給出了實驗室—工業廢棄物—染料—面料的微分子運動，但也同時啟動了資本民族國家作為質量體的商戰與兵戰。而進入中國的陰丹士林合成染料，則更進一步與中國藍相連結，給出了「鮮亮」的新情動力感受，一種非形式、無人稱的強度變化，但也同時不斷被民族資本主義的權力競逐與戰爭的惘惘威脅，重新製碼成從個人到國族的「羨恥感」、「愛國消費」與「抗日象徵」。進入中國的陰丹士林合成染料，展現了兩種運動的可能。一種指向資本民族國家的「質量化運動」（如國貨運動之為民族資本擴張，新生活運動之為政治動員），其所啟動的「形變」乃是特定形式或模式的轉變（國貨運動對國民消費模式的再教育，新生活運動對國民生活習慣的再教育）。另一種指向身體情動觸受關係中動靜快慢與強度變化的「分子化運動」（如「豔亮」、「鮮亮」、「光彩」的「色彩強度」），時時逃逸形式與組織的框限（民族國家或民族企業體），逃逸意識形態的主動操作（抵制日貨、愛用國貨、整齊清潔、簡單樸素），逃逸點到點的移動或單一形式的「形變」，而能最終指向事件的偶然與隨機，讓我們得以視見「翻新行勢」所給出的強度變化，如何在流變之中體現歷史的縐摺之力，如何不斷進行「合摺、開摺、再合摺」的「力史」運動，如何翻新出陰丹士林—藍布—旗袍的「時尚形式」，並以分子化運動的「虛擬威力」持續逃逸。而陰丹士林染料進入中國的「力史」顯然明白告訴我們，「質量化運動」與「分子化運動」的交纏轉化，戰況激烈亦從不曾止歇。

**注釋**

1 "the molar" 亦可譯為「克分子化」、「摩爾化」或「莫耳化」、「模態化」。在德勒茲與瓜達希的論著中，偏向使用形容詞而非名詞形式的法文 *molaire* 與 *moléculaire*。

2 「流變」乃德勒茲差異哲學的核心概念之一，相對於傳統哲學思考所奠基的「存有」與「認同」，「流變」乃指向純粹差異化的持續生產與變化動勢。「流變—分子」與「流變—少數」、「流變—強度」、「流變—小孩」、「流變—女人」、「流變—動物」等概念相通，凸顯的都是自我成為異者的解畛域化作用，而「流變—分子」更常被當成一切流變在最初「微知覺」（microperception）上的啟動。

3 誠如服飾文化史學者吳昊所言，此「翻新」之譯的生動傳神，「正顯示著無時無刻不在變化求新意，婦女對時裝的概念也開始確立」（144），但此說仍不免還是預設了某種「質量體」（時裝工業或女性主體）作為求新求變的來源，然時裝工業的推陳出新，或摩登女性的追逐流行，皆非本章所企圖概念化「翻新」作為非人稱、非主體、非時裝款式的微分子運動。

4 有關化學家柏金生平與發現「苯胺紫」的經過，可參見 Nagendrappa 的介紹文章。

5 一般而言，有機化學合成物的染料，能滲入面料纖維之中，其顯色所涉及的物理原理，不在於染料本身，而在於染料的化學分子結構與可吸收光波之間的關係，不同染料的分子結構「吸收可見光譜中某些特定的波長；我們眼睛所看見的顏色，取決於未被染料吸收而反射回來的顏色波長」（拉古德與布勒森 179）。

6 「淡紫十年」主要指向一八九〇年代前後「苯胺紫」在歐洲與美國的大流行，在美國作家比爾（Thomas Beer）一九二六年的《淡紫十年：十九世紀末的美國生活》（*The Mauve Decade: American Life at the End of the Nineteenth Century*）中，「苯胺紫」更被提升到藝術與文化生活的風格表達。

7 有關該禮服所採用的染料眾說紛紜，有人強調其為「苯胺紫」合成染料的成果，有人則堅持其仍為天然染料，但因女王尊貴之故，不論禮服面料所使用的染料為天然或合成，皆已呼應且象徵了彼時「淡紫色」的大流行。

8 本章此處較為著重於合成染料工業化所造成的生產模式改變，有關傳統天然染料與世界貿易史之牽連，可參閱 McKinley 與 Greenfield 等人的著作，尤其是 McKinley 在探討天然靛藍染料 Indigo 之歷史時，更詳盡鋪陳此天然染料如何同棉花、糖、鹽、黃金等原料一般，啟動了近代西方帝國殖民主義下泛大西洋的販奴血淚史。

8 《資本論》第三卷上，頁 84，引自劉立 116。而自古天然染料業的興盛，亦與殖民主義與人口販賣產生連動：「幾千年企業集團的演變過程：古埃及的全身發出魚腥惡臭的漂染工人，中世紀出現的染業公會，隨著北歐的羊毛業與義大利、法國蠶絲業的興盛，也帶動了染料工業的發達，奴工生產的靛青原料，乃十八世紀美國南部最重要的出口作物」（拉古德與布勒森 185-186）。

10 一九四九年之後以 23x21 支坯布加工的一九〇號士林藍布，其產量仍居中國銷售色布之首位，一直要到一九八二年後一九〇號士林藍布才在紡織品的替換升級中銷勢漸衰，可參見《上海通志》第十七卷工業（上），第四章紡織工業，第三節印染。

11 本章雖然嘗試用「製碼」與「解畛域化」來分別對應「質量化」與「分子化」，並將前者（質量體的製碼）

視為剩餘價值的積累與權力結構的強化，但並不嘗試預設一種截然的先後關係，「先」有純然未受品牌宣傳的身體情動與觸受關係（一個完全沒有被象徵與想像秩序浸染的陰丹士林藍布，作為原初接觸的可能），「後」再經特定質量體的挪用製碼，而是希望凸顯「製碼」與「解畛域化」的相互交疊，身體情動「總已」是在經緯交錯之中發生，物質符號與身體的觸受並不能截然獨立於象徵與想像秩序所建立的「再現系統」，只是一但作為「非再現」的強度起了變化（物質材料的「解畛域化」），便得以讓「再現系統」持續進行解碼與製碼。

12 但此土／洋、傳統／現代的二元製碼，亦不時出現相互塌陷、相互貼擠的「怪」現象，例如陰丹士林藍布曾被視為具有醫療作用，「小孩子不小心將額角頭撞出個烏青疙瘩，馬上用陰丹士林布去抹而揉之，不但有點止痛而且竟然消腫，有人說那顏料裡含有醫療之化學成分，也是一種推測」（姚榮銓，〈陰丹士林布瑣記〉）。然對此既土（落後迷信）又洋（先進合成染料）的相互塌陷，與其說是某傷科診所曾用陰丹士林藍布做膏藥布，而被誤以為陰丹士林藍布本身具有止痛消腫之特效（姚榮銓的解釋），不如說此既土又洋的相互塌陷，乃是建立在天然染料與合成染料的「誤識」之上，畢竟在中國自李時珍的《本草綱目》（一六〇三）以降，早有記載藍草的解毒藥性，可熬汁或焙搗服用，而中藥材「青黛」亦同。而經由西方科學加持的陰丹士林藍布之所以能如此「鮮亮」，更容易被「誤識」為藥效更強。

13 「毛藍布」亦可指布匹在染色前的特殊處理方式，一般坯布多在染色前需要經過燒毛處理，使布面平整光潔，而傳統「毛藍布」則在染色前毋需經過燒毛處理，故染出來的布面表層，仍保有一層絨毛，故稱「毛」藍布。另有一種「二藍布」亦是以天然靛青染料（土靛）染製而成，之所以稱為「二藍」，一以收成時節來界定（五月收割的藍草為頭藍，七月收割的藍草為二藍），或以染色深淺來界定（頭染第一遍為月白，第二遍為二藍，第三遍為鴉青），可參見葉傾城，〈綿延千年的二藍〉。

14 此處「羨恥感」作為新語詞的概念化，乃是嘗試先將英文的 shame「恥辱」與 sensation「感覺」做連結，再將英文 shame 與中文「羨」的類似發音做連結，企圖創造出一種「翻譯縐摺」，以凸顯「恥」與「羨」乃一體之兩面，可相互翻轉摺疊。

15 此系列廣告圖畫中的性別二元對立，有時亦以單一性別「一哭一笑」的內在二分表達之：兩位長衫男子分別購買藍布，日曬雨淋後一如新一褪色、一歡喜一哭泣，前者乃「快樂的陰丹士林先生」，後者乃「不幸的虛費金錢先生」。

16 根據《上海紡織工業志》的記載，直到一九五九年才採用「國產還原藍 RSN 染料生產『芷江圖』一九〇號士林藍布」（325）。

17 可參見《上海通志》第十七卷工業（上），第四章紡織工業，第三節印染。

18 葛凱的《製造中國：消費文化與民族國家的創建》乃目前談論國貨運動最鞭辟入裡的書，書的封面與頁一九圖文分析，以打高爾夫球的上海婦女圖案為例，其高領長旗袍配高跟鞋的打扮，乃典型上海美女月份牌的時尚風格，而畫面的右後方呈現中國亭閣園林，左後方則是希臘圓頂列柱，那究竟該如何去界定其所涉產品的民族性呢？「純粹的『中國產品』是用中國原材料，由中國工人，在中國人的管理下，在中國人擁有的工廠裡製造的」（葛凱 19），故月份牌中的高爾夫俱樂部「可以比絲質旗袍更輕易地具有『更多中國性』，因為旗袍很像是用日本絲製造的」（葛凱 19）。換言之，重點不在衣服款式的中或西，而在於是否可通過「國貨」檢驗的四大關鍵因素：原料、勞動力、經營和資金（葛凱 18）。

19 本章所引用之「廣告文案」多直接抄錄自網路可查閱到的各種「陰丹士林」色布歷史圖片檔，亦參考〈陰丹士林老廣告〉。

20 以二戰時期的英國為例，戰爭時期物資缺乏，故對服裝面料的數量與種類加以管制，並推行強調節約布料，行動便捷的「實用服飾」（utility dress），成為二戰期間風行一時的「戰爭時尚」，並由此帶動西方現代女裝更進一步的去裝飾、去誇示線條。

21 此乃郭沫若應蔣宋美齡之邀赴「婦指會」的演講，他以蔣宋美齡的陰丹士林藍布旗袍為例，具體說明新生活運動所訴求的簡單樸素。

22 有關南京政權如何透過對舊生活習性的「醜怪」指認，以進行法西斯身體美學與規訓的政治鬥爭，可參見黃金麟〈醜怪的裝扮：新生活運動的政略分析〉與《歷史、身體、國家：近代中國的身體形成一八九五—一九三七》的精彩分析。

23 原文出處為曾迭，〈「摩登破壞」的重演〉，《人言週刊》（上海）第二卷，第二十三期，一九三五年八月十七日，頁441。下則引文論及北京軍警禁令的出處，亦出自該文。

24 新生活運動期間，乃有各種取締婦女奇裝異服辦法，嚴格規範衣長、袖長、裙襬及領高。「一九三四年六月，江西省政府根據蔣介石的手令率先出枱了《取締婦女奇裝異服辦法》的條例，其中包括：旗袍最長須離腳背一寸；衣領最高須離顎骨一寸半；袖長最短須齊肘關節；旗袍左右開衩不得過膝蓋以上三寸；腰身不得綳緊貼體，須稍寬鬆，其規定之『細緻縝密』令人側目」（陳惠芬）。

25 引自趙玉成，〈寓道衣冠：1934年上海統一校服運動〉，原文出處為一九三六年第三卷第三期《青年月刊》上刊登的〈「教」「訓」「軍」合一的江蘇省立上海中學〉，作者張根法。

後記

# 十年一覺時尚夢

常常掛在嘴邊說，時尚研究不是研究衣服，時尚研究是在研究時間與變化，其之所以和哲學或思想史的研究有所不同，就在於時尚研究的時間與變化，有具體而微的物質材料，而許多啟動時間強度的變化，正是來自物質材料的「解畛域化」。

相較於過往，這是一本寫了最久的書，十年織就的學術百衲衣一件。有人說，不要把你最喜歡的東西當成學術研究的課題，因為你就會開始討厭它、逃避它、排斥它。或者還是應該反過來說，就是因為歡喜，而流連忘返於文字的穿鑿附會，眼花撩亂於史料的繽紛樣貌，還有那一發不可收拾的理論重度迷戀。終究還是搞不懂，這本寫了超過十年的書，究竟是寫不完，還是捨不得寫完。

以前寫時尚，總有個左纏右繞的女人，不用說，當然是張愛玲。這回寫時尚，也有個左纏右繞的男人，不用說，當然是魯迅。做文化研究二十多年，心裡最心儀的典範不是那些歐美大師，而是張愛玲與魯迅。張愛玲的一篇〈更衣記〉或魯迅的一篇〈由中國女人的腳，推定中國人之非中庸，又由此推定孔夫子有胃病〉，都抵得過好幾本大部頭的文化研究專書，不是因為她／他們知識淵博、上下古今，而是因為她／他們有身體，能站在時代變動的第一線，細膩體現身體與世界觸受關係強度的變化，那種「鄭重而輕微的騷動，認真而未有名目的鬥爭」（張愛玲，〈自己的文章〉20）。

以前寫了太多的張愛玲，這回把張愛玲偷偷藏了起來，反倒是讓魯迅拋頭露面打頭陣，從頭上的辮子，寫到臉上的鬍子，還一路寫到腳背上性別越界的幻象。別人的魯迅是神聖不可侵犯的大師，我的魯迅則是中國時尚 Shame —羨—線代性三現一體的頭號代表人物，身體與思想打了結，剪不斷理還亂，遂徹底帶出身體髮膚的物質性與日常性。面對魯迅，不是中文系、歷史系科班出身的我，便多了些放肆，但品頭論足處既非造神亦非毀神，只是老老實實把魯迅也有身體、也是要穿衣打扮這件事，從頭到腳搬弄了一番。

《時尚現代性》是從事寫作以來的第十五本書，也是進入學院後的第七本學術專書。謝謝女性主義教會我如何「以小搏大」、「以庸俗反當代」，能將學術論述的焦點從經世救國的大論述轉到日常生活的食衣住行，從國家大事轉到髮型衣飾，讓慣常被視為不登大雅之堂的「時尚」，也有可能成為中國現代性論述的另類「方法論」。心中另有竊喜，看見自己行文之間越來越幽默，越來越會自我調侃，每每回頭去校訂寫好的文字，總是邊看邊笑，笑自己如何傻呼呼在推論過程中自問自答。以前的論述批判性強，火藥味重，解構父權機制使命必達，現在則是邊寫邊放縱更多的文字翻譯趣味，「同字異譯」與「同音譯字」的變本加厲，更多的理論，更多想像力的天馬行空，想是要將女性主義的雙C，從critique這一端往復推向creation那一端，既要透過「時尚形式」去進行「意識形態」的批判，亦要透過「翻新行勢」去揭露「流變生成」的創造，並視創造作為更具威力的最終批判之所在。

而理論所能激發的創造想像力，顯然最是讓我著迷。山窮水盡疑無路，柳暗花明又一村。辮髮還能怎麼談？纏足還能怎麼談？史料掉下去總有踏不到底、探不出頭的恐懼，而理論則是提供了新的開場白，新的起手勢，給出了一種新的蓄勢—敘事可能，讓我們可以講出一個不一樣的辮子故事，不一樣的小腳故事，不一樣的旗袍故事，不一樣的藍布故事。而這樣的蓄勢—敘事策略與理論路數本身，就總已是一種「美學—政治—倫理」的抉擇，一種如何看待歷史、看待生命、看待世界作為轉變可能的抉擇。

二〇一四年夏天避居紐約朋友家彙整書稿，同時負責代為看家看貓。皇后區Forest Hills Garden的獨棟房子，每天清晨坐定桌前看稿寫稿，只見小花園裡群雀彈跳，吱喳喧鬧，陽光一寸寸移入屋內，我一寸寸閃躲挪移，從玻璃暖房般的書房，躲到了飯廳，再從飯廳躲進了二樓的臥房，一天也就這樣安安靜靜地過去。只有在傍晚時分才出門散步，天涯海角一路走去，逐日頭落山。

那段時間最怕的是「當機」，怕電腦當機，也怕人腦當機。每天興沖沖也危顫顫，一覺醒來總是慶幸電腦與人腦無恙，還可以開心安心寫作，也就顧不得 the Antiques Garage Flea Market 關門大吉所帶來的失望哀傷。現在想來，去年夏天的紐約之行還真寒磣，連一次中央公園都沒去過，倒是關在 Forest Hill Garden 的房子裡，在繁華錦繡的時尚大千世界裡，上下百年。

# 引用書目

## 一、中文


丁悚。《上海時裝圖詠》。台北：廣文書局，一九六八。

《人鏡畫報》。一九〇七。台北：中國研究資料中心重印，一九六七。

《大公報》。天津，一九〇五～一九一二。

上海市地方志辦公室。《上海通志》第十七卷工業（上），第四章紡織工業，第三節印染。網路。二〇一二年八月二日。

《上海文化通史》。編：陳伯海。上海：上海文藝出版社，二〇〇一。

《上海紡織工業志》。編：《上海紡織工業志》編纂委員會。上海：上海社會科學院，一九九八。

《上海新聞史》。編：馬光仁。上海：復旦大學出版社，一九九六。

丸尾常喜。《「人」與「鬼」的糾葛：魯迅小說論析》。譯：秦弓。北京：人民文學，一九九五。

山內智惠美。《20世紀漢族服飾文化研究》。西安：西北大學出版社，二〇〇一。

川島（章廷謙）。〈當魯迅先生寫《阿Q正傳》的時候〉。《阿Q正傳》。編：盧今。台北：海風，一九九九。一八三～八九。

王宇清。《國服史學鉤沉》。兩冊。台北：輔仁大學出版社，二〇〇〇。

———。《歷代婦女袍服考實》。台北：中國旗袍研究會，一九七五。

王東霞編著。《從長袍馬褂到西裝革履》。成都：四川人民出版社，二〇〇二。

王德威。《如何現代，怎樣文學？：十九、二十世紀中文小說新論》。台北：麥田，一九九八。

——。《被壓抑的現代性：晚清小說新論》（*Fin-de-Siècle Splendor: Repressed Modernities of Late Qing Fiction, 1848-1911*）。譯：宋偉杰。台北：麥田，二〇〇三。
王曉明。《無法直面的人生：魯迅傳》。上海：上海文藝出版社，一九九三。
王韜。《漫遊隨錄圖記》。點校：王稼句。濟南：山東畫報出版社，二〇〇四。
《民立報》。一九一一～一九一二。台北：中國國民黨中央委員會黨史史料編纂委員會印行，一九六九年影印。
《申報》。上海，一八七三～一九一五。
包銘新，馬黎等。《中國旗袍》。上海：上海文化出版社，一九九八。
《本島婦人服の改善》。編：國民精神總動員台北州支部。台北：國民精神總動員台北州支部，一九四〇。
〈回顧之三：中國人的大國情結〉。FT中文網評論。網路。二〇一〇年八月一〇日。
安毓英、金庚榮。《中國現代服裝史》。北京：中國輕工業出版社，一九九九。
朱元鴻。〈微偏：筆記的一個祕密連結〉。《文化研究月報：三角公園》三五（二〇〇四年二月）。網路。二〇一四年七月二〇日。
朱正。《辮子、小腳及其他》。廣州：花城，一九九九。
朱睿根。《穿戴風華：古代服飾》。台北：萬卷樓圖書，二〇〇〇。
老舍。《文博士》。《老舍文集》。第三卷。北京：人民文學出版社，一九八二。二二九～三三六。
——。《駱駝祥子》。台北：里仁書局，一九九八。
吳友如。《吳友如畫寶》。上海：上海古籍出版社，一九八三。
吳方正。〈晚清四十年上海視覺文化的幾個面向：以申報資料為主看圖像的機械複製〉。中央大學《人文學報》二六（二〇〇二年一二月）：四九～九五。
吳昊。《中國婦女服飾與身體革命（一九一一～一九三五）》。香港：三聯，二〇〇六。
吳哲良。〈翻譯的皺褶〉。《文化研究月報：三角公園》四五（二〇〇五年四月）。網路。二〇一四年七月二〇日。
李一栗。〈從金蓮說到高跟鞋〉。《婦女雜誌》一七・五（一九三一）：三〇。

李大釗。〈《晨鐘》之使命〉。《晨鐘報》創刊號，一九一六年八月一五日。
李志銘。〈三〇年代中國「漂亮的書」來自上海〉。《五四光影：近代文學期刊展》。台北：舊香居，二〇〇九。一〇～一四。
李長莉。《近代中國社會文化變遷錄：第一卷》。杭州：浙江人民出版社，一九九八。
李楠。〈文明新裝的衣裳制度與設計思考〉。《服飾導刊》一（二〇一三年三月）：六七～七〇。
——。《現代女裝之源：1920 年代中西女裝比較》。北京：中國紡織出版社，二〇一二。
李權。〈試談美育〉。《上海師範大學學報哲學社會科學版》。網路。二〇一四年六月三〇。
李歐梵。《上海摩登：一種新都市文化在中國 1930-1945》（*Shanghai Modern: The Flowering of a New Urban Culture in China*, 1930-1945）。譯：毛尖。香港：牛津，二〇〇〇。
沈松橋。〈我以我血薦軒轅：黃帝神話與晚清的國族建構〉。《台灣社會研究季刊》二八（一九九七年一二月）：一～七七。
沈燕。〈20 世紀初女性小說雜誌《眉語》及其女性小說作者〉。原載《德州學院學報》二〇．三（二〇〇四年六月）。CNK 中國知網。網路。二〇一四年七月一日。
汪曾祺。〈八千歲〉。《汪曾祺作品自選集》。桂林：漓江出版社，一九九六。三九八～四一三。
——。〈釣人的孩子〉。《汪曾祺作品自選集》。桂林：漓江出版社，一九九六。三八〇～八四。
汪暉。《死火重溫》。北京：人民文學出版社，二〇〇〇。
谷夫。〈詠滬上女界新裝四記〉。《申報》（上海）一九一二年三月三〇日。二張八版。
周汛、高春明編著。《中國衣冠服飾大辭典》。上海：上海辭書出版社，一九九六。
周作人。《周作人代表作》。編：張菊香。鄭州：黃河文藝出版社，一九八七。
——。《周作人早期散文選》。編：許志英。上海：上海文藝出版社，一九八四。
——。《知堂回憶錄》。石家莊：河北教育出版社，二〇〇二。
——。《周作人文類編第十卷：八十心情》。長沙：河南文藝，一九九八。

周錫保。《中國古代服飾》。台北：南天書局，一九八九。
周蕾。《婦女與中國現代性：東西之間閱讀記》。台北：麥田，一九九二。
林則徐。編：中山大學歷史系、中國近現代史教研組、研究室。《林則徐集：日記》。北京：中華書局，一九八四。
——。編：中山大學歷史系、中國近現代史教研組、研究室。《林則徐集：奏稿》。北京：中華書局，一九八四。
林海音。〈藍布褂〉。一九六一。南方網綜合。網路。二〇一二年八月二日。
林維紅。〈清季的婦女不纏足運動〉。《中國婦女史論集：三集》。編：鮑家麟。台北：稻香，一九九三。一八三～二四六。
林語堂。〈《有不為齋叢書》序〉。原發表於《論語》一九三四年第四十八期。網路。二〇一二年八月二日。
——。〈裁縫的道德〉。《金聖嘆之生理學》。台北：德華出版社，一九八〇。一六一～六四。
林怡伶。〈圖像智識傳播：以新智識雜貨店為考察〉。《中極學刊》四（二〇〇四年一二月）：一七一～八九。
《采菲錄》。編：姚靈犀。上海：上海書店，一九九七。
拉古德，潘妮（Penny Le Couteur），與杰．布勒森（Jay Burreson）。《拿破崙的鈕釦：十七個改變歷史的化學故事》（*Napoleon's Buttons: 17 Molecules that Changed History*）。譯：洪乃容。台北：商周出版，二〇〇五。
邱漢平。〈單子、褶曲與全球化〉。《中外文學》三二．六（二〇〇三年一一月）：一一一～三七。
阿英。《阿英全集》。合肥：安徽教育出版社，二〇〇三。
——。《晚清文藝報刊述略》。上海：古典文學，一九五八。
亞隆，瑪莉蓮（Marilyn Yalom）。《乳房的歷史》（*A History of the Breast*）。譯：何穎怡。台北：先覺出版社，二〇〇〇。
姚榮銓。〈陰丹士林布瑣記〉。《大公報》二〇一二年五月二八日。大公網。網路。二〇一二年八月二日。

姚鶴年。〈解放前上海染（顏）料商業的興衰〉。《上海地方誌》四（一九九九）。網路。二〇一二年八月二日。
洪郁如。〈旗袍・洋裝・モンペ（燈籠褲）：戰爭時期台灣女性的服裝〉。《近代中國婦女史研究》一七（二〇〇九年一二月）：三一～六四。
紀登思（Anthony Giddens）。譯：周素鳳。《親密關係的轉變：現代社會的性、愛、慾》（*The Transformation of Intimacy: Sexuality, Love & Eroticism in Modern Societies*）。台北：巨流，二〇〇一。
紉茝女士。〈女子服裝的改良（三）〉。《婦女雜誌》七・九（一九二一年九月）：四六～四八。
范伯群。《禮拜六的蝴蝶夢》。北京：人民文學出版社，一九八九。
苗延威。〈從視覺科技看清末纏足〉。《中央研究院近代史研季所集刊》五五（二〇〇七年三月）：一～四五。
孫中山。《孫中山全集・第二卷・命內務部曉示人民一律剪辮文》。北京：中華書局，一九八二。
孫郁。《魯迅與周作人》。河北：河北人民出版社，一九九七。
孫麗瑩。〈1920年代上海的畫家、知識分子與裸體視覺文化：以張競生〈裸體研究〉為中心〉。《清華中文學報》一〇（二〇一三年一二月）：二八七～三四〇。
《時報》。上海，一九一〇～一九一一。
《神州日報》。上海，一九一〇。
徐明瀚。〈摩登生活的漫畫及其「無─意義」：郭建英與上海新感覺派（1927-1935）〉。碩士論文。國立交通大學，二〇〇九。
徐海燕。《悠悠千載一金蓮：中國的纏足文化》。瀋陽：遼寧人民出版社，二〇〇〇。
徐鹿坡。〈女子服裝的改良（五）〉。《婦女雜誌》七・九（一九二一年九月）：四九～五〇。
徐博東，黃志平。《丘逢甲傳》。增訂本。台北：秀威資訊，二〇一一。
柴小梵。《梵天盧叢錄》。太原：山西古籍出版社，一九九九。
素素。《前世今生》。海口：南海出版公司，二〇〇三。

袁杰英。《中國旗袍》。北京：中國紡織出版社，二〇〇〇。
馬蹄疾。《魯迅生活中的女性》。北京：知識出版社，一九九六。
高彥頤（Dorothy Ko）。《纏足：「金蓮崇拜」盛極而衰的演變》（*Cinderella's Sisters: A Revisionist History of Footbinding*）。譯：苗延威。台北：左岸文化，二〇〇七。
高洪興。《纏足史》。上海：上海文藝出版社，一九九五。
常人春。《老北京的穿戴》。北京：北京燕山，一九九九。
康有為。〈請斷髮易服改元摺〉。《戊戌變法》。第二冊。編：中國史學會。上海：上海人民出版社，一九五七。二六三。
張小虹。《慾望新地圖》。台北：聯合文學，一九九六。
張世瑛。《清末民初的變局與身體》。博士論文。台北：國立政治大學，二〇〇五。
張勇。《摩登主義：上海文化與文學研究》。台北：人間，二〇一〇。
張愛玲。〈中國的日夜〉。《第一爐香》。台北：皇冠出版社，一九六八。二三八～二四五。
———。〈自己的文章〉。《流言》。台北：皇冠，一九六八。一七～二四。
———。〈更衣記〉。《流言》。台北：皇冠，一九六八。六七～七六。
———。《對照記：看老照相簿》。台北：皇冠，一九九四。
———。《半生緣》。《張愛玲典藏全集》。第一冊。台北：皇冠，二〇〇一。六九～四三一。
———。〈桂花蒸阿小悲秋〉。《張愛玲典藏全集》。第六冊。台北：皇冠，二〇〇一。六～三一。
———。〈創世紀〉。《張愛玲典藏全集》。第七冊。台北：皇冠，二〇〇一。五～五二。
張燕風。《布牌子》。台北：漢聲，二〇〇五。
張靜如。《國民黨統治時期中國社會之變遷》。北京：中國人民大學出版社，一九九三。
張競瓊。《西「服」東漸：20 世紀中外服飾交流史》。合肥：安徽美術出版社，二〇〇一。

張競瓊，蔡毅編著。《中外服裝史對覽》。上海：中國紡織大學出版社，二〇〇〇。

〈陰丹士林老廣告〉。百度旗袍吧。網路。二〇一二年八月二日。

曹振宇。〈二戰前日本染料工業的發展對其侵略戰爭的影響〉。《鄭州大學學報》（哲學社會科學版）四一．二（二〇〇八）：一六九～七〇。網路。二〇一二年八月二日。

莊信正。〈阿Q的辮子〉。《阿Q正傳》。編：盧今。台北：海風，一九九九。二六七～七一。

莊開伯。〈女子服裝的改良（一）〉。《婦女雜誌》七．九（一九二一年九月）：三九～四四。

許地山。〈女子的服飾〉。《新社會》（北京）一九二〇：五～八。

許廣平。〈母親〉。《許廣平文集：第二卷》。江蘇：江蘇文藝，一九九八。四～八。

——。〈魯迅和青年們〉。《許廣平文集：第二卷》。江蘇：江蘇文藝，一九九八。九～四三。

——。〈略談魯迅先生的筆名〉。《許廣平文集：第二卷》。江蘇：江蘇文藝，一九九八．四四～五二。

陳平原。〈以圖像為中心：關於《點石齋畫報》〉。《二十一世紀》五九（二〇〇〇年六月）：九一～九八。

陳東原。《中國婦女生活史》。上海：商務印書館，一九三七。

陳芳明。《殖民地摩登：現代性與台灣史觀》。台北：麥田，二〇〇四。

陳柔縉。《台灣西方文明初體驗》。台北：麥田，二〇〇五。

陳建華。〈演講實錄一：民國初期消閒雜誌與女性話語的轉型〉。《中正漢學研究》二二（二〇一三年一二月）：三五五～八六。

陳惠芬。〈駭怪：從「假洋鬼子」到「摩登女郎」〉。《中國圖書評論》三（二〇一三）。網路。二〇一二年八月二日。

陳獨秀。〈美術革命——答呂澂〉。原載於《新青年》六．一（一九一八年一月）。《百年中國美術經典文庫．中國傳統美術：一八九六～一九四九》。編：顧森、李樹聲。深圳：海天出版社，一九九八。卷一，四。

寓一。〈一個婦女服裝的適切問題〉。《婦女雜誌》一六．五（一九三〇年五月）：六四～六五。

景梅九。〈罪案〉。《辛亥革命資料類編》。北京：中國社會科學出版社，一九八一。三四。

曾迭。〈「摩登破壞」的重演〉。《人言週刊》（上海）二．二三（一九三五年八月一七日）：四四一。
焦靜宜。《遺老與遺少》。北京：國際文化出版社，一九九四。
華梅。《中國近現代服裝史》。北京：中國紡織出版社，二〇〇八。
——。《中國服裝史》。天津：天津人民美術出版社，一九八九。
黃忠廉。《翻譯的本質論》。武漢：華中師範大學出版社，二〇〇〇。
黃金麟。〈醜怪的裝扮：新生活運動的政略分析〉。《台灣社會研究季刊》三〇（一九九八）：一六三～二〇三。
——。《歷史、身體、國家：近代中國的身體形成 1895-1937》。台北：聯經，二〇〇一。
黃美娥。《重層現代性鏡像》。台北：麥田，二〇〇四。
黃強。《中國服飾畫史》。天津：百花文藝出版社，二〇〇七。
黃錦珠。〈女性主體的掩映：〈眉語〉女作家小說的情愛書寫〉。《中國文學學報》三（二〇一二年一二月）：一六五～一八七。
——。《晚清小說中的新女性研究》。台北：文津，二〇〇五。
楊義、張中良、中井政喜。《二十世紀中國文學圖志》上下冊。台北：明田，一九九五。
葉大兵，葉麗婭。《頭髮與髮飾民俗：中國的髮文化》。瀋陽：遼寧人民，二〇〇〇。
葉立誠。《台灣服裝史》。台北：商鼎文化，二〇〇一。
葉傾城。〈綿延千年的二藍〉。《青年時訊》二〇〇四年七月一日。網路。二〇一二年八月二日。
葉再生。《中國近代現代出版通史》。北京：華文出版社，二〇〇二。
葛凱（Karl Gerth）。《製造中國：消費文化與民族國家的創建》（*China Made: Consumer Culture and the Creation of the Nation*）。譯：黃振萍。北京：北京大學出版社，二〇〇七。
鄒容。《鄒容、陳天華集》。瀋陽：遼寧人民出版社，一九九六。
《圖畫日報》。上海：上海古籍出版社，一九九九。

《圖解服飾辭典》。編、繪：輔仁大學織品服裝學系「圖解服飾辭典」編委會。台北：輔仁大學織品服裝學系，一九八五。
臧迎春編著。《中西方女裝造型比較》。北京：中國輕工業出版社，二〇〇一。
許慎。《說文解字》。《中國哲學書電子畫計劃》。網路。二〇一二年八月二日。
趙玉成。〈寓道衣冠：1934 年上海統一校服運動〉。《東方早報》。網路。二〇一二年六月三〇日。
趙孝萱。《「鴛鴦蝴蝶派」新論》。蘭州：蘭州大學出版社，二〇〇三。
廖朝陽。〈可譯性與精英翻譯：談〈譯家的職責〉〉。《中外文學》三一．六（二〇〇二年一一月）：一九～四〇。
齊邦媛。《巨流河》。台北：天下文化，二〇〇九。
劉人鵬。《近代中國女權論述：國族、翻譯與性別政治》。台北：學生書局，二〇〇〇。
劉半農。〈我之文學改良觀〉。原載於《新青年》三．三（一九一七年五月）。《中國文論選》現代卷（上）。編：王運熙。南京：江蘇文藝出版社，一九九六。一六～二八。
劉立。《插上科技的翅膀：德國化學工業的興起》。太原市：山西教育出版社，一九九九。
劉瑜。《中國旗袍文化史》。上海：上海人民美術出版社，二〇一一。
劉鐵群。《現代都市未成型時期的市民文學：《禮拜六》雜誌研究》。北京：中國社會科學出版社，二〇〇八。
鄭巨欣。《世界服裝史》。杭州：浙江攝影出版社，二〇〇一。
鄭振鐸（西諦）。〈新舊文學果可調和麼？〉。《文學旬刊》六（一九二一年六月三〇日）。
鄭嶸，張浩。《旗袍傳統工藝與現代設計》。北京：中國紡織出版社，二〇〇〇。
魯迅。《阿Q正傳》。盧今編。台北：海風，一九九九。
——。〈論照相之類〉。《魯迅全集》。第一卷。北京：人民文學，一九八一。一八一～九〇。
——。〈看鏡有感〉。《魯迅全集》。第一卷。北京：人民文學，一九八一。一九七～二〇二。
——。〈說鬍鬚〉。《魯迅全集》。第一卷。北京：人民文學，一九八一。一七四～八〇。

——。〈頭髮的故事〉。《魯迅全集》。第一卷。北京：人民文學，一九八一。四六一～六六。
——。〈風波〉。《魯迅全集》。第一卷。北京：人民文學，一九八一。四六七～七五。
——。〈阿Q正傳〉。《魯迅全集》。第一卷。北京：人民文學，一九八一。四八七～五三二。
——。〈藤野先生〉。《魯迅全集》。第二卷。北京：人民文學，一九八一。三〇二～三〇九。
——。〈憂「天乳」〉。《魯迅全集》。第三卷。北京：人民文學，一九八一。四六七～七〇。
——。〈小雜感〉。《魯迅全集》。第三卷。北京：人民文學，一九八一。五三〇～三四。
——。〈上海文藝之一瞥〉。《魯迅全集》第四卷。北京：人民文學，一九八一。二九一～三〇七。
——。〈以腳報國〉。《魯迅全集》。第四卷。北京：人民文學，一九八一。三二七～三二九。
——。〈《自選集》自序〉。《魯迅全集》。第四卷。北京：人民文學，一九八一。四五五～五八。
——。〈由中國女人的腳，推定中國人之非中庸，又由此推定孔夫子有胃病〉。《魯迅全集》。第四卷。北京：人民文學，一九八一。五〇四～一〇。
——。〈因太炎先生而想起的二三事〉。《魯迅全集》第六卷。北京：人民文學，一九八一。五五六～六一。
——。〈病後雜談之餘〉。《魯迅全集》第六卷。北京：人民文學，一九八一。一七九～九五。
——。〈門外文談〉。《魯迅全集》第六卷。北京：人民文學，一九八一。八四～一一〇。
——。〈〈出關〉的「關」〉。《魯迅全集》第六卷。北京：人民文學，一九八一。五一七～二三。
——。〈答《戲》週刊編者信〉。《魯迅全集》第六卷。北京：人民文學，一九八一。一四四～四九。
——。〈自題小像〉。《魯迅全集》第七卷。北京：人民文學，一九八一。四二三。
——。〈生降死不降〉。《魯迅全集》第八卷。北京：人民文學，一九八一。九七～九八。
潘吉星。《天工開物校註及研究》。成都：巴蜀書社，一九八九。
蔣英。〈月份牌廣告畫中女性形象演變之分析〉。《美術與設計》（南京藝術學院學報）（二〇〇三年第一期）：五三～五六。

黎志剛。〈想像與營造國族：近代中國的髮型問題〉。《思與言》三六．一（一九九八年三月）：九八～一一八。

謝其章。〈「五四」文化運動戰鬥的一翼：新文化期刊〉。《五四光影：近代文學期刊展》。台北：舊香居，二〇〇九。五～九。

——。《蠹魚篇》。台北：秀威資訊科技，二〇〇九。

賽菊寇，伊芙（Eve K. Sedgwick）。〈情感與酷兒操演〉（"Affect and Queer Performativity"）。譯：金宜蓁、涂懿美。校訂：何春蕤。《性／別研究》三．四（一九九八年九月）：九〇～一〇八。

鞠式中。〈女子服裝的改良（六）〉。《婦女雜誌》七．九（一九二一年九月）：五〇～五一。

魏紹昌。《我看鴛鴦蝴蝶派》。台北：商務，一九九二。

譚嗣同。《譚嗣同全集》。編：蔡尚斯、方行。北京：中華書局，一九八一。

邊靖編著。《中國近代期刊裝幀藝術概覽》。北京：北京圖書館，二〇〇七。

羆士。〈女子服裝的改良（二）〉。《婦女雜誌》七．九（一九二一年九月）：四四～四六。

蘇旭珺。《台灣早期漢人傳統服飾》。台北：商周，二〇〇〇。

顧炳權編著。《上海洋場竹枝詞》。上海：上海書店，一九九六。

## 二、英文


Baudelaire, Charles. "The Painter of Modern Life." *The Painter of Modern Life and Other Essays.* Trans. and Ed. Jonathan Mayne. New York: Da Capo Press, 1964. 1-40.

Beer, Thomas. *The Mauve Decade: American Life at the End of the Nineteenth Century*. New York: Carroll & Graf, 1997.

Benjamin, Walter. *The Arcades Project*. Trans. by Howard Eiland and Kevin McLaughlin. Cambridge: Harvard UP, 1999.

———. *Charles Baudelaire: A Lyric Poet in the Era of High Capitalism*. Trans. Harry Zohn. London: NLB, 1973.

———. "Theses on the Philosophy of History." *Illuminations*. Ed. and Intro. Hannah Arendt. Trans. Harry Zohn. New York: Schocken Books, 1969. 253-64.

———. "The Task of the Translator." *Illuminations*. Ed. and Intro. Hannah Arendt. Trans. Harry Zohn. New York: Schocken Books, 1969. 69-82.

Berman, Marshall. *All That Is Solid Melts into Air: The Experience of Modernity*. London: Verso, 1982.

Bhabha, Homi K. "DissemiNation, Time, Narrative, and Margins of the Modern Nation." *Nation and Narration*. Ed. Homi K. Bhabha. London: Routledge, 1990. 291-322.

———. "Signs Taken for Wonders: Questions of Ambivalence and Authority under a Tree Outside Delhi, May 1817." *The Location of Culture*. London: Routledge, 1994. 102-122.

Butler, Judith. *Gender Trouble*. New York: Routledge, 2000.

———. *The Psychic Life of Power*. Stanford: Stanford UP, 1997.

Calinescu, Matei. *Five Faces of Modernity*. Durham: Duke UP, 1987.

Caruth, Cathy. *Unclaimed Experience: Trauma, Narrative, and History*. Baltimore: The Johns Hopkins UP, 1996.

de Certeau, Michel. *The Practice of Everyday Life*. Berkeley: U of California P, 1984.

DeLanda, Manuel. *Intensive Science and Virtual Philosophy*. London: Continuum, 2002.

Deleuze, Gilles. *Difference and Repetition*. Trans. Paul Patton. New York: Columbia UP, 1989.

———. *Foucault*. Trans. and Ed. Sean Hand. Minneapolis: U of Minnesota Press, 1988.

———. *The Fold: Leibniz and the Baroque*. Trans. Tom Conley. Minneapolis: U of Minnesota Press, 1993.

———. "The Shame and the Glory : T. E. Lawrence." *Essays Critical and Clinical*. Trans. Daniel W. Smith and Michael A. Greco. Minneapolis: U of Minnesota P, 1997. 115-25.

Deleuze, Gilles and Felix Guattari. *A Thousand Plateaus: Capitalism and Schizophrenia*. 1980. Trans. Brian Massumi. Minneapolis: U of Minnesota P, 1987.

Dirlik, Arif. "The Ideological Foundations of the New Life Movement: A Study in Counterrevolution." *Journal of Asian Studies* 34.4 (1975): 945-80.

Freud, Sigmund. "The Uncanny"（1919）. *The Standard Edition of the Complete Psychological Works of Sigmund Freud*. Ed. and Trans. James Strachey. Vol. 17. London: Hogarth Press, 1955. 219-56.

Gordon, Paul Francis, and Peter Gregory. *Organic Chemistry in Color*. Manchester: Springer-Verlag, 2012.

Greenfield, Amy Butler. *A Perfect Red: Empire, Espionage, and the Quest for the Color of Desire*. New York: Harper Perennial, 2006.

Hay, John. "The Body Invisible in Chinese Art." *Body, Subject, and Power in China*. Eds. Angela Zito and Tani E. Barlow. Ithaca: Cornell UP, 1994. 42-77.

Hershatter, Gail. *Dangerous Pleasures: Prostitution and Modernity in Twentieth-Century Shanghai*. Berkeley: U of California P, 1997.

Hollander, Anne. *Seeing Through Clothes*. Berkeley: U of California P, 1993.

"Indanthrene Blue RS." *ChemSpider: Search and Share Chemistry*. Web. 7 July 2015.

Jackson, Beverley. *Splendid Slippers: A Thousand Years of An Erotic Tradition*. Berkeley: The Speed Press, 1997.

Jay, Martin. *Downcast Eyes: The Denigration of Vision in Twentieth-Century French Thought*. Berkeley: U of California P, 1993.

Jullien, François. *The Impossible Nude: Chinese Art and Western Aesthetics*. Chicago: U of Chicago P, 2007.

Kim, H. J., and M. R. DeLong. "Sino-Japanism in Western Women's Fashionable Dress in Harper's Bazar, 1890-1927." *Clothing and*

*Textiles Research Journal* 11.1 (1992): 24-30.

Ko, Dorothy. "Bondage in Time: Footbinding and Fashion Theory." *Modern Chinese Literary and Cultural Studies in the Age of Theory*. Ed. Rey Chow. Durham: Duke University Press, 2000. 199-226.

———. "Jazzing into Modernity: High Heels, Platforms, and Lotus Shoes." *China Chic: East Meets West*. Eds. Valerie Steele and John S. Major. New Haven: Yale University Press, 1999. 141-53.

Landes, David. S. *The Unbound Prometheus: Technological Change and Industrial Development in Western Europe from 1750 to the Present*. Cambridge: Cambridge UP, 1969.

Latour, Bruno. *We Have Never Been Modern*. Cambridge: Harvard UP, 1993.

Lee, Leo Ou-fan. *Shanghai Modern*. Cambridge: Harvard UP, 1999.

Lehmann, Ulrich. *Tigersprung: Fashion in Modernity*. Cambridge, MA: MIT P, 2000.

Liu, Lydia H. *Translingual Practice: Literature, National Culture, and Translated Modernity—China, 1900-1937*. Stanford: Stanford University Press, 1995.

Marx, Karl. *The Eighteenth Brumaire of Louis Bonaparte*. Trans. Daniel DeLeon. Chicago: C.H.Kerr, 1919.

Marx, Karl and Friedrich Engels. *The Communist Manifesto*. Ed. Jeffrey C. Isaac. New Haven: Yale UP, 2012.

McKinley, Catherine E. *Indigo: In Search of the Color That Seduced the World*. New York: Bloomsbury, 2011.

Mewburn, J. C., and G. B. Ellis. "Artificial Indigo: To the Editor of the Times." *The Times 7 Oct*. 1899: 4.

Nagendrappa, G. "Sir William Henry Perkin: The Man and His 'Mauve.'" Web. 30 June 2014.

Ohmann, R. M. *Selling Culture: Magazines, Markets, and the Class at the Turn of the Century*. New York: Verso, 1998.

Serres. Michel. *Conversations on Science, Culture, and Time*. Ann Arbor: The U of Michigan P, 1995.

Shi, Shumei. *The Lure of the Modern*. Berkeley: The U of California P, 2001.

Simmel, Georg. "Fashion." *On Individuality and Social Forms*. Ed. Donald N. Levine. Chicago: U of Chicago P, 1971. 294-323.

———. "The Metropolis and Mental Life." *On Individuality and Social Forms*. Ed. Donald N. Levine. Chicago: U of Chicago P,

1971. 324-339.

"Substance: Indanthrene Blue RS." *Royal Society of Chemistry*. Web. 7 July 2015.

Warwick, Alexandra and Dani Cavallaro. *Fashioning the Frame: Boundaries, Dress and the Body*. Oxford: Berg, 1998.

Weinbaum, Alys Eve, Lynn M. Thomas, Priti Ramamurthy, Uta G. Poiger, Madeleine Yue Dong, and Tani E. Barlow, eds. *The Modern Girl around the World: Consumption, Modernity, and Globalization*. Durham: Duke UP, 2008.

Wilson, Elizabeth. *Adorned in Dreams: Fashion and Modernity*. London: Virago, 1985.

———. "Fashion and Modernity." *Fashion and Modernity*. Ed. C. Breward and C. Evans. New York: Berg, 2005. 9-14.

Wilson, Elizabeth and Lou Taylor. *Through the Looking Glass*. London: BBC Books, 1989.

Yeh, Catherine Vance. *Shanghai Love: Courtesans, Intellectuals, and Entertainment Culture, 1850-1910*. Seattle: U of Washington P, 2006.

# 時尚現代性

2016年1月初版　　定價：新臺幣590元


著者　張小虹
總編輯　胡金倫
總經理　羅國俊
發行人　林載爵

叢書主編　沙淑芬
校對　吳美滿
整體設計　雅堂設計工作室

出版者　聯經出版事業股份有限公司
地址　台北市基隆路一段180號4樓
編輯部地址　台北市基隆路一段180號4樓
叢書主編電話　(02)87876242轉212
台北聯經書房　台北市新生南路三段94號
電話　(02)23620308
台中分公司　台中市北區崇德路一段198號
暨門市電話　(04)22312023
台中電子信箱　e-mail：linking2@ms42.hinet.net
郵政劃撥帳戶第0100559-3號
郵撥電話　(02)23620308
印刷者　世和印製企業有限公司
總經銷　聯合發行股份有限公司
發行所　新北市新店區寶橋路235巷6弄6號2樓
電話　(02)29178022

行政院新聞局出版事業登記證局版臺業字第0130號


ISBN 978-957-08-4666-9 (精裝)
聯經網址：www.linkingbooks.com.tw
電子信箱：linking@udngroup.com

國家圖書館出版品預行編目資料

時尚現代性/張小虹著．初版．臺北市．
聯經．2016年1月（民105年）．424面．
17×22公分．
ISBN 978-957-08-4666-9（精裝）

1.時尚　2.流行文化　3.現代化

541.85　　104027295